高等职业教育创新型系列教材

财经法规与会计职业道德

主　编　战晓玮

副主编　项　娜　韩祥祚　金海华

北京理工大学出版社
BEIJING INSTITUTE OF TECHNOLOGY PRESS

图书在版编目（CIP）数据

财经法规与会计职业道德／战晓玮主编．－－北京：
北京理工大学出版社，2023.5（2023.8 重印）
ISBN 978 - 7 - 5763 - 2449 - 5

Ⅰ．①财…　Ⅱ．①战…　Ⅲ．①财政法—中国—高等学
校—教材②经济法—中国—高等学校—教材③会计人员—
职业道德—高等学校—教材　Ⅳ．①D922.2②F233

中国国家版本馆 CIP 数据核字（2023）第 096727 号

出版发行／北京理工大学出版社有限责任公司
社　　　址／北京市海淀区中关村南大街 5 号
邮　　　编／100081
电　　　话／（010）68914775（总编室）
　　　　　　（010）82562903（教材售后服务热线）
　　　　　　（010）68944723（其他图书服务热线）
网　　　址／http：//www.bitpress.com.cn
经　　　销／全国各地新华书店
印　　　刷／唐山富达印务有限公司
开　　　本／787 毫米 × 1092 毫米　1/16
印　　　张／15.75　　　　　　　　　　　　　责任编辑／李慧智
字　　　数／360 千字　　　　　　　　　　　　文案编辑／李慧智
版　　　次／2023 年 5 月第 1 版　2023 年 8 月第 2 次印刷　责任校对／王雅静
定　　　价／49.00 元　　　　　　　　　　　　责任印制／施胜娟

前　言

　　"财经法规与会计职业道德"是高职院校财务会计类专业基础核心课程。党的二十大报告明确提出，加快构建新发展格局，着力推动高质量发展；全面推进依法治国和法治中国建设，建设中国特色法治体系。本书是针对会计岗位任职要求而开发的教材，立足教学与行业资格考试相融合的目标，以新财经法规与会计职业道德考试大纲为基础，引导学习者领会财经法规的精神实质，促进其相关法律意识的形成，为其顺利走上会计工作岗位奠定坚实、完备的法律基础。本书选取的内容与时俱进，紧扣财政部印发的初级会计资格考试大纲，体现会计工作的政策性、严肃性、及时性和规范性；语言精简易懂，初步实现了教学内容与初级会计资格考试的无缝对接。

　　本书精选了"总论""会计法律制度""支付结算法律制度""税收法""劳动合同与社会保障法律制度"五个学习情境。书中设有"教学目标""先导案例""课后练习"等栏目，便于学生边学边用。本书内容通俗易懂，运用图表形式将复杂的内容简单化，便于学生理解和掌握。本书可作为普通高等（职业）院校的会计、财务管理、工商等专业"财经法规与会计职业道德"课程的教材或教学参考书，也可作为全国初级会计职称考试的教材或参考读物。

　　本书由战晓玮（辽宁经济职业技术学院）担任主编，项娜（铁岭师范高等专科学校）、韩祥祚（盘锦职业技术学院）、金海华（辽宁迅驰律师事务所）担任副主编。具体编写分工如下：战晓玮编写模块一、模块三和模块四，项娜编写模块二，韩祥祚编写模块五，金海华负责提供相应的案例。全书最后由战晓玮总纂定稿。

　　在编写本书的过程中，我们参考了一些书籍，得到了有关部门、领导和专家的大力支持，在此一并表示感谢！由于编者水平有限，书中疏漏和不妥之处在所难免，恳请广大读者批评指正。

编　者

目 录

总 论

1. 知识目标

（1）掌握法的分类与渊源、法律关系、法律事实、法律主体的分类、法律主体资格。

（2）熟悉法和法律、法律责任的种类。

（3）了解法律部门与法律体系、法律责任的概念。

2. 素养目标

（1）培养学生遵守法律法规的意识、严于律己的职业操守。

（2）积极践行习近平总书记的依法治国思想，培养学生成为依法办事的践行者。

先导案例

　　辽宁某设备公司委托速递公司由沈阳快递 5 套设备到上海，设备价值为 4.5 万元，快递费为 300 元，未保价。在寄件人填写的"国内特快专递邮件详情单"的正面有"填写本单前，务请阅读背面使用须知！您的签名意味着您理解并接受使用须知内容"提示，背面有"国内特快专递业务提供保价服务，邮件是否保价由寄件人自愿选择，保价最高限额为 10 万元""保价邮件如发生丢失、损毁或短少，按实际损失价值赔偿，但最高不超过相关邮件的保价额""未保价邮件如发生丢失、损毁或短少，按邮政法规规定的标准赔偿"等条款。速递公司收寄该邮件后，在航空运输过程中将邮件丢失。寄件人要求速递公司按照《中华人民共和国民法典》（以下简称《民法典》）规定承担违约责任，赔偿经济损失 4.5 万元。而速递公司主张按照《中华人民共和国邮政法》（以下简称《邮政法》）的规定承担赔偿责任，对未保价邮件按照所收取资费的 3 倍予以赔偿。双方发生争议，寄件人诉至法院。

　　思考：

　　1. 结合本案分析什么是经济法律关系。

　　2. 本案中经济法律关系的主体、客体和内容是什么？

　　3. 本案争议依法应当适用哪部法律解决？

项目一 法律基础

一、法和法律

（一）法和法律的概念

法是由国家制定或认可，以权利义务为主要内容，由国家强制力保证实施的社会行为规范及其相应的规范性文件等的总称。

法律一词可从狭义、广义两方面进行理解。广义的法律是指法的整体。狭义的法律专指全国人大及其常务委员会（以下简称"全国人大及其常委会"）制定的法律。就我国现行的法律而言，广义的法律包括宪法、全国人民代表大会及其常委会制定的法律、国务院制定的行政法规、地方国家权力机关制定的地方性法规以及民族自治地方的人民代表大会制定的自治条例和单行条例等。狭义的法律专指全国人大及其常委会制定的法律。但在某些场合，"法"又和狭义的法律同义，如《中华人民共和国公司法》（以下简称《公司法》）、《中华人民共和国会计法》（以下简称《会计法》）等。

（二）法的本质与特征

1. 法的本质

法是统治阶级的国家意志的体现。在当代中国，法是在中国共产党的领导下，保证人民的根本利益，保证人民当家作主的权利，保证人民民主专政国体和人民代表大会制度政体的社会规范，是中国特色社会主义道路、理论、制度、文化在法治上的集中体现。我国的法是广大人民的共同意志，体现了广大人民的根本利益。

2. 法的特征

法作为一种特殊的行为规则和社会规范，不仅具有行为规则、社会规范的一般共性，还具有自己的特征。其特征主要有以下四个方面：

（1）法是国家制定或认可的规范，具有国家意志性。统治阶级的意志并不能直接成为法，它必须通过一定的组织和程序，即通过统治阶级的国家制定或认可，才能成为法。制定和认可，是国家创制法的两种方式，也是统治阶级把自己的意志变为国家意志的两条途径。

（2）法凭借国家强制力的保证而获得普遍遵守的效力，具有国家强制性。法是由国家强制力保障实施的规范。法的强制性是由国家提供和保证的，因而与一般社会规范的强制性不同，如道德规范主要依靠社会舆论来实施，其强制性相对较弱。法的国家强制力是以军队、警察、法庭、监狱等为后盾，和国家制裁相联系，表现为对违法者采取国家强制措施。

（3）法是确定人们在社会关系中的权利和义务的行为规范，具有规范性。法是调整社会关系的规范，通过规范人们的行为而达到调整社会关系的目的。法具有为人们提供行为模式和标准的属性。法通过规定人们的权利和义务来分配利益，从而影响人们的动机和行为，进而影响社会关系，实现统治阶级的意志和要求，维持社会秩序，因此法也具有利益导向性。

（4）法是明确而普遍适用的规范，具有明确公开性和普遍约束性。法具有明确的内容，能使人们预知自己或他人一定行为的法律后果，该特征也被称为法的可预测性。法具有普遍适用性，凡是在国家权力管辖和法律调整的范围、期限内，对所有社会成员及其活动都普遍适用。

二、法的分类与渊源

（一）法的分类

法的分类如表 1 - 1 所示。

表 1 - 1　法的分类

分类标准	分类	内容
内容、效力和制定程序	根本法	宪法
	普通法	泛指宪法以外的所有法律
空间效力、时间效力或对人的效力	一般法	在一国领域内对一般自然人、法人、组织和一般事项都普遍适用的法律
	特别法	只在一国的特定地域内，或只对特定主体，或在特定时期内，或对特定事项有效的法律
法的内容	实体法	具体规定法律主体的权利和义务的法律，如《民法典》等
	程序法	为了保障法律主体实体权利和义务的实现而制定的关于程序方面的法律，如《中华人民共和国民事诉讼法》（以下简称《民事诉讼法》）等
法的主体、调整对象和渊源	国际法	适用主权国家之间以及其他具有国际人格的实体之间的法律规则的总体
	国内法	由特定的国家创制的并适用于本国主权所及范围内的法律规则的总体
法律运用的目的	公法	凡是以保护公共利益为目的的法律为公法，如宪法、行政法、刑法、诉讼法
	私法	凡是以保护私人利益为目的的法律为私法，如民法、商法
法的创制方式和表现形式	成文法	有权制定法律的国家机关，依照法定程序所制定的具有条文形式的规范性文件
	不成文法	国家机关认可的、不具有条文形式的规范，如习惯法、判例法等。

（二）法的渊源

法的渊源也称为法的形式，是指法的具体表现形态，即法是由何种国家机关，依照什么方式或程序创制出来的，并表现为何种形式、具有何种效力等级的规范性法律文件。

法的渊源的种类，主要是依据创制法的国家机关不同、创制方式的不同而进行划分的。

1. 我国法的主要渊源

法的渊源，是指由不同国家立法机关制定或认可的，具有不同法律效力和法律地位的法的各种表现形式。

（1）宪法。

宪法是由全国人民代表大会依特别程序制定的具有最高效力的根本大法，具有最高法律效力。宪法还包括其他附属性宪法性文件，如《中华人民共和国全国人民代表大会和地方各级人民代表大会选举法》《中华人民共和国香港特别行政区基本法》等规范性法律文件。

（2）法律。

法律是由全国人民代表大会及其常委会制定的规范性法律文件的总称，在地位和效力上仅次于宪法。如《公司法》等。

（3）行政法规。

行政法规是作为国家最高行政机关的国务院制定的规范性法律文件，其地位和效力仅次于宪法和法律。如《中华人民共和国公司登记管理条例》等。

（4）地方性法规。

地方性法规是有地方立法权的地方人民代表大会及其常委会就地方性事务以及根据本地区实际情况执行法律、行政法规的需要制定的规范性文件的总称。地方性法规不得与宪法、法律和行政法规相抵触。地方性法规只在本辖区内适用。

（5）规章。

规章包括部门规章和地方政府规章。部门规章是国务院的组成部门及其直属机构就执行法律、国务院行政法规、决定、命令的事项在其职权范围内制定的规范性法律文件的总称。如中国人民银行颁发的《支付结算办法》等。地方政府规章是指省、自治区、直辖市和较大的市的人民政府，就执行法律、行政法规、地方性法规以及本行政区域具体行政管理事项所制定的规范性法律文件的总称。

（6）司法解释。

司法解释是最高人民法院、最高人民检察院在总结审判经验的基础上发布的指导性文件和法律解释的总称，如最高人民法院发布的《最高人民法院关于适用〈中华人民共和国公司法〉法律若干问题的规定》等。

（7）国际条约或协定。

国际条约或协定是指我国作为国际法主体同外国或地区缔结的双边、多边协议和其他具有条约、协定性质的文件。上述文件生效以后，对缔约国的国家机关、团体和公民就具有法律上的约束力，形成法律渊源，如我国加入世界贸易组织与相关国家签订的协议、我国与有关国家签订的双边投资保护协定等。

2. 法的效力范围

法的效力范围亦称法的生效范围，是指法在什么时间和什么空间对什么人有效。

（1）法的时间效力。

法的时间效力，是指法的效力的起始和终止的时限以及对其实施以前的事件和行为有无溯及力。

法规定生效期限的方式主要有两种：一是明确规定一个具体生效时间；二是规定具备何种条件后开始生效。

法的终止又称法的终止生效，是指使法的效力绝对消灭。具体来讲，大致有两种情况：一是明示终止，即直接用语言文字表示法的终止时间，这种方法为现代国家所普遍采用；二是默示终止，即不用明文规定该法终止生效的时间，而是在实践中贯彻"新法优于旧法""后法优于前法"的原则，从而使旧法在事实上被废止。

我国法的终止方式主要有以下四种：第一，新法取代旧法，由新法明确规定旧法废止，这是通常做法；第二，有的法在完成一定的历史任务后不再适用；第三，由有权的国家机关发布专门的决议、决定，废除某些法律；第四，同一国家机关制定的法，虽然名称不同，在内容上旧法与新法发生冲突或相互抵触时，以新法为准，旧法中的有关条款自动终止效力。

法的溯及力，又称法的溯及既往的效力，它是指新法对其生效前发生的行为和事件是否适用。如果不适用，就没有溯及力；如果适用，新法就有溯及力。我国法律采用的是从旧兼从轻原则，就是说原则上新法无溯及力，对行为人适用旧法，但新法对行为人的处罚较轻时则适用新法。《中华人民共和国立法法》第九十三条规定："法律、行政法规、地方性法规、自治条例和单行条例、规章不溯及既往，但为了更好地保护公民、法人和其他组织的权利和利益而作的特别规定除外。"

（2）法的空间效力。

法的空间效力，是指法在哪些空间范围或地域范围内发生效力。法的空间效力与国家主权直接相关，法直接体现国家主权，它适用于该国主权所及一切领域，包括领陆、领海和领空；也包括延伸意义的领土，如驻外使馆；还包括在境外的飞行器和停泊在境外的船舶。当然，由于法的制定机关和内容不同，其效力范围也有区别，一般分为域内效力与域外效力两个方面。以我国为例，其域内效力大致有如下两种情况：

①在全国范围内有效。在我国，由全国人大及其常委会、国务院制定的规范性法律文件，如宪法、法律、行政法规，除法律有特别规定的外，均在全国范围内有效。

②在我国局部地区有效。我国地方人大及其常委会、人民政府依法制定的地方性法规及地方政府规章，民族自治地方制定的自治条例与单行条例，在其管辖范围内有效。

（3）法的对人效力。

法的对人效力，亦称法的对象效力，是指法适用于哪些人或法适用主体的范围。我国法律对人效力采用的是结合主义原则，即以属地主义为主，但又结合属人主义与保护主义的一项原则。属人主义原则，是根据自然人的国籍来确定法的适用范围。按照这一原则，凡是本国人，不论在国内还是在国外，一律受本国法的约束。属地主义原则，是根据领土来确定法的适用范围。按照这一原则，凡属一国管辖范围的一切人，不管是本国人，还是外国人，都受该国法的约束。保护主义原则，是从保护本国利益出发来确定法的适用范围。其含义是，只要损害了本国利益，不论侵犯者在何地域或是何国国籍，一律受本国法律约束。

三、法律部门与法律体系

法律体系，是指由一国现行的全部法律规范按照不同的法律部门分类组合而形成的一个呈体系化的有机联系的统一整体。法律体系的基本单位是法律部门。

（一）法律部门的概念及其划分标准

1. 法律部门的概念

法律部门又称部门法，是指根据一定的标准和原则所划定的法律规范的总和。在现行法律规范中，由于调整的社会关系及其调整方法不同，可分为不同的法律部门，凡调整同一类社会关系的法律关系的总和，就构成一个独立的法律部门。

2. 法律部门的划分标准

法律部门划分的标准有两个：一是法律规范所调整的社会关系，此为主要标准。例如，调整行政主体与行政相对人之间的行政管理关系的法律规范的总和构成行政法部门。二是法律规范的调整方法。例如，民法和刑法都调整财产关系和人身关系，但民法以自行调节为主，而刑法以强制干预为主；民事责任侧重于财产赔偿，而刑事责任侧重于人身惩罚。

（二）我国主要的法律部门

我国的社会主义法律体系包括宪法及宪法相关法、刑法、行政法、民商法、经济法、社会法、诉讼与非诉讼程序法等七个法律部门。

1. 宪法及宪法相关法

宪法是国家的根本大法，规定国家的根本制度和根本任务、公民的基本权利和义务等内容。宪法相关法是与宪法相配套、直接保障宪法实施和国家政权运作等方面的法律规范的总和，主要包括四个方面：第一，有关国家机构的产生、组织、职权和基本工作制度的法律；第二，有关民族区域自治制度、特别行政区制度、基层群众自治制度的法律；第三，有关维护国家主权、领土完整和国家安全的法律；第四，有关保障公民基本政治权利的法律。

2. 刑法

刑法是规范犯罪、刑事责任和刑事处罚的法律规范的总称。刑法的特征，主要体现在以下方面：

（1）所调整的社会关系极其广泛。

（2）强制性最突出，是保证其他法律有效实施的后盾。

3. 行政法

行政法是规范行政管理活动的法律规范的总称。行政机关与行政管理相对人的关系具有从属性、服从性的特点。行政行为由行政机关单方面依法作出，不需要与行政管理相对人平等协商。

4. 民商法

民商法是规范民事、商事活动的法律规范的总称，调整的是自然人、法人和其他组织之间基于平等地位发生的各种法律关系。

民法作为一个传统的法律门类，主要包括物权、债权、婚姻、家庭、收养、继承等方面的法律规范。

　　商法是在适应现代商事活动需要的基础上，从民法中分离而逐渐发展起来的法律部门，主要包括公司、破产、证券、保险、票据、海商等方面的法律规范。

5. 经济法

　　经济法是调整政府对市场经济活动实行干预、管理、调控所产生的法律关系的法律规范的总称。

6. 社会法

　　社会法是规范劳动关系、社会保障、社会福利和特殊社会群体权益保障方面法律关系的法律规范的总称。社会法包括两个方面：有关劳动关系、劳动保障和社会保障方面的法律，如劳动法、工会法等；有关特殊社会群体权益保障方面的法律，如未成年人保护法、妇女权益保障法等。

7. 诉讼与非诉讼程序法

　　诉讼与非诉讼程序法是规范解决社会纠纷的诉讼活动与非诉讼活动的法律规范的总称。主要有《中华人民共和国民事诉讼法》《中华人民共和国行政诉讼法》《中华人民共和国刑事诉讼法》《中华人民共和国仲裁法》《中华人民共和国人民调解法》等。

课后练习

一、单项选择题

1. 下列选项中，不属于法的效力范围的是（　　　）。
A. 法的时间效力
B. 法的空间效力
C. 法的对人效力
D. 法的创制效力

2. 小张与某医院签订合同，约定其死后将心脏捐赠给该医院用于救助患者，由此形成的法律关系客体是（　　　）。
A. 小张和医院双方
B. 医院接受心脏的权利
C. 小张的心脏
D. 小张死后将心脏捐赠给该医院用于救助患者

3. 下列有关法律事件的表述中，不正确的是（　　　）。
A. 法律事件是指不以当事人的主观意志为转移的，能够引起法律关系发生、变更和消灭的法定情况或者现象
B. 法律事件可以是自然现象，也可以是社会现象
C. 由社会现象引起的事实又称绝对事件
D. 由自然现象引起的事实又称自然事件

4. 法律部门划分的标准首先是（　　　）。

A. 法律调整的对象　　　　　　　B. 法律调整的方法

C. 法律规范的内容　　　　　　　D. 法律规范的种类

5. 根据不同的标准，可以对法作不同的分类，划分根本法和普通法依据的标准是（　　　）。

A. 根据法的主体、调整对象和渊源所作的分类

B. 根据法的内容、效力和制定程序所作的分类

C. 根据法的空间效力、时间效力或对人的效力所作的分类

D. 根据法的内容所作的分类

6. 解决法的效力冲突的一般原则中，上位法优于下位法，下列关于该原则的表述中，不正确的是（　　　）。

A. 省、自治区的人民政府制定的规章效力高于本行政区域内的设区的市、自治州的人民政府制定的规章原则

B. 法律高于法规原则

C. 行政法规高于部门规章原则

D. 地方性法规高于行政法规原则

7. 下列各项中，属于行政法规的是（　　　）。

A. 国家税务总局制定的《企业所得税税前扣除办法》

B. 全国人民代表大会常务委员会通过的《中华人民共和国会计法》

C. 国务院制定的《企业财务会计报告条例》

D. 全国人民代表大会常务委员会通过的《中华人民共和国公司法》

8. 根据作出意思表示的主体数量，可以将法律行为分为（　　　）。

A. 单方行为与多方行为　　　　　B. 自主行为与代理行为

C. 要式行为与非要式行为　　　　D. 积极行为与消极行为

9. 调整平等主体之间的人身关系和财产关系而形成的法律关系，称为（　　　）。

A. 民事法律关系　　　　　　　　B. 行政法律关系

C. 经济法律关系　　　　　　　　D. 刑事法律关系

10. 法是统治阶级的国家意志的体现，但法所体现的统治阶级意志，不是随心所欲、凭空产生的，是由（　　　）决定的。

A. 统治阶级与被统治阶级之间的矛盾

B. 阶级社会的生产方式

C. 统治阶级物质生活条件

D. 统治阶级的利益

二、多项选择题

1. 下列选项中，属于法的终止方式的有（　　　）。

A. 新法明确规定废止旧法

B. 法完成一定历史任务后不再适用

C. 有权的国家机关发布专门决议废除

D. 同一机关制定的法中，旧法与新法相抵触，旧法相抵触的部分自动终止

2. 下列各项中，能够作为法律关系客体的有（　　　）。

A. 作品　　　　　　　　　　　B. 实用新型

C. 提供一定劳务的行为　　　　D. 医院血库里的血液

3. 法律部门划分的标准包括（　　）。

A. 法律调整的对象　　　　　　B. 法律调整的方法

C. 法律规范的内容　　　　　　D. 法律规范的种类

4. 下列关于规范性法律文件适用原则的表述中，正确的有（　　）。

A. 行政法规之间对同一事项的新的一般规定与旧的特别规定不一致，不能确定如何适用时，由国务院裁决

B. 根据授权制定的法规与法律不一致，不能确定如何适用时，由全国人民代表大会常务委员会裁决

C. 部门规章与地方政府规章之间对同一事项的规定不一致时，由国务院裁决

D. 法律之间对同一事项的新的一般规定与旧的特别规定不一致，不能确定如何适用时，由全国人民代表大会常务委员会裁决

三、判断题

1. 法的终止生效是指法的效力绝对消灭。　　　　　　　　　　　（　　）

2. 不得损害公共财物属于积极义务。　　　　　　　　　　　　　（　　）

3. 实体法是指为了保障实体权利和义务的实现而制定的关于程序方面的法律。（　　）

4. 国务院制定的《中华人民共和国外汇管理条例》属于行政法规。（　　）

5. 立遗嘱属于单方行为。　　　　　　　　　　　　　　　　　（　　）

项目二　法律关系

法律关系，是指根据法律规范产生的，以主体之间的权利与义务关系的形式表现出来的社会关系。

一、法律关系的特征

与其他社会关系相比，法律关系具有以下特征：

（一）法律关系是以法律规范为前提的社会关系

法律关系是社会关系的一种，但是并非所有的社会关系均属于法律关系，有些社会关系不属于法律关系，如友谊关系、爱情关系等。

（二）法律关系是以权利义务为内容的社会关系

法律关系是特定主体之间具体的权利义务关系。这种权利和义务可以是由法律明确规定的，也可以是由法律授权当事人在法律的范围内自行约定的。

（三）法律关系是以国家强制力为保障的社会关系

当法律关系的义务主体不履行相应义务、侵犯其他主体的合法权利时，权利受侵害一方

就有权请求国家机关运用国家强制力，责令侵害方履行义务、承担不履行义务的法律责任。

二、法律关系的基本构成

一般认为，法律关系由主体、内容和客体三部分构成。

（一）法律关系的主体

1. 法律关系主体的概念和种类

法律关系主体即法律关系的参加者，是指参加法律关系，依法享有权利和承担义务的当事人，是法律关系中权利的享有者和义务的承担者。享有权利的一方称为权利人，承担义务的一方称为义务人。

法律关系主体的种类，具体包括公民（自然人）、法人和其他组织及国家。

自然人，是指具有生命的个体的人，即生物学上的人，是基于出生而取得主体资格的人。自然人既包括中国公民，也包括居住在中国境内或在境内活动的外国公民和无国籍人。公民是各国法律关系的基本主体之一，是指具有一国国籍的自然人。

自然人在出生之前也可以成为特殊法律关系的主体。

【重点提示】《民法典》规定：涉及遗产继承、接受赠与等胎儿利益保护的，胎儿视为具有民事权利能力。但是，胎儿娩出时为死体的，其民事权利能力自始不存在。

法人，是具有民事权利能力和民事行为能力，依法独立享有民事权利和承担民事义务的组织。

法人的分类如表 1-2 所示。

表 1-2　法人的分类

分类	概念	内容	
营利法人	以取得利润并分配给股东等出资人为目的成立的法人	公司制营利法人	公司制营利法人主要是有限责任公司、股份有限公司
		非公司制营利法人	非公司制营利法人主要是没有采用公司制的全民所有制企业、集体所有制企业等
非营利法人	为公益目的或者其他非营利目的成立，不向出资人、设立人或者会员分配所取得利润的法人	事业单位	国家为了社会公益目的，由国家机关举办或者其他组织利用国有资产举办的，从事教育、科技、文化、卫生等活动的社会服务组织
		社会团体	由中国公民自愿组成，为实现会员共同意愿，按照其章程开展活动的非营利性社会组织
		基金会、社会服务机构等	
特别法人	与营利和非营利法人存在较大差别的一类法人	主要包括机关法人、农村集体经济组织法人、城镇农村的合作经济组织法人、基层群众性自治组织法人	

微课：法人是人吗？

非法人组织是指不具有法人资格，但是能够依法以自己的名义从事民事活动的组织。非法人组织包括个人独资企业、合伙企业、不具有法人资格的专业服务机构等。

在特殊情况下，国家可以作为一个整体成为法律主体。如在国内，国家是国家财产所有权唯一和统一的主体；在国际上，国家作为主权者，是国际公法关系的主体，也可以成为对外贸易关系中的债权人或债务人。

2. 法律关系主体的权利能力和行为能力

公民和法人要成为法律关系的主体，享有权利和承担义务，必须具备权利能力，即具有法律关系主体构成的资格。法律关系主体要自己参与法律活动，必须具备相应的行为能力。行为能力必须以权利能力为前提，无权利能力就谈不上行为能力。对自然人来讲，有权利能力不一定有行为能力。

法律关系主体的权利能力与行为能力的具体规定如表1－3所示。

表1－3　法律关系主体的权利能力与行为能力的具体规定

法律关系主体	具体规定		
自然人	权利能力	在出生时产生，到死亡时消灭	
	行为能力	完全行为能力人	（1）$X \geqslant 18$ （2）$16 \leqslant X < 18$，以自己的劳动收入为主要生活来源
		限制行为能力人	（1）$8 \leqslant X < 18$ （2）不能完全辨认自己行为的精神病人
		无行为能力人	（1）$X < 8$ （2）不能辨认自己行为的精神病人
	行为能力必须以权利能力为前提，有权利能力不一定有行为能力		
法人	权利能力、行为能力在成立时同时产生，到终止时同时消灭		
	行为能力通过法定代表人或者其他代理人实现		

注："X"为自然人的年龄；"以上""以下"均包括本数，"超过""不满"均不包括本数。

（二）法律关系的内容

法律关系的内容，是指法律主体所享有的权利和所承担的义务。

权利，是法律允许权利人为了满足自己的利益可以作为或不作为，或者要求他人为一定行为或不为一定行为，并有他人的法律义务作保证的资格。

义务，是法律规定的义务人应该按照权利人要求从事一定行为或不行为，以满足权利人的利益。

（三）法律关系的客体

法律关系的客体，是指法律关系主体间权利义务所指向的对象。

（1）物。物权法上的物指的是有体物，是除人的身体之外，能为人力所支配，独立满足人社会生活需要之物，如建筑物、机器、各种产品。

（2）行为。例如，旅客运输合同的客体是运送旅客的行为。

（3）人格利益。例如，公民和组织的姓名或名称，公民的肖像、名誉、尊严，公民的人身、人格和身份等。

（4）智力成果。例如，文学艺术作品、科学著作、科学发明等。

三、法律关系的变动原因——法律事实

所谓法律事实，是指法律规范所规定的，能够引起法律后果即法律关系产生、变更和消灭的客观现象。按照是否以当事人的意志为转移作标准，可以将法律事实划分为两大类：事件和行为。

（一）事件

事件，是指与当事人意志无关，但能够引起法律关系发生、变更和消灭的客观情况。具体包括以下方面：

（1）人的出生与死亡。人的出生与死亡能够引起民事主体资格的产生和消灭，也可能导致人格权的产生和继承的开始等。

（2）自然灾害与意外事件。

（3）时间的经过。时间的经过可以引起一些请求权的发生或消灭。

（二）行为

行为，是指以权利主体的意志为转移，能够引起法律后果的法律事实。具体包括法律行为和事实行为。

（1）法律行为，即以行为人的意思表示为要素的行为。

法律行为的分类如表 1-4 所示。

表 1-4　法律行为的分类

分类标准	分类内容	代表行为
行为是否合法	合法行为和违法行为	
行为的表现形式	积极行为和消极行为	
行为是否通过意思表示作出	意思表示行为	
	非表示行为	拾得遗失物、发现埋藏物

续表

分类标准	分类内容	代表行为
主体意思表示的方式	单方行为	遗嘱、行政命令
	多方行为	合同行为
是否需要特定的形式	要式行为和非要式行为	
主体实际参与行为的状态	自主行为和代理行为	

（2）事实行为，是指与表达法律效果、特定精神内容无关的行为。例如，创作行为、从事发明创造的行为、侵权行为等。

【拓展资料】法律事件与法律行为对比如表1－5所示。

表1－5　法律事件与法律行为对比

法律事件 （人为不可控）	自然（绝对）事件	自然灾害＋生老病死＋意外事故
	社会（相对）事件	社会革命＋战争＋重大政策改变
法律行为 （人为可控）	行为是否符合法律规范的要求	合法行为
		违法行为
	是否通过意思表示	意思表示行为（签订合同）
		非意思表示行为（拾得遗失物、发现埋藏物等）
	主体意思表示的形式	单方行为（遗嘱）
		多方行为（合同）
	是否需要特定形式或实质要件	要式行为（票据）
		非要式行为（口头订立合同）
	主体实际参与行为的状态	自主行为
		代理行为

课后练习

一、单项选择题

1. 甲公司与乙公司签订租赁合同，约定甲公司承租乙公司一台挖掘机，租期1个月，租金1万元。引起该租赁法律关系发生的法律事实是（　　）。

A. 租赁的挖掘机　　　　　　　　　B. 甲公司和乙公司

C. 1万元租金　　　　　　　　　　D. 签订租赁合同的行为

2. 下列公民中，可视为完全民事行为能力人的是（　　）。

A. 王某，15周岁，系某高级中学学生

B. 孙某，16周岁，系某餐馆服务员，以自己的劳动收入为主要生活来源

C. 赵某，17周岁，系某大学学生，周末兼职以购买某知名品牌运动鞋

D. 张某，15周岁，系某酒店服务员，以自己的劳动收入为主要生活来源

3. 下列有关自然人行为能力的表述中，不正确的是（　　　）。

A. 已满12周岁不满18周岁的人犯罪，应当从轻或者减轻处罚

B. 8周岁以上的未成年人为限制民事行为能力人

C. 不满18周岁的未成年人，以自己的劳动收入为主要生活来源的视为完全民事行为能力人

D. 已满75周岁的人过失犯罪的，应当从轻或者减轻处罚

二、多项选择题

1. 下列各项中，属于法律事实的有（　　　）。

A. 某服装厂与供货商订立了一份合同　　　B. 张某受到意外事故伤害

C. 某地发生洪水　　　　　　　　　　　　D. 刘某死亡

2. 下列各项中，能够成为法律关系主体的有（　　　）。

A. 公民　　　　　B. 国家　　　　　C. 自然物　　　　　D. 精神产品

3. 参加农村集体经济组织的劳动者，在法律范围内，享有的权利有（　　　）。

A. 经营自留地　　　B. 经营自留山　　　C. 经营家庭副业　　　D. 饲养自留畜

4. 下列各项中，可以作为法律关系主体的有（　　　）。

A. 财政部　　　B. 中国人民银行　　　C. 企业工会　　　D. 农户

三、判断题

依法不需要办理法人登记的事业单位，从成立之日起，具有事业单位法人资格。

（　　　）

项目三　法律责任

一、法律责任的概念

法律责任这一概念可以从正反两个方面理解，即积极意义上的法律责任与消极意义上的法律责任。积极意义上的法律责任是指所有法律主体都有遵守法律的义务，即将法律责任与法律义务含义等同，也称广义的法律责任。现行立法所用的法律责任是一种消极意义上的法律责任，是指法律主体由于违反法定或约定的义务而应承受的不利的法律后果，也称狭义的法律责任。

二、法律责任的种类

根据我国法律的有关规定，可将法律责任分为民事责任、行政责任和刑事责任三种。

（一）民事责任

民事责任是指民事主体违反了约定或法定的义务所应承担的不利民事法律后果。根据《民法典》的规定，承担民事责任的方式主要有以下几种：

（1）停止侵害。适用于侵权行为正在进行或仍在延续中的情形，受害人可依法要求侵害人立即停止其侵害行为。

（2）排除妨碍。行为人实施的侵害行为使受害人无法行使或不能正常行使自己的财产权利、人身权利的，受害人有权请求排除妨碍。

（3）消除危险。行为人的行为对他人人身和财产安全造成威胁，或存在着侵害他人人身或者财产的可能，他人有权要求行为人采取有效措施消除危险。

（4）返还财产。行为人非法占有财产，权利人有权要求其返还。

（5）恢复原状。权利人有权要求恢复权利被侵害前的原有状态。

（6）修理、重作、更换。权利人有权要求将被损害的财产通过修理、重新制作或者更换损坏的部分，使财产恢复到原有正常状态。

（7）继续履行。行为人不履行或不当履行合同义务，另一方合同当事人有权要求违反合同义务的行为人承担继续履行合同义务的责任。

（8）赔偿损失。行为人因违反合同或者侵权行为而给他人造成损害，应以其财产赔偿受害人所受的损失。

（9）支付违约金。行为人因违反合同规定的义务，而应按照合同的约定，向权利人支付一定数额的货币作为违约的补偿或惩罚。

（10）消除影响、恢复名誉。行为人因其侵害了自然人或者法人的人格、名誉而应在影响所及的范围内消除不良后果、将受害人的名誉恢复到未受侵害时的状态。

（11）赔礼道歉。违法行为人向受害人公开认错、表示歉意的责任形式。既可由加害人向受害人口头表示，也可以由加害人以写道歉书的形式进行。

以上承担民事责任的方式，可以单独适用，也可以合并适用。

（二）行政责任

行政责任是指违反法律法规规定的行为人所应承受的由国家行政机关对其依行政程序所给予的制裁。行政责任包括行政处罚和行政处分。

1. 行政处罚

行政处罚是指行政机关依法对违反行政管理秩序的公民、法人或者其他组织，以减损权益或者增加义务的方式予以惩戒的行为。行政处罚分为人身自由罚、行为罚、财产罚和声誉罚等多种形式。根据《中华人民共和国行政处罚法》（以下简称《行政处罚法》）的规定，行政处罚的具体种类有以下几种：

（1）警告、通报批评。这是行政主体对行政违法行为人实施的一种书面形式的谴责和告诫。我国行政机关实施的通报批评主要有两种：一种是行政机关内部对不依法履行职责的工作人员作出的行政处分；一种是行政机关面向社会，在一定范围内公布违法行为人的违法事实，以导致其声誉和信誉受损害的处罚行为。《行政处罚法》规定的通报批评属于第二种。

（2）罚款、没收违法所得、没收非法财物。罚款是行政主体强制行政违法行为人承担金钱给付义务的处罚形式。没收违法所得、没收非法财物是由行政主体实施的将行政违法行为人的违法收入、物品或者其他非法占有的财物收归国家所有的处罚方式。

（3）暂扣许可证件、降低资质等级、吊销许可证件。这是禁止行政违法行为人从事某种特许权利或降低资格的处罚，行政主体依法暂扣或收回行政违法行为人已获得的从事某种活动的权利或资格的证书，降低其资质等级。吊销许可证件是对行政违法行为人从事某种活动或者其享有的某种资格的彻底取消；而暂扣许可证件，则是中止行政违法行为人从事某项活动的资格，待行为人改正以后或经过一定期限后再返还。

（4）限制开展生产经营活动、责令停产停业、责令关闭、限制从业。责令停产停业，是限制行政违法行为人从事生产、经营活动的处罚形式。一般常附有限期整顿的要求，如果受罚人在限期内纠正了违法行为，则可恢复生产、营业。责令关闭，即命令、禁止行政违法行为人继续经营的行政处罚。限制从业，即因违反行政法律、法规规定和行业规定而限制行政违法行为人不得再从事此行业的行政处罚。

（5）行政拘留。这是对违反治安管理的行为人，依法在短期内限制其人身自由的处罚。

（6）法律、行政法规规定的其他行政处罚。

2. 行政处分

行政处分是指对违反法律规定的国家机关工作人员或被授权、委托的执法人员所实施的内部制裁措施。

根据《中华人民共和国公务员法》，对因违法违纪应当承担纪律责任的公务员给予的行政处分种类有警告、记过、记大过、降级、撤职、开除6类。

（三）刑事责任

刑事责任是指犯罪人因实施犯罪行为所应承受的由国家审判机关（人民法院）依照刑事法律给予的制裁后果，是法律责任中最严厉的责任形式。刑事责任主要通过刑罚而实现，刑罚分为主刑和附加刑两类。

1. 主刑

主刑是对犯罪分子适用的主要刑罚。主刑的种类有以下几种：

（1）管制。这是对犯罪分子不实行关押，但是限制其一定的自由，交由公安机关管束和监督的刑罚，期限为3个月以上2年以下。

（2）拘役。这是剥夺犯罪分子短期的人身自由，就近拘禁并强制劳动的刑罚，期限为1个月以上6个月以下。

（3）有期徒刑。这是剥夺犯罪分子一定期限的人身自由，实行劳动改造的刑罚。除特殊情况外，有期徒刑的期限为6个月以上15年以下。

（4）无期徒刑。这是剥夺犯罪分子终身自由，实行劳动改造的刑罚。

（5）死刑。这是剥夺犯罪分子生命的刑罚。死刑只适用于罪行极其严重的犯罪分子。对于应当判处死刑的犯罪分子，如果不是必须立即执行的，可以判处死刑同时宣告缓期2年执行。

2. 附加刑

附加刑是补充、辅助主刑适用的刑罚。附加刑可以附加于主刑之后作为主刑的补充，同主刑一起适用；也可以独立适用。附加刑的种类有以下几种：

（1）罚金。这是强制犯罪分子或者犯罪的单位向国家缴纳一定数额金钱的刑罚。

（2）剥夺政治权利。这是剥夺犯罪分子参加国家管理和政治活动权利的刑罚。剥夺的政治权利包括：选举权和被选举权；言论、出版、集会、结社、游行、示威自由的权利；担任国家机关职务的权利；担任国有公司、企业、事业单位和人民团体领导职务的权利。

（3）没收财产。这是将犯罪分子个人所有财产的一部分或者全部，强制无偿地收归国有的刑罚。

（4）驱逐出境。这是强迫犯罪的外国人离开中国国（边）境的刑罚。

3. 数罪并罚

一人犯数罪的，除判处死刑和无期徒刑的以外，应当在总和刑期以下、数刑中最高刑期以上，酌情决定执行的刑罚。但是管制最高不能超过 3 年；拘役最高不能超过 1 年；有期徒刑总和刑期不满 35 年的，最高不能超过 20 年；总和刑期在 35 年以上的，最高不能超过 25 年。数罪中有判处附加刑的，附加刑仍须执行，其中附加刑种类相同的，合并执行，种类不同的，分别执行。

课程思政：《民法典》的重大意义

《民法典》的颁布是新时代中国立法进程的重大工程。《民法典》的编纂与出台是新时代中国特色社会主义法治进程中科学立法、民主立法、依法立法的重要里程碑，对坚持以人民为中心的发展思想、依法维护人民权益、推动我国人权事业发展，推进国家治理体系和治理能力现代化，具有重大意义。

《民法典》的颁布是新时代全面依法治国的必然要求。《民法典》是全面依法治国的重要制度载体，很多规定同有关国家机关直接相关，直接涉及公民和法人的权利义务关系。国家机关履行职责、行使职权必须清楚自身行为和活动的范围和界限。各级党和国家机关开展工作要考虑《民法典》的规定，不能侵犯人民群众享有的合法民事权利，包括人身权利和财产权利。同时，有关政府机关、监察机关、司法机关要依法履行职能、行使职权，保护民事权利不受侵犯、促进民事关系和谐有序。《民法典》的实施水平和效果，是衡量各级党和国家机关履行为人民服务宗旨的重要尺度。

《民法典》的颁布是坚持以人民为中心的必由之路。民法是权利法。以人民为中心，就要实现好、维护好、发展好人民的权利。人民的核心利益和重大关切主要体现在内容各异的权利当中，人民的权利得到了实现、维护和发展，其根本利益也就得到了保障。

课后练习

一、单项选择题

1. 关于罚款和罚金，下列表述正确的是（　　　）。

A. 罚款和罚金都属于行政责任

B. 罚款和罚金都属于刑事责任

C. 罚款属于行政责任，罚金属于刑事责任

D. 罚款属于刑事责任，罚金属于行政责任

2. 下列各项中，属于行政处罚形式的是（　　　）。

A. 恢复原状   B. 拘役

C. 暂扣或者吊销许可证件   D. 支付违约金

3. 下列各项中，属于民事责任形式的是（　　　）。

A. 停止侵害   B. 拘役   C. 罚款   D. 没收财产

二、多项选择题

下列各项中，属于行政处分的有（　　　）。

A. 罚款   B. 记大过   C. 降级   D. 警告

三、判断题

1. 附加刑不得独立适用。   （　　）

2. 民事责任是指民事主体违反了约定或法定的义务所应承担的不利民事法律后果。

（　　）

3. 积极意义上的法律责任是指所有法律主体都有遵守法律的义务，即将法律责任与法律义务含义等同，也称广义的法律责任。 （　　）

会计法律制度

教学目标

1. 知识目标

（1）掌握会计法律制度的概念与构成、会计工作管理体制的内容、会计核算与会计监督的内容、会计机构和会计人员的有关规定。

（2）熟悉会计工作管理体制、代理记账、会计岗位设置、会计工作交接的相关规定。

（3）了解会计法律责任等方面的知识。

2. 素养目标

（1）培养学生爱岗敬业、诚实守信、坚持准则的职业道德。

（2）以国家治理引领会计法律法规建设，为实现中华民族伟大复兴保驾护航。

先导案例

深圳市某某源实业发展公司（以下简称"某某源公司"）的董事长、总经理及 2 名会计共 4 人因采用"两套账"等违法手段偷逃税款 60 多万元，被龙岗区法院分别判处 1~3 年有期徒刑，并被处以从 5 万多元到 55 万元的罚款。

据深圳市地税局相关负责人介绍，某某源公司董事长梁某森和总经理饶某华合谋以"两套账"偷税，并授意公司会计饶某清和赖某华进行虚假纳税申报，其手法包括在账簿上少列收入、成本核算不实、挂往来账不结转等，在 2002—2003 年经营期间共偷税 60 多万元，所偷税税款已占其应纳税款额的 3 成以上。深圳地税局依法对某某源公司作出了补税罚款、加收滞纳金 132 万元的处理，随后还于 2004 年年初把这起偷税案件移送司法机关处理。

龙岗区法院日前经审理后认定，这 4 名企业人员的行为已构成了偷税罪，其中董事长梁某森被判处有期徒刑 3 年、缓刑 5 年，罚款 55.6 万元；总经理饶某华被判处有期徒刑 3 年、缓刑 4 年，罚款 20 万元；会计饶某清被判处有期徒刑 2 年，缓刑 3 年，罚款 5 万元；会计赖某华被判处有期徒刑 1 年，缓刑 2 年，罚款 5 万元。

思考：

请你结合本案谈一谈，会计人员的工作职责是什么，以及如何做一名守法的会计人员。

项目一　会计法律制度概述

一、会计法律制度的概念

会计法律制度，是指国家权力机关和行政机关制定的调整会计关系的法律规范的总称，具体表现形式包括法律、法规、规章和其他规范性文件。会计关系是指会计机构和会计人员在办理会计事务过程中，以及国家在管理会计工作过程中发生的经济关系。在一个单位，会计关系的主体为会计机构和会计人员，客体为与会计工作相关的具体事务。

【拓展阅读】会计法律制度

二、《会计法》的适用范围

《会计法》的适用范围是国家机关、社会团体、公司、企业、事业单位和其他组织（以下统称"单位"）的会计事务。

《会计法》规定，国家实行统一的会计制度，即国务院财政部门根据《会计法》制定的关于会计核算、会计监督、会计机构和会计人员以及会计工作管理的制度。国家统一的会计制度由国务院财政部门根据《会计法》制定并公布。

三、会计工作管理体制

（一）会计工作的行政管理

会计工作的主管部门，是指代表国家对会计工作行使管理职能的政府部门。根据《会计法》规定，国务院财政部门主管全国的会计工作。县级以上地方各级人民政府财政部门管理本行政区域内的会计工作。

（二）单位内部的会计工作管理

单位负责人对本单位的会计工作和会计资料的真实性、完整性负责。单位负责人是指单位法定代表人或者法律、行政法规规定代表单位行使职权的主要负责人。单位负责人应当保证会计机构、会计人员依法履行职责，不得授意、指使、强令会计机构、会计人员违法办理会计事项。

四、会计组织机构

（一）中国注册会计师协会

中国注册会计师协会是由注册会计师组成的社会团体。中国注册会计师协会是注册会计师行业的全国组织，各省、自治区、直辖市注册会计师协会是注册会计师行业的地方组织。注册会计师协会的宗旨是服务、监督、管理、协调，即以诚信建设为主线，服务本会会员，监督会员执业质量、职业道德，依法实施注册会计师行业管理，协调行业内、外部关系，维护社会公众利益和会员合法权益，促进行业健康发展。

（二）中国会计学会

中国会计学会是由全国会计领域各类专业组织及个人自愿结成的学术性、专业性、非营利性社会组织。各省、自治区、直辖市会计学会和全国性专业会计学会可申请成为中国会计学会的会员。其主要的职责是：组织协调全国会计科研力量，开展会计理论研究和学术交流，促进科研成果的推广和运用；总结我国会计工作和会计教育经验，研究和推广会计专业的教育改革；发挥学会的智力优势，开展多层次、多形式的智力服务工作；开展会计领域国际学术交流与合作等。

（三）中国总会计师协会

中国总会计师协会是经财政部审核同意、民政部正式批准，依法注册登记成立的跨地区、跨部门、跨行业、跨所有制的非营利性国家一级社团组织，是总会计师行业的全国性自律组织。

【拓展阅读】会计工作的自律管理

课后练习

一、单项选择题

1. 在我国，代表国家对会计工作行使管理职能的政府部门是（　　）。

A. 财政部门　　　　B. 税务部门　　　　C. 审计部门　　　　D. 业务主管部门

2. 根据我国有关法律规定，在公司制企业，对本单位会计工作负责的单位负责人应当是（　　）。

A. 董事长　　　　　B. 总经理　　　　　C. 总会计师　　　　D. 会计机构负责人

3. 制定国家统一的会计准则制度的单位是（　　）。

A. 全国人民代表大会　　　　　　　　B. 国务院

C. 财政部　　　　　　　　　　　　　D. 省级财政部门

4. 下列项目中，不属于会计工作的自律管理组织的是（　　）。

A. 中国注册会计师协会　　　　　　　B. 中国会计学会

C. 中国总会计师协会　　　　　　　　D. 中国物业管理协会

二、多项选择题

1. 下列各项中，属于《会计法》规定的会计工作管理体制的内容有（　　　）。

A. 国务院财政部门主管全国的会计工作

B. 国家统一的会计制度由国务院财政部门制定并公布

C. 各单位必须任用具备会计专业能力的人员从事会计工作

D. 财政部门有权对各单位的有关会计工作情况实施监督

2. 财政部门对会计人员的管理，包括（　　　）。

A. 代理记账机构的管理　　　　　　　B. 会计专业技术资格管理

C. 会计人员评优表彰奖惩　　　　　　D. 会计行业领军人才培养

3. 会计工作的行政管理主要包括（　　　）。

A. 制定国家统一会计准则和制度　　　B. 会计市场管理

C. 会计专业人才评价　　　　　　　　D. 会计监督检查

4. 单位内部的会计工作管理主要包括（　　　）。

A. 单位负责人的职责　　　　　　　　B. 会计机构的设置

C. 会计人员的选拔任用　　　　　　　D. 会计人员的回避制度

三、判断题

1. 我国会计工作管理体制实行"统一领导、分级管理"的原则。　　　　　（　　　）

2. 制定国家统一的会计准则制度是财政部管理会计工作的一项最基本的职能。（　　　）

项目二　会计核算与监督

一、会计核算

　　会计核算，是指以货币为主要计量单位，运用专门的会计方法，对生产经营活动或预算执行过程及其结果进行连续、系统、全面的记录、计算、分析，定期编制并提供财务会计报告和其他会计资料，为经营决策和宏观经济管理提供依据的一项会计活动。会计核算是会计工作的基本职能之一，是会计工作的重要环节。会计核算基本要求如下：

（一）依法建账

　　（1）各单位应当按照《会计法》和国家统一的会计制度规定建立会计账册，进行会计核算。

　　（2）各单位发生的各项经济业务事项应当统一进行会计核算，不得违反规定私设会计账簿进行登记、核算。

（二）根据实际发生的经济业务进行会计核算

　　《会计法》规定，各单位必须根据实际发生的经济业务事项进行会计核算，填制会计凭证，登记会计账簿，编制财务会计报告。会计核算以实际发生的经济业务为依据，体现了会计核算的真实性和客观性要求。其具体要求是，根据实际发生的经济业务，取得可靠的凭证，并据此登记账簿，编制财务会计报告，形成符合质量标准的会计资料（会计信息）。

（三）保证会计资料的真实和完整

会计资料，主要是指会计凭证、会计账簿、财务会计报告等会计核算专业资料，它是会计核算的重要成果，是投资者做出投资决策，经营者进行经营管理，国家进行宏观调控的重要依据。会计资料的真实性，主要是指会计资料所反映的内容和结果，应当同单位实际发生的经济业务的内容及其结果相一致。会计资料的完整性，主要是指构成会计资料的各项要素都必须齐全，以使会计资料如实、全面地记录和反映经济业务发生情况，便于会计资料使用者全面、准确地了解经济活动情况。会计资料的真实性和完整性，是会计资料最基本的质量要求，是会计工作的生命，各单位必须保证所提供的会计资料真实和完整。

【拓展阅读】

（四）正确采用会计处理方法

会计处理方法是指在会计核算中所采用的具体方法。采用不同的会计处理方法，或者在不同会计期间采用不同的会计处理方法，都会影响会计资料的一致性和可比性，进而影响会计资料的使用。因此，各单位的会计核算应当按照规定的会计处理方法进行，保证会计指标的口径一致、相互可比和会计处理方法的前后各期一致，不得随意变更；确有必要变更的，应当按照国家统一的会计制度的规定变更，并将变更的原因、情况及影响在财务会计报告中说明。

（五）正确使用会计记录文字

会计记录文字是指在进行会计核算时，为记载经济业务发生情况和辅助说明会计数字所体现的经济内涵而使用的文字。根据《会计法》的规定，会计记录的文字应当使用中文。在民族自治地方，会计记录可以同时使用当地通用的一种民族文字。在中国境内的外商投资企业、外国企业和其他外国组织的会计记录可以同时使用一种外国文字。

（六）使用电子计算机进行会计核算必须符合法律规定

使用电子计算机进行会计核算，即会计电算化，是将以电子计算机为主的当代电子和信息技术应用于会计工作的简称，是采用电子计算机替代手工记账、算账、报账，以及对会计资料进行电子化分析和利用的现代记账手段。

为保证计算机生成的会计资料真实、完整和安全，《会计法》规定，使用电子计算机进行会计核算的，其软件及其生成的会计凭证、会计账簿、财务会计报告和其他会计资料，必须符合国家统一的会计制度的规定。

课程思政：中国第五大发明——算盘

以算盘为工具进行数字计算的珠算，是中国古代的重大发明，伴随中国人经历了 1 800 多年的漫长岁月。这一发明极为卓越和独特，充分表现了中国人的聪明智慧。2013 年 12 月 4 日晚，联合国教科文组织在阿塞拜疆首都巴库通过决议，将其列入人类非物质文化遗产名录。它以简便的计算工具和独特的数理内涵，被誉为"世界上最古老的计算机"、中国第五大发明。随着计算机技术的发展，珠算的计算功能逐渐被削弱，但是古老的珠算依然有顽强的生命力。珠算成功申遗，有助于让更多的人认识珠算，了解珠算，增强民族自豪感，吸引更多的人加入弘扬与保护珠算文化的行列中来。

二、会计凭证

会计凭证是指记录经济业务发生和完成情况，明确经济责任的书面证明，是登记账簿的依据。填制和审核会计凭证，是会计工作的起点，对企业经济管理工作起着举足轻重的作用，也是会计核算的一种专门方法。通过填制和审核会计凭证可以经常地、有效地实施会计监督，为企业经济管理提供真实、有用的会计信息资料。会计凭证按照填制程序和用途的不同，可分为原始凭证和记账凭证两种。

（一）原始凭证

原始凭证又称单据，是在经济业务发生时取得或填制的，用以记录和证明经济业务的发生或完成情况的具有法律效力的证明文件。原始凭证是编制记账凭证的依据，是会计主体进行会计核算的原始资料和重要证据。因此，凡是不能证明经济业务已经发生或完成的各种单据，如商品购销合同、银行对账单、银行存款余额调节表等均不能作为会计核算的原始证据。经济业务是多种多样的，原始凭证也是多种多样的。例如，增值税专用发票、普通发票、领料单、收据、车船票、差旅费报销单等，都是原始凭证。这些原始凭证尽管格式不统一，项目也不尽相同，但都具备一些共同的基本内容。

归纳起来，原始凭证必须包括以下一些基本要素：

（1）名称和编号。

（2）填制日期。

（3）接受单位名称。

（4）经济业务的基本内容（包括经济业务发生时的数量、单价和金额等）。

（5）填制单位或个人的签名、盖章。

（6）凭证附件等。

以经济业务活动实际发生为依据而填制完毕的原始凭证，必须经会计主管或具体处理该事项的会计人员审核无误后才能作为记账凭证填制的依据。会计机构、会计人员必须按照国家统一的会计制度的规定对原始凭证进行审核，对不真实、不合法的原始凭证有权不予接受，并向单位负责人报告；对记载不准确、不完整的原始凭证予以退回，并要求按照国家统一的会计制度的规定更正、补充。

原始凭证记载的各项内容均不得涂改，随意涂改过的原始凭证即为无效凭证，不能以此作为填制记账凭证或登记账簿的依据。原始凭证记载的内容有错误的，应当由出具单位重开或者更正，更正处应当加盖出具单位印章。原始凭证金额有错误的，应当由出具单位重开，不得在原始凭证上更正。

【案例分析】

（二）记账凭证

记账凭证是指对审核无误的原始凭证，按照经济业务的内容加以归类，并据以确定会计分录后的会计凭证，它是登记账簿的直接依据。

记账凭证应具备以下基本内容：

（1）凭证的名称。

（2）填制日期。

（3）经济业务的内容、摘要。

（4）会计科目名称（包括一级科目、二级科目或明细科目）、金额和借贷方向。

（5）凭证的编号。

（6）所附原始凭证张数。

（7）制单、审核、记账、会计主管等人员的签名、盖章。如果为收款、付款凭证，还应由出纳人员签名或盖章。

（8）记账标记。

三、会计账簿

（一）会计账簿的含义及种类

会计账簿是指由一定格式的账页组成的，以经过审核的会计凭证为依据，全面、系统、连续地记录各项经济业务的簿籍。各单位应当按照国家统一的会计制度的规定和会计业务的需要设置会计账簿。设置和登记账簿，是会计工作的重要环节，是编制会计报表的基础，是连接会计凭证与会计报表的中间环节，也是会计信息处理的一个重要的专门方法。

《会计法》第十五条规定："会计账簿包括总账、明细账、日记账和其他辅助性账簿。"具体分类如表 2 – 1 所示。

表 2 – 1　会计账簿分类

账簿	相关内容
总账	也称总分类账，是根据一级会计科目设立的总分类账户，按照总分类科目记录全部经济业务的账簿。它可以提供各种资产、负债、收入、成本、费用等的总括核算资料。各单位必须设置总账，进行总分类核算。总账一般采用订本式账簿

续表

账簿	相关内容
明细账	也称明细分类账，是根据总账科目所属的二级或明细会计科目设立的分类账户，用以详细登记某一类经济业务事项，提供有关明细核算资料。明细账一般采用活页式账簿
日记账	是一种特殊的序时明细账，是按照经济业务发生时间的先后顺序，逐日逐笔登记经济业务的账簿。我国要求企事业单位设置的日记账包括现金日记账和银行存款日记账。日记账一般采用订本式账簿
其他辅助账簿	也称备查账簿，是指对一些在序时账簿和分类账簿中不能记载或记载不全的经济业务进行补充登记的账簿，对序时账簿和分类账簿起补充作用。相对于序时账簿和分类账簿这两种主要账簿而言，与其他账簿之间不存在严密的勾稽关系，不受总账或明细账的控制。它可以为经营管理提供参考资料，如租入的固定资产登记簿、应收票据的备查簿、代销商品登记簿等

（二）登记会计账簿

根据有关规定，会计账簿的登记应满足下列要求：

（1）根据审核无误的会计凭证登记会计账簿。依据会计凭证登记会计账簿，是基本的会计记账规则，根据审核无误的会计凭证登记会计账簿，是保证会计账簿记录质量的重要环节。

（2）登记会计账簿必须按照记账规则进行。《会计工作基础规范》中规定的记账规则包括以下几点：

①准确、完整。

②登记账簿要及时。

③注明记账符号。

④书写留空。

⑤正常记账使用墨水。

⑥顺序连续登记。

⑦不得刮擦、涂改等。

【拓展资料】账簿记录发生错误更正方法如表2-2所示。

表2-2　账簿记录发生错误更正方法

错误原因	更正方法
登记账簿时发生错误	①将错误的文字或者数字划红线注销，但必须使原有字迹仍可辨认；②在划线上方填写正确的文字或者数字，并由记账人员在更正处盖章
	提示：对于错误的数字，应当全部划红线更正，不得只更正其中的错误数字
由于记账凭证错误而使账簿记录发生错误	应当按更正的记账凭证登记账簿

（三）账目核对

账目核对，也称对账。为了保证账簿记录的真实、可靠、正确、完整，对账簿和账户所记录的有关数据应加以检查和核对，这种检查和核对工作，在会计上叫对账。对账的基本内容包括如下几方面：

1. 账证核对

账证核对是指将会计账簿记录与会计凭证（包括记账凭证和原始凭证）的有关内容进行核对。由于会计账簿是根据会计凭证登记的，两者之间存在勾稽关系，因此，通过账证核对，可以检查、验证会计账簿记录与会计凭证的内容是否正确无误，以保证账证相符。各单位应当定期将会计账簿记录与其相应的会计凭证记录（包括时间、编号、内容、金额、记录方向等）逐项核对，检查是否一致。如有不符之处，应当及时查明原因，予以更正。

2. 账账核对

账账核对是指将各种会计账簿之间相对应的记录进行核对。由于会计账簿之间相对应的记录存在内在联系，因此，通过账账相对，可以检查、验证会计账簿记录的正确性，以便及时发现错账，予以更正，保证账账相符。

3. 账实核对

账实核对是在账账核对的基础上，将各种财产物资的账面余额与实存数额进行核对。由于实物的增减变化、款项的收付都要在有关账簿中如实反映，因此，通过会计账簿记录与实物、款项的实有数进行核对，可以检查、验证款项、实物会计账簿记录的正确性，以便及时发现财产物资和货币资金管理中存在的问题，查明原因，分清责任，改善管理，保证账实相符。

【案例分析】

四、财务报表

（一）财务报表的构成

财务报表是对企业财务状况、经营成果和现金流量的结构性表述。一套完整的财务报表至少应当包括资产负债表、利润表、现金流量表、所有者权益（或股东权益）变动表以及附注。

资产负债表、利润表和现金流量表分别从不同角度反映企业的财务状况、经营成果和现金流量。资产负债表反映企业在某一特定日期所拥有的资产、需偿还的债务以及股东（投资者）拥有的净资产情况。利润表反映企业在一定会计期间的经营成果（即利润或亏损）的情况，表明企业运用所拥有的资产的获利能力。现金流量表反映企业在一定会计期间现金和现金等价物流入和流出的情况。所有者权益变动表反映构成所有者权益的各组成部分当期的增减变动情况。附注是财务报告不可或缺的组成部分，是对在资产负债表、利润表、现金流量表和所有者权益变动表等报表中列示项目的文字描述或明细资料，以及对未能在这些报表中列示项目的说明等。

财务报表是财务会计报告的核心内容，除了财务报表之外，财务报告还应当包括其他相关信息，具体可以根据有关法律、行政法规、部门规章等的规定和外部使用者的信息需求而定。

（二）财务报表的编制要求

（1）企业编制财务会计报告，应当根据真实的交易、事项以及完整、准确的账簿记录等资料，并按照国家统一的会计制度规定的编制基础、编制依据、编制原则和方法而进行。

（2）企业应当依照法律、行政法规和国家统一的会计制度中有关财务会计报告提供期限的规定，及时对外提供财务会计报告。

（3）财务会计报告应当由单位负责人和主管会计工作的负责人、会计机构负责人（会计主管人员）签名并盖章；设置总会计师的企业，还应当由总会计师签名并盖章。单位负责人应当保证财务会计报告的真实和完整。

（4）向不同的会计资料使用者提供的财务会计报告，其编制依据应当一致。

（5）财务会计报告须经注册会计师审计的，企业应当将注册会计师及其会计师事务所出具的审计报告随同财务会计报告一并对外提供。

五、会计档案管理

会计档案是记录和反映单位经济业务事项的主要史料和证据。《会计档案管理办法》和《会计基础工作规范》都对会计档案管理作了原则性规定。财政部国家档案局2015年12月发布修订后的《会计档案管理办法》，对会计档案管理的有关内容作出了具体规定。

（一）会计档案的内容

会计档案是指会计凭证、会计账簿、财务会计报告等会计核算专业资料。会计档案一般分为：

（1）会计凭证类，包括原始凭证、记账凭证。

（2）会计账簿类，包括总账、日记账、明细账、固定资产卡片及其他辅助性账簿。

（3）财务会计报告类，包括月度、季度、半年度、年度财务报告。

（4）其他会计资料，包括银行存款余额调节表、银行对账单、纳税申报表、会计档案移交清册、会计档案保管清册、会计档案销毁清册、会计档案鉴定意见书及其他具有保存价值的会计资料。

（二）会计档案的管理部门

县级以上各级人民政府财政部门和档案行政管理部门共同负责本行政区域内会计档案工作的指导、监督和检查。

单位应当加强会计档案管理工作，建立和完善会计档案的收集、整理、保管、利用和鉴定、销毁等管理制度，采取可靠的安全防护技术和措施，保证会计档案的真实、完整、可用、安全。

（三）会计档案的归档

各单位每年形成的会计档案，应当由会计机构按照归档要求，负责整理立卷归档。采用计算机、网络通信等信息技术手段进行会计核算的单位，可以以电子形式保存，形成电子会计档案。

（四）会计档案的移交

当年形成的会计档案，在会计年度终了后，可由单位会计管理机构临时保管1年，再移交单位档案管理机构保管。因工作需要确需推迟移交的，应当经单位档案管理机构同意。单位会计管理机构临时保管会计档案最长不超过3年。临时保管期间，会计档案的保管应当符合国家档案管理的有关规定，且出纳人员不得兼管会计档案。

保管期满后，原则上应由会计部门编制清册，移交本单位的档案部门保管。会计管理机构在向单位档案部门移交会计档案时要编制移交清册，详细登记所移交档案的名称、卷号、册数、起止年度、应保管期限、已保管期限等内容。

档案部门接受保管的会计档案，原则上应保持原卷册的封装，个别需要拆封重新整理的，应当会同会计部门和原经办人员共同拆封整理，以分清责任。

（五）会计档案的利用

单位应当严格按照相关制度利用会计档案，在进行会计档案查阅、复制、借出时履行登记手续，严禁篡改和损坏。

单位保存的会计档案一般不得对外借出。确因工作需要且根据国家有关规定必须借出的，应当严格按照规定办理相关手续。

会计档案借用单位应当妥善保管和利用借入的会计档案，确保借入会计档案的安全完整，并在规定时间内归还。

单位的会计档案及其复制件需要携带、寄运或者传输至境外的，应当按照国家有关规定执行。

（六）会计档案的保管期限

根据2015年财政部、国家档案局发布的《会计档案管理办法》的规定，会计档案保管期限分为永久和定期两类。永久，是指会计档案须永久保存；定期，是指会计档案的保存应达到法定的时间。会计档案的定期保管期限分为10年和30年两种。会计档案的保管期限从会计年度终了后的第一天算起。

《会计档案管理办法》规定的会计档案保管期限如表2-3、表2-4所示。

表2-3 企业和其他组织会计档案保管期限

序号	档案名称	保管期限	备注
一	会计凭证		
1	原始凭证	30年	

续表

序号	档案名称	保管期限	备注
2	记账凭证	30 年	
二		会计账簿	
3	总账	30 年	
4	明细账	30 年	
5	日记账	30 年	
6	固定资产卡片		固定资产报废清理后保管 5 年
7	其他辅助性账簿	30 年	
三		财务会计报告	
8	月度、季度、半年度财务报告	10 年	
9	年度财务报告	永久	
四		其他会计资料	
10	银行存款余额调节表	10 年	
11	银行对账单	10 年	
12	纳税申报表	10 年	
13	会计档案移交清册	30 年	
14	会计档案保管清册	永久	
15	会计档案销毁清册	永久	
16	会计档案鉴定意见书	永久	

表 2-4 财政总预算、行政单位、事业单位和税收会计档案保管期限

序号	档案名称	保管期限			备注
		财政总预算	行政单位事业单位	税收会计	
一		会计凭证			
1	国家金库编送的各种报表及缴库退库凭证	10 年		10 年	
2	各收入机关编送的报表	10 年			
3	行政单位和事业单位的各种会计凭证		30 年		包括原始凭证、记账凭证和传票汇总表
4	财政总预算拨款凭证和其他会计凭证	30 年			包括拨款凭证和其他会计凭证
二		会计账簿			
5	日记账		30 年	30 年	

续表

序号	档案名称	保管期限			备注
		财政总预算	行政单位事业单位	税收会计	
6	总账	30 年	30 年	30 年	
7	税收日记账（总账）			30 年	
8	明细分类、分户账或登记簿	30 年	30 年	30 年	
9	行政单位和事业单位固定资产卡片				固定资产报废清理后保管 5 年
三	财务会计报告				
10	政府综合财务报告	永久			下级财政、本级部门和单位报送的保管 2 年
11	部门财务报告		永久		所属单位报送的保管 2 年
12	财政总决算	永久			下级财政、本级部门和单位报送的保管 2 年
13	部门决算		永久		所属单位报送的保管 2 年
14	税收年报（决算）			永久	
15	国家金库年报（决算）	10 年			
16	基本建设拨、贷款年报（决算）	10 年			
17	行政单位和事业单位会计月、季度报表		10 年		所属单位报送的保管 2 年
18	税收会计报表			10 年	所属税务机关报送的保管 2 年
四	其他会计资料				
19	银行存款余额调节表	10 年	10 年		
20	银行对账单	10 年	10 年	10 年	
21	会计档案移交清册	30 年	30 年	30 年	
22	会计档案保管清册	永久	永久	永久	
23	会计档案销毁清册	永久	永久	永久	
24	会计档案鉴定意见书	永久	永久	永久	

注：税务机关的税务经费会计档案保管期限，按行政单位会计档案保管期限规定办理。

（七）会计档案的销毁

1. 编制会计档案鉴定意见书

会计档案鉴定工作应当由单位档案管理机构牵头，组织单位会计、审计、纪检监察等机构或人员共同进行。单位应当定期对已到保管期限的会计档案进行鉴定，并形成会计档案鉴定意见书。经鉴定，仍需继续保存的会计档案，应当重新划定保管期限；对保管期满，确无保存价值的会计档案，可以销毁。

2. 编制会计档案销毁清册

会计档案保管期满需要销毁的，由本单位档案管理机构编制会计档案销毁清册，列明拟销毁会计档案的名称、卷号、册数、起止年度、档案编号、应保管期限、已保管期限和销毁时间等内容。单位负责人、档案管理机构负责人、会计管理机构负责人、档案管理机构经办人、会计管理机构经办人在会计档案销毁清册上签署意见。

3. 专人负责监销

单位档案管理机构负责组织会计档案销毁工作，并与会计管理机构共同派员监销。监销人在会计档案销毁前，应当按照会计档案销毁清册所列内容进行清点核对，在会计档案销毁后，应当在会计档案销毁清册上签名或盖章。

电子会计档案的销毁还应当符合国家有关电子档案的规定，并由单位档案管理机构、会计管理机构和信息系统管理机构共同派员监销。

4. 不得销毁的会计档案

对于保管期满但未结清的债权债务会计凭证和涉及其他未了结事项的会计凭证（如超过会计档案保管期限但尚未报废的固定资产购买凭证等），不得销毁，纸质会计档案应当单独抽出立卷，电子会计档案单独转存，保管到未了事项完结时为止。单独抽出立卷或转存的会计档案，应当在会计档案鉴定意见书、会计档案销毁清册和会计档案保管清册上列明。另外，正在建设期间的建设单位，其保管期满的会计档案也不得销毁。

六、会计监督

会计监督是会计的基本职能之一，是对单位的经济活动进行检查监督，借以控制经济活动，使经济活动能够根据一定的方向、目标、计划，遵循一定的原则正常进行。会计监督可分为单位内部监督、政府监督和社会监督。

（一）会计工作的单位内部监督

会计工作的单位内部监督制度，是指为了保护其资产的安全、完整，保证其经营活动符合国家法律、法规和内部有关管理制度，提高经营管理水平和效率，而在单位内部采取的一系列相互制约、相互监督的制度与方法。

1. 会计工作的单位内部监督的概念和要求

会计工作的单位内部监督是指各单位的会计机构、会计人员依据法律、法规、国家统一的会计制度及单位内部会计管理制度等的规定，通过会计手段对本单位经济活动的合法性、合理性和有效性进行监督。内部会计监督的主体是各单位的会计机构、会计人员，内部会计监督的对象是单位的经济活动。

会计工作的单位内部监督的内容十分广泛，涉及人、财、物等诸多方面，各单位应当建立、健全本单位内部会计监督制度。单位内部会计监督制度应当符合下列要求：

（1）记账人员与经济业务事项和会计事项的审批人员、经办人员、财务保管人员的职责权限应当明确，并相互分离、相互制约。

（2）重大对外投资、资产处置、资金调度和其他重要经济业务事项的决策和执行的相互监督、相互制约程序应当明确。

（3）财产清查的范围、期限和组织程序应当明确。

（4）对会计资料定期进行内部审计的办法和程序应当明确。

会计机构、会计人员对违反《会计法》和国家统一的会计制度规定的会计事项，有权拒绝办理或者按照职权予以纠正。发现会计账簿记录与实物、款项及有关资料不相符的，按照国家统一的会计制度规定有权自行处理的，应当及时处理；无权处理的，应当立即向单位负责人报告，请求查明原因，作出处理。单位负责人应当保证会计机构、会计人员依法履行职责，不得授意、指使、强令会计机构、会计人员违法办理会计事项。

2. 单位内部控制制度

（1）内部控制的概念与原则。

内部控制是指单位为实现控制目标，通过制定制度、实施措施和执行程序，对经济活动的风险进行防范和管控。

单位建立与实施内部控制，应当遵循下列原则：

①全面性原则，指内部控制应当贯穿单位经济活动的决策、执行和监督全过程。

②重要性原则，指在全面控制的基础上，应当关注单位重要经济活动和经济活动的重大风险。

③制衡性原则，指内部控制应当在治理结构、机构设置及权责分配、业务流程等方面形成相互制约、相互监督。

④适应性原则，指内部控制应当符合国家有关规定和单位的实际情况，并随着情况的变化及时加以调整。

⑤成本效益原则，指企业内部控制应当权衡实施成本与预期效益，以适当的成本实现有效控制。

小企业建立与实施内部控制，应当遵循下列原则：

①风险导向原则。内部控制应当以防范风险为出发点，重点关注对实现内部控制目标造成重大影响的风险领域。

②适应性原则。内部控制应当与企业发展阶段、经营规模、管理水平等相适应，并随着情况的变化及时加以调整。

③实质重于形式原则。内部控制应当注重实际效果，而不局限于特定的表现形式和实现手段。

④成本效益原则。内部控制应当权衡实施成本与预期效益，以合理的成本实现有效

控制。

（2）企业内部控制措施。

①不相容职务分离控制。要求企业全面系统地分析、梳理业务流程中所涉及的不相容职务，实施相应的分离措施，形成各司其职、各负其责、相互制约的工作机制。不相容职务是指那些如果由一个人担任，既可能发生错误舞弊行为，又可能掩盖其错误和舞弊行为的职务。不相容职务主要包括授权批准与业务经办、业务经办与会计记录、会计记录与财产保管、业务经办与稽核检查、授权批准与监督检查等。

②授权审批控制。要求企业根据常规授权和特别授权的规定，明确各岗位办理业务和事项的权限范围、审批程序和相应责任。

③会计系统控制。要求企业严格执行国家统一的会计准则制度，加强会计基础工作，明确会计凭证、会计账簿和财务会计报告的处理程序，保证会计资料真实完整。

④财产保护控制。要求企业建立财产日常管理和定期清查制度，采取财产记录、实物保管、定期盘点、账实核对等措施，确保财产安全。

⑤预算控制。要求企业实施全面的预算管理制度，明确各责任单位在预算管理中的职责权限，规范预算的编制、审定、下达和执行程序，强化预算约束。

⑥运营分析控制。要求企业建立运营情况分析制度，经理层应当综合运用生产、购销、投资、筹资、财务等方面的信息，通过因素分析、对比分析、趋势分析等方法，定期开展运营情况分析，发现存在的问题，及时查明原因并加以改进。

⑦绩效考评控制。要求企业建立和实施绩效考评制度，科学设置考核指标体系，对企业内部各责任单位和全体员工的业绩进行定期考核和客观评价，将考核结果作为确定员工薪酬以及职务晋升、评优、降级、调岗、辞退等的依据。

（3）行政事业单位内部控制方法。

①不相容岗位相互分离。合理设置内部控制关键岗位，明确划分职责权限，实施相应的分离措施，形成相互制约、相互监督的工作机制。

②内部授权审批控制。明确各岗位办理业务和事项的权限范围、审批程序和相关责任，建立重大事项集体决策和会签制度。相关工作人员应当在授权范围内行使职权、办理业务。

③归口管理。根据本单位实际情况，按照权责对等的原则，采取成立联合工作小组并确定牵头部门或牵头人员等方式，对有关经济活动实行统一管理。

④预算控制。强化对经济活动的预算约束，使预算管理贯穿于单位经济活动的全过程。

⑤财产保护控制。建立资产日常管理制度和定期清查机制，采取资产记录、实物保管、定期盘点、账实核对等措施，确保资产安全完整。

⑥会计控制。建立健全本单位财会管理制度，加强会计机构建设，提高会计人员业务水平，强化会计人员岗位责任制，规范会计基础工作，加强会计档案管理，明确会计凭证、会计账簿和财务会计报告处理程序。

⑦单据控制。要求单位根据国家有关规定和单位的经济活动业务流程，在内部管理制度中明确界定各项经济活动所涉及的表单和票据，要求相关工作人员按照规定填制、审核、归档、保管单据。

⑧信息内部公开。建立健全经济活动相关信息内部公开制度，根据国家有关规定和单位

的实际情况，确定信息内部公开的内容、范围、方式和程序。

（二）会计工作的政府监督

1. 会计工作政府监督的概念

会计工作的政府监督，主要是指财政部门代表国家对各单位和单位中相关人员的会计行为实施的监督检查，以及对发现的违法会计行为实施行政处罚。这里所说的财政部门，是指国务院财政部门、省级以上人民政府财政部门派出机构和县级以上人民政府财政部门。

此外，《会计法》规定，除财政部门外，审计、税务、人民银行、证券监管、保险监管等部门依照有关法律、行政法规规定的职责和权限，可以对有关单位的会计资料实施监督检查。依法实施监督检查后，应当出具检查结论。

2. 财政部门会计监督的主要内容

财政部门对各单位的下列情况实施监督：

（1）是否依法设置会计账簿。

（2）会计凭证、会计账簿、财务会计报告和其他会计资料是否真实、完整。

（3）会计核算是否符合《会计法》和国家统一的会计制度的规定。

（4）从事会计工作的人员是否具备专业能力、遵守职业道德。

在对各单位会计凭证、会计账簿、财务会计报告和其他会计资料的真实性、完整性实施监督，发现重大违法嫌疑时，国务院财政部门及其派出机构可以向与被监督单位有经济业务往来的单位和被监督单位开立账户的金融机构查询有关情况，有关单位和金融机构应当给予支持。

依法对有关单位的会计资料实施监督检查的部门及其工作人员对在监督检查中知悉的国家秘密和商业秘密负有保密义务。

（三）会计工作的社会监督

1. 会计工作社会监督的概念

会计工作的社会监督，主要是指由注册会计师及其所在的会计师事务所等中介机构接受委托，依法对单位的经济活动进行审计，出具审计报告，发表审计意见的一种监督制度。

根据《会计法》的规定，法律、行政法规规定须经注册会计师进行审计的单位，应当向受委托的会计师事务所如实提供会计凭证、会计账簿、财务会计报告和其他会计资料以及有关情况。任何单位或者个人不得以任何方式要求或者示意注册会计师及其所在的会计师事务所出具不实或者不当的审计报告。

《会计法》规定，任何单位和个人对违反《会计法》和国家统一的会计制度规定的行为，有权检举。这是为了充分发挥社会各方面的力量，鼓励任何单位和个人检举违法会计行为，也属于会计工作社会监督的范畴。

2. 注册会计师审计报告

（1）审计报告的概念和要素。

审计报告，是指注册会计师根据审计准则的规定，在执行审计工作的基础上，对被审计单位财务报表发表审计意见的书面文件。注册会计师应当就财务报表是否在所有重大方面按照适用的财务报告编制基础编制并实现公允反映形成审计意见。

审计报告应当包括下列要素：标题；收件人；引言段；管理层对财务报表的责任段；注册会计师的责任段；审计意见段；注册会计师的签名和盖章；会计师事务所的名称、地址和盖章；报告日期。

（2）审计报告的种类和审计意见的类型。

审计报告分为标准审计报告和非标准审计报告。

标准审计报告，是指不含有说明段、强调事项段、其他事项段或其他任何修饰性用语的无保留意见的审计报告。包含其他报告责任段，但不含有强调事项段或其他事项段的无保留意见的审计报告也被视为标准审计报告。

非标准审计报告，是指带强调事项段或其他事项段的无保留意见的审计报告和非无保留意见的审计报告。

非无保留意见，包括保留意见、否定意见和无法表示意见三种类型。

无保留意见，是指当注册会计师认为财务报表在所有重大方面按照适用的财务报告编制基础编制并实现公允反映时发表的审计意见。

【拓展阅读】

课后练习

一、单项选择题

1. 根据会计法律制度的规定，下列各项中，属于企业内部控制措施的是（　　）。

A. 单据控制　　　　B. 信息内部公开　　　C. 绩效考评控制　　　D. 归口管理

2. 根据会计法律制度的规定，下列关于财产清查的表述中，不正确的是（　　）。

A. 保护财产物资的安全完整

B. 季度财务报告编制前，必须进行财产清查

C. 保证账实相符

D. 保证会计核算资料的真实可靠

3. 下列各项中，属于会计核算原始依据的是（　　）。

A. 原始凭证　　　　B. 记账凭证　　　　C. 会计账簿　　　　D. 财务会计报告

4. 单位分立后，原单位存续的，其会计档案应由（　　）保管。

A. 协商确定分立后的任一方　　　　　　B. 存续方

C. 国家档案管理部门　　　　　　　　　D. 原单位确定选择分立后的任一方

5. 会计档案鉴定工作的牵头机构是（　　）。

A. 单位审计机构
B. 单位会计机构

C. 单位档案管理机构
D. 单位纪检监察机构

6. 定期保管会计档案的最长期限是（　　　）年。

A. 5
B. 10
C. 30
D. 50

7. 会计档案管理机构保管的会计档案，因工作需要确需推迟移交的，需经（　　　）同意。

A. 单位档案管理机构
B. 单位会计管理机构

C. 单位负责人
D. 会计机构负责人

8. 会计核算的内容不包括（　　　）。

A. 资本、基金的增减
B. 制订下年度开支计划

C. 财务成果的计算和处理
D. 财物的收发、增减和使用

二、多项选择题

1. 下列关于会计监督的监督主体及对象的说法中，错误的有（　　　）。

A. 单位内部会计监督的对象是会计机构和会计人员

B. 财政部门是会计工作的政府监督的唯一主体

C. 会计工作政府监督的对象是各单位的会计机构和会计人员

D. 会计工作社会监督的对象是受托单位的经济活动

2. 根据会计法律制度的规定，下列人员中，应当在企业对外提供的财务会计报告中签名并盖章的有（　　　）。

A. 企业会计机构负责人
B. 企业负责人

C. 企业总会计师
D. 企业主管会计工作的负责人

3. 会计工作的政府监督主体主要有（　　　）。

A. 证券监管部门
B. 审计部门
C. 税务部门
D. 会计师事务所

三、判断题

1. 单位可以根据会计业务的需要自主决定会计年度的起止日期。　　　　　　（　　　）

2. 会计监督能够使经济活动根据一定的方向、目标、计划，遵循一定的原则正常进行。
（　　　）

3. 单位之间交接会计档案，交接完毕后，交接双方经办人和双方单位负责人应当在会计档案移交清册上签名或盖章。　　　　　　　　　　　　　　　　　　　　（　　　）

4. 涉及未了事项的电子会计凭证，不能销毁，留存于原系统中。　　　　　（　　　）

5. 电子会计档案移交时，应当将电子会计档案及其元数据一并移交。　　　（　　　）

6. 原始凭证金额有错，应当采用划线更正法更正，并在更正处签章，以明确责任。
（　　　）

四、不定项选择题

1. 某市财政局于 2018 年 5 月对一家小型商贸企业进行执法检查，发现下列几个问题：

（1）该企业会计账簿只有总账、日记账和备查账。

（2）银行存款日记账有隔页现象，按照规定进行更正后，由相关人员在更正处签章。

（3）该企业负责人认为自己不懂财务的相关问题，每月对外提供的财务报表由编制人员签章即可，其真实性由编制人员负责，与自己无关。

要求：根据上述资料，不考虑其他因素，分析回答下列小题。

（1）下列关于该企业账簿设置的表述中正确的是（　　）。

A. 企业未设置明细账不合理，账务核对时无法进行账账核对

B. 总账包括订本账和活页账两种

C. 企业可以根据具体的业务情形决定是否设置明细账

D. 备查账是为备忘备查而设置的

（2）下列关于账簿登记的表述中正确的是（　　）。

A. 账簿中书写的文字和数字上面要留有适当空格，不要写满格

B. 登记账簿可以用蓝黑墨水或碳素墨水书写

C. 各种账簿按页次顺序连续登记，不得跳行、隔页

D. 凡需要结出余额的账户，结出余额后，应当在"借或贷"等栏内写明"借"或者"贷"等字样

（3）银行存款日记账隔页问题更正后，在更正处签章的相关人员是（　　）。

A. 记账人员　　　　　　　　　　B. 会计机构负责人

C. 单位负责人　　　　　　　　　D. 主管会计工作的负责人

（4）根据资料（3），下列相关表述中正确的是（　　）。

A. 编制人员更了解财务报表的内容，由其签章更合理

B. 企业对外提供的财务报表应由企业负责人、主管会计工作的负责人、会计主管人员签名并盖章

C. 单位负责人对本单位的会计工作和会计资料的真实性、完整性负责

D. 单位负责人不懂财务知识，不对会计工作的真实性负责

项目三　　会计机构和会计人员

一、会计机构

会计机构，是指各单位办理会计事务的职能部门。根据《会计法》的规定，各单位应当根据会计业务的需要，设置会计机构，或者在有关机构中设置会计人员并指定会计主管人员；不具备设置条件的，应当委托经批准从事会计代理记账业务的中介机构代理记账。

二、代理记账

代理记账，是指代理记账机构接受委托办理会计业务。代理记账机构是指依法取得代理记账资格，从事代理记账业务的机构。《会计基础工作规范》规定，没有设置会计记账机构或者配备会计人员的单位，应当根据《代理记账管理办法》的规定，委托会计师事务所或者持有代理记账许可证书的代理记账机构进行代理记账。

（一）代理记账机构的审批

除会计师事务所以外的机构从事代理记账业务，应当经县级以上人民政府财政部门（以下简称"审批机关"）批准，领取由财政部统一规定样式的代理记账许可证书。具体审批机关由省、自治区、直辖市、计划单列市人民政府财政部门确定。会计师事务所及其分所可以依法从事代理记账业务。

（二）代理记账的业务范围

代理记账机构可以接受委托办理的业务如表 2 - 5 所示。

表 2 - 5　代理记账机构可以接受委托办理的业务

业务范围	1. "审核"原始凭证、填制记账凭证、登记会计账簿、编制财务会计报告
	2. 对外提供财务会计报告
	3. 向税务机关提供税务资料
	4. 委托人委托的其他会计业务

（三）委托人、代理记账机构及其从业人员各自的义务

委托人、代理记账机构及其从业人员的义务如表 2 - 6 所示。

表 2 - 6　委托人、代理记账机构及其从业人员的义务

双方义务	委托人	填制或取得原始凭证并及时提供；专人负责日常货币收支保管；及时向代理记账机构提供真实、完整的原始凭证和其他相关资料；以及处理代理记账机构退回，要求按规定更正、补充的原始凭证
	代理记账机构	遵守法规，按委托合同办理业务；保密；拒绝违法要求；解释有关问题

三、会计岗位设置

（一）会计工作岗位设置要求

会计工作岗位，是指一个单位会计机构内部根据业务分工而设置的职能岗位。根据《会计基础工作规范》的要求，各单位应当根据会计业务需要设置会计工作岗位。会计工作岗位一般可分为：会计机构负责人或者会计主管人员、出纳、财产物资核算、工资核算、成本费用核算、财务成果核算、资金核算、往来结算、总账报表、稽核、档案管理等。开展会计电算化和管理会计的单位，可以根据需要设置相应工作岗位，也可以与其他工作岗位相结合。

会计工作岗位，可以一人一岗、一人多岗或者一岗多人。但出纳人员不得兼任（兼管）稽核、会计档案保管和收入、支出、费用、债权债务账目的登记工作。会计人员的工作岗位应当有计划地进行轮换。档案管理部门的人员管理会计档案，不属于会计岗位。

（二）会计人员回避制度

国家机关、国有企业、事业单位任用会计人员应当实行回避制度。单位领导人的直系亲属不得担任本单位的会计机构负责人、会计主管人员。会计机构负责人、会计主管人员的直系亲属不得在本单位会计机构中担任出纳工作。需要回避的直系亲属为：夫妻关系、直系血亲关系、三代以内旁系血亲以及配偶亲关系。

四、会计人员

（一）会计人员的概念和范围

会计人员，是指根据《会计法》的规定，在国家机关、社会团体、企业、事业单位和其他组织（以下统称"单位"）中从事会计核算、实行会计监督等会计工作的人员。

会计人员包括从事下列具体会计工作的人员：出纳；稽核；资产、负债和所有者权益（净资产）的核算；收入、费用（支出）的核算；财务成果（政府预算执行结果）的核算；财务会计报告（决算报告）编制；会计监督；会计机构内会计档案管理；其他会计工作。担任单位会计机构负责人（会计主管人员）、总会计师的人员，属于会计人员。

（二）对会计人员的一般要求

会计人员从事会计工作，应当符合下列要求：

（1）遵守《会计法》和国家统一的会计制度等法律法规。

（2）具备良好的职业道德。

（3）按照国家有关规定参加继续教育。

（4）具备从事会计工作所需要的专业能力。

会计人员具有会计类专业知识，基本掌握会计基础知识和业务技能，能够独立处理基本会计业务，表明具备从事会计工作所需要的专业能力。

会计机构负责人或会计主管人员，是在一个单位内具体负责会计工作的中层领导人员。担任单位会计机构负责人（会计主管人员）的，应当具备会计师以上专业技术职务资格或者从事会计工作3年以上经历。

（三）会计工作的禁入规定

因有提供虚假财务会计报告，做假账，隐匿或者故意销毁会计凭证、会计账簿、财务会计报告，贪污、挪用公款，职务侵占等与会计职务有关的违法行为被依法追究刑事责任的人员，不得再从事会计工作。

因伪造、变造会计凭证、会计账簿，编制虚假财务会计报告，隐匿或者故意销毁依法应当保存的会计凭证、会计账簿、财务会计报告，尚不构成犯罪的，5年内不得从事会计工作。

会计人员具有违反国家统一的会计制度的一般违法行为，情节严重的，5年内不得从事会计工作。

【拓展阅读】会计专业职务与会计专业技术资格；会计人员继续教育；总会计师

【案例分析】2021 年 7 月，甲服装厂发生如下事项：

8 日，该厂会计人员王某脱产学习一个星期，会计科长指定出纳李某临时兼管债权债务账目的登记工作，未办理会计工作交接手续。

10 日，该厂档案科会同会计科销毁一批保管期限已满的会计档案，未编制会计档案销毁清册。

要求：分析以上事项中的不妥之处。

【解析】（1）出纳不能兼管债权债务账目登记工作，因此李某不能接替王某的工作。虽然王某只脱产学习一周，也需要办理会计工作交接手续。

（2）会计档案保管期满需要销毁的，需要编造会计档案销毁清册，并在履行规定手续后方可销毁。

五、会计工作交接

（一）会计工作交接的概念与责任

会计工作交接，是指会计人员工作调动或因故离职时，与接管人员办理交接手续的一种工作程序。办理好会计工作交接，有利于分清移交人员和接管人员的责任，可以使会计工作前后衔接，保证会计工作顺利进行。

会计人员工作调动或者因故离职，必须将本人所经管的会计工作全部移交给接替人员。没有办清交接手续的，不得调动或者离职。移交人员对所移交的会计凭证、会计账簿、会计报表和其他有关资料的合法性、真实性承担法律责任。接替人员应当认真接管移交工作，并继续办理移交的未了事项。

会计人员临时离职或者因病不能工作且需要接替或者代理的，会计机构负责人（会计主管人员）或者单位领导人必须指定有关人员接替或者代理，并办理交接手续。临时离职或者因病不能工作的会计人员恢复工作的，应当与接替或者代理人员办理交接手续。移交人员因病或者其他特殊原因不能亲自办理移交的，经单位领导人批准，可由移交人员委托他人代办移交，但委托人应当承担对所移交的会计凭证、会计账簿、会计报表和其他有关资料的合法性、真实性的法律责任。

单位撤销时，必须留有必要的会计人员，会同有关人员办理清理工作，编制决算。在移交前，不得离职。接收单位和移交日期由主管部门确定。单位合并、分立的，其会计工作交接手续比照上述有关规定办理。

（二）会计工作移交前的准备工作

会计人员办理移交手续前，必须及时做好以下工作：

（1）已经受理的经济业务尚未填制会计凭证的，应当填制完毕。

（2）尚未登记的账目，应当登记完毕，并在最后一笔余额后加盖经办人员印章。

（3）整理应该移交的各项资料，对未了事项写出书面材料。

编制移交清册，列明应当移交的会计凭证、会计账簿、会计报表、印章、现金、有价证券、支票簿、发票、文件、其他会计资料和物品等内容；实行会计电算化的单位，从事该项工作的移交人员还应当在移交清册中列明会计软件及密码、会计软件数据磁盘（磁带等）及有关资料、实物等内容。

（三）会计工作交接与监交

会计人员办理交接手续，必须有监交人负责监交。一般会计人员办理交接手续，由会计机构负责人（会计主管人员）监交；会计机构负责人（会计主管人员）办理交接手续，由单位负责人监交，必要时主管单位可以派人会同监交。

移交人员在办理移交时，要按移交清册逐项移交；接替人员要逐项核对点收。

（1）现金、有价证券要根据会计账簿有关记录进行点交。库存现金、有价证券必须与会计账簿记录保持一致。不一致时，移交人员必须限期查清。

（2）会计凭证、会计账簿、会计报表和其他会计资料必须完整无缺。如有短缺，必须查清原因，并在移交清册中注明，由移交人员负责。

（3）银行存款账户余额要与银行对账单核对，如不一致，应当编制银行存款余额调节表调节相符，各种财产物资和债权债务的明细账户余额要与总账有关账户余额核对相符；必要时，要抽查个别账户的余额，与实物核对相符，或者与往来单位、个人核对清楚。

（4）移交人员经管的票据、印章和其他实物等，必须交接清楚；移交人员从事会计电算化工作的，对有关电子数据要在实际操作状态下进行交接。

（5）会计机构负责人（会计主管人员）移交时，还必须将全部财务会计工作、重大财务收支和会计人员的情况等，向接替人员详细介绍。对需要移交的遗留问题，应当写出书面材料。

交接完毕后，交接双方和监交人要在移交清册上签名或者盖章，并应在移交清册上注明以下信息：单位名称，交接日期，交接双方和监交人的职务、姓名，移交清册页数以及需要说明的问题和意见等。移交清册一般应当填制一式三份，交接双方各执一份，存档一份。

接替人员应当继续使用移交的会计账簿，不得自行另立新账，以保持会计记录的连续性。

课后练习

一、单项选择题

1. 会计专业技术职务的高级职务是（　　　）。

A. 高级会计师　　　　B. 会计师　　　　　　C. 注册会计师　　　　D. 助理会计师

2. 根据会计法律制度的规定，会计专业技术人员参加继续教育实行学分制管理，每年参加继续教育取得的学分不得低于（　　　）。

A. 30 学分　　　　　　B. 90 学分　　　　　C. 60 学分　　　　　　D. 15 学分

3. 根据《会计基础工作规范》的规定，回避制度中所说的直系亲属不包括（　　　）。

A. 夫妻关系　　　　　B. 子女与父母　　　C. 配偶的表姐　　　　D. 配偶的父母

4. 一个单位内具体负责会计工作的中层领导人员称为（　　　）。

A. 单位负责人

B. 注册会计师

C. 会计机构负责人（会计主管人员）　　　D. 中级会计师

二、多项选择题

在下列情况下，会计人员应该办理会计工作交接的有（　　　）。

A. 调动工作

B. 因故离职

C. 休假

D. 因病暂时不能工作且需要接替或者代理

三、判断题

1. 业务经办人员可以兼任稽核检查。　　　　　　　　　　　　　　　（　　　）

2. 会计机构是指各单位办理会计事务的职能部门。　　　　　　　　（　　　）

项目四　违反会计法律制度的法律责任

违反会计法律制度应当承担的法律责任，在《会计法》及相关法律、法规、规章中都作出了相应的规定。本项目主要介绍《会计法》对会计违法行为的法律责任的规定。

一、违反国家统一的会计制度行为的法律责任

违反《会计法》规定，有下列行为之一的，由县级以上人民政府财政部门责令限期改正，可以对单位并处 3 000 元以上 5 万元以下的罚款；对其直接负责的主管人员和其他直接责任人员，可以处 2 000 元以上 2 万元以下的罚款；属于国家工作人员的，还应当由其所在单位或者有关单位依法给予行政处分。构成犯罪的，依法追究刑事责任：

（1）不依法设置会计账簿的。

（2）私设会计账簿的。

（3）未按照规定填制、取得原始凭证或者填制、取得的原始凭证不符合规定的。

（4）以未经审核的会计凭证为依据登记会计账簿或者登记会计账簿不符合规定的。

（5）随意变更会计处理方法的。

（6）向不同的会计资料使用者提供的财务会计报告编制依据不一致的。

（7）未按照规定使用会计记录文字或者记账本位币的。

（8）未按照规定保管会计资料，致使会计资料毁损、灭失的。

（9）未按照规定建立并实施单位内部会计监督制度或者拒绝依法实施的监督或者不如实提供有关会计资料及有关情况的。

（10）任用会计人员不符合《会计法》规定的。

会计人员有上述所列行为之一，情节严重的，5 年内不得从事会计工作。

有关法律对上述所列行为的处罚另有规定的，依照有关法律的规定办理。

二、伪造、变造会计凭证、会计账簿，编制虚假财务会计报告行为的法律责任

伪造、变造会计凭证、会计账簿，编制虚假财务会计报告，构成犯罪的，依法追究刑事责任。尚不构成犯罪的，由县级以上人民政府财政部门予以通报，可以对单位并处 5 000 元以上 10 万元以下的罚款；对其直接负责的主管人员和其他直接责任人员，可以处 3 000 元以上 5 万元以下的罚款；属于国家工作人员的，还应当由其所在单位或者有关单位依法给予撤职直至开除的行政处分；其中的会计人员，五年内不得从事会计工作。

三、隐匿或者故意销毁依法应当保存的会计凭证、会计账簿、财务会计报告行为的法律责任

隐匿或者故意销毁依法应当保存的会计凭证、会计账簿、财务会计报告，构成犯罪的，依法追究刑事责任。尚不构成犯罪的，由县级以上人民政府财政部门予以通报，可以对单位并处 5 000 元以上 10 万元以下的罚款；对其直接负责的主管人员和其他直接责任人员，可以处 3 000 元以上 5 万元以下的罚款；属于国家工作人员的，还应当由其所在单位或者有关单位依法给予撤职直至开除的行政处分；其中的会计人员，5 年内不得从事会计工作。

根据《中华人民共和国刑法》（以下简称《刑法》）第一百六十二条第二款的规定，隐匿或者故意销毁依法应当保存的会计凭证、会计账簿、财务会计报告，情节严重的，处 5 年以下有期徒刑或者拘役，并处或者单处 2 万元以上 20 万元以下罚金。单位犯前款罪的，对单位判处罚金，并对其直接负责的主管人员和其他直接责任人员，依照前款的规定处罚。

四、授意、指使、强令会计机构、会计人员及其他人员伪造、变造会计凭证、会计账簿，编制虚假财务会计报告或者隐匿、故意销毁依法应当保存的会计凭证、会计账簿、财务会计报告行为的法律责任

授意、指使、强令会计机构、会计人员及其他人员伪造、变造会计凭证、会计账簿，编制虚假财务会计报告或者隐匿、故意销毁依法应当保存的会计凭证、会计账簿、财务会计报告，构成犯罪的，依法追究刑事责任。尚不构成犯罪的，可以处 5 000 元以上 5 万元以下的罚款；属于国家工作人员的，还应当由其所在单位或者有关单位依法给予降级、撤职、开除的行政处分。

五、单位负责人对依法履行职责、抵制违反《会计法》规定行为的会计人员实行打击报复的法律责任

单位负责人对依法履行职责、抵制违反《会计法》规定行为的会计人员以降级、撤职、调离工作岗位、解聘或者开除等方式实行打击报复，构成犯罪的，依法追究刑事责任。尚不构成犯罪的，由其所在单位或者有关单位依法给予行政处分。对受打击报复的会计人员，应当恢复其名誉和原有职务、级别。

根据《刑法》第二百五十五条规定，公司、企业、事业单位、机关、团体的领导人，对依法履行职责、抵制违反《会计法》行为的会计人员实行打击报复，情节恶劣的，处 3

年以下有期徒刑或者拘役。

六、财政部门及有关行政部门工作人员在实施监督管理职务中违法行为的法律责任

财政部门及有关行政部门的工作人员在实施监督管理中滥用职权、玩忽职守、徇私舞弊或者泄露国家秘密、商业秘密，构成犯罪的，依法追究刑事责任。尚不构成犯罪的，依法给予行政处分。

收到对违反《会计法》和国家统一的会计制度规定的行为检举的部门及负责处理检举的部门，将检举人姓名和检举材料转给被检举单位和被检举人个人的，由所在单位或者有关单位依法给予行政处分。

课后练习

一、多项选择题

1. 根据《刑法》的规定，犯打击报复会计人员罪的人员应承担的法律责任包括（　　）。

A. 拘役　　　　　　　　　　　　　B. 3 年以下有期徒刑

C. 3 年以上有期徒刑　　　　　　　D. 5 年以上有期徒刑

二、不定项选择题

1. 2019 年年底，甲公司会计机构负责人赵某按照公司董事长王某的要求，让会计人员孙某通过伪造原始凭证、变造会计账簿等手段少列收入以少缴税款。孙某对此拒绝，赵某另安排会计人员李某完成上述工作并据此编制了虚假财务会计报告。

王某听取了赵某的工作汇报，要求对孙某作出处理。

甲公司以不服从工作安排为由将孙某调离会计工作岗位，指定出纳人员陈某兼管孙某的全部工作，包括营业收入明细账、固定资产明细账、无形资产明细账的登记和会计档案保管。双方办理了工作交接。

孙某认为公司将其调离会计工作岗位是对其实行打击报复，于是向当地财政部门和税务机关举报甲公司。财政部门和税务机关根据举报线索进行调查后，认定甲公司存在会计违法行为和逃税行为，对甲公司及相关人员分别进行了处罚。

要求：根据上述资料，不考虑其他因素，分析回答下列小题。

（1）甲公司的下列行为中，违反会计法律制度的是（　　）。

A. 变造会计账簿

B. 编制虚假财务会计报告

C. 以不服从工作安排为由将孙某调离会计工作岗位

D. 伪造原始凭证

（2）孙某的下列工作中，不得由陈某兼管的是（　　）。

A. 营业收入明细账的登记　　　　　B. 固定资产明细账的登记

C. 会计档案保管　　　　　　　　　　D. 无形资产明细账的登记

（3）关于孙某和陈某工作交接的下列表述中，正确的是（　　　）。

A. 移交清册仅需孙某和陈某签名或盖章

B. 陈某应按照移交清册逐项核对点收

C. 陈某应当继续使用移交的会计账簿，不得自行另立新账

D. 应由赵某负责监交

（4）对甲公司及相关责任人的违法行为，财政部门和税务机关可采取的处罚措施是（　　　）。

A. 财政部门对甲公司的违法行为予以通报

B. 税务机关对甲公司处以罚款

C. 税务机关向甲公司追缴少缴的税款

D. 财政部门对甲公司及相关责任人处以罚款

项目五　会计职业道德

一、会计职业道德的概念

会计职业道德，是指会计人员在会计工作中应当遵循的、体现会计职业特征、调整会计职业关系的职业行为准则和规范。

二、会计法律与会计职业道德的联系与区别

（一）会计法律制度与会计职业道德的联系

会计职业道德与会计法律制度在内容上相互渗透、相互吸收，在作用上相互补充、相互协调。会计职业道德是对会计法律制度的重要补充，会计法律制度是对会计职业道德的最低要求。

（二）会计法律制度与会计职业道德的区别

1. 性质不同

会计法律制度通过国家行政权力强制执行，具有很强的他律性；会计职业道德依靠会计从业人员的自觉性，具有很强的自律性。

2. 作用范围不同

会计法律制度侧重于调整会计人员的外在行为和结果的合法化，具有较强的客观性；会计职业道德不仅调整会计人员的外在行为，还调整会计人员内在的精神世界。

3. 表现形式不同

会计法律制度是通过一定的程序由国家立法部门或行政管理部门制定、颁布的，其表现形式是具体的、明确的、正式形成文字的成文规定；而会计职业道德出自会计人员的职业生

活和职业实践，其表现形式既有成文的规范，也有不成文的规范。

4. 实施保障机制不同

会计法律制度依靠国家强制力保证其贯彻执行。会计职业道德主要依靠道德教育、社会舆论、传统习俗和道德评价来实现。

5. 评价标准不同

会计法律制度以法律规定为评价标准，会计职业道德以道德评价为标准。

三、会计职业道德的主要内容

《会计法》规定，会计人员应当遵守职业道德，提高业务素质。会计职业道德主要包括爱岗敬业、诚实守信、廉洁自律、客观公正、坚持准则、提高技能、参与管理、强化服务等8个方面内容。

（1）爱岗敬业。要求会计人员正确认识会计职业，树立职业荣誉感；热爱会计工作，敬重会计职业；安心工作，任劳任怨；严肃认真，一丝不苟；忠于职守，尽职尽责。

（2）诚实守信。要求会计人员做老实人，说老实话，办老实事，不搞虚假；保密守信，不为利益所诱惑；执业谨慎，信誉至上。

（3）廉洁自律。要求会计人员树立正确的人生观和价值观；公私分明、不贪不占；遵纪守法，一身正气。廉洁就是不贪污钱财，不收受贿赂，保持清白。自律是指按照一定的标准，自己约束自己、自己控制自己的言行和思想的过程。自律的核心是用道德观念自觉抵制自己的不良欲望。对于整天与钱财打交道的会计人员来说，经常会受到财、权的诱惑，如果职业道德观念不强、自律意志薄弱，很容易成为权、财的奴隶，走向犯罪的深渊。

（4）客观公正。要求会计人员端正态度，依法办事；实事求是，不偏不倚；如实反映，保持应有的独立性。

（5）坚持准则。要求会计人员熟悉国家法律、法规和国家统一的会计制度，始终坚持按法律、法规和国家统一的会计制度的要求进行会计核算，实施会计监督。会计人员在实际工作中，应当以准则作为自己的行动指南，在发生道德冲突时，应坚持准则，维护国家利益、社会公众利益和正常的经济秩序。

（6）提高技能。要求会计人员具有不断提高会计专业技能的意识和愿望，具有勤学苦练的精神和科学的学习方法，刻苦钻研，不断进取，提高业务水平。

（7）参与管理。要求会计人员在做好本职工作的同时，努力钻研业务，全面熟悉本单位经营活动和业务流程，主动提出合理化建议，积极参与管理，使管理活动更有针对性和实效性。

（8）强化服务。要求会计人员树立服务意识，提高服务质量，努力维护和提升会计职业的良好社会形象。

【拓展阅读】

【案例分析】会计人员看人办事

官大办得快，官小办得慢，无官拖着办。这种现象违背了哪种会计职业道德规范？为什么？

【解析】违背了"强化服务"的会计职业道德规范，因为"强化服务"要求会计人员具有文明的服务态度、强烈的服务意识和优良的服务质量。强化会计职业服务的基本要求就是会计人员要有强烈的服务意识，服务要文明，质量要上乘。"官大办得快，官小办得慢，无官拖着办"，违背了"强化服务"的基本要求。

课后练习

一、单项选择题

1. 客观公正的基本要求是（　　　）。

A. 端正态度，依法办事，实事求是，保持独立性

B. 端正态度，坚持准则，实事求是，保持独立性

C. 公私分明，依法办事，实事求是，保持独立性

D. 端正态度，忠于职守，实事求是，保持独立性

2. "常在河边走，就是不湿鞋"这句话体现的会计职业道德是（　　　）。

A. 参与管理　　　　B. 廉洁自律　　　　C. 提高技能　　　　D. 强化服务

3. （　　　）是会计职业道德的精髓，也是做人的基本准则。

A. 爱岗敬业　　　　B. 诚实守信　　　　C. 服务群众　　　　D. 奉献社会

4. 某些会计人员认为"既然跟着领导工作，那肯定是领导要我干啥就干啥"。这种说法违背了会计职业道德的（　　　）的要求。

A. 诚实守信　　　　B. 廉洁自律　　　　C. 坚持准则　　　　D. 客观公正

5. 为企业的决策者当好参谋和助手，是会计人员应尽的（　　　）。

A. 社会责任　　　　B. 行政责任　　　　C. 道德责任　　　　D. 法律责任

6. 会计人员的基本品质是（　　　）。

A. 爱岗敬业　　　　B. 廉洁白律　　　　C. 文明服务　　　　D. 提高技能

7. 会计人员实事求是地反映企业的经济业务是（　　　）道德规范的要求。

A. 文明服务　　　　B. 客观公正　　　　C. 提高技能　　　　D. 廉洁自律

二、多项选择题

1. 爱岗敬业的基本要求包括（　　　）。

A. 正确认识会计职业，树立职业荣誉感　　　B. 热爱会计工作，敬重会计职业

C. 严肃认真，一丝不苟　　　　　　　　　　D. 忠于职守，尽职尽责

2. 廉洁自律的基本要求包括（　　　）。

A. 树立正确的人生观和价值观　　　　　　　B. 公私分明，不贪不占

C. 保密守信，不为利益所诱惑　　　　　　　D. 遵纪守法，尽职尽责

3. 会计人员如果泄露本单位的商业秘密，可能导致的后果有（　　　）。

A. 会计人员的信誉将会受到损害　　　　B. 单位的经济利益将遭受损失

C. 会计行业声誉将受到损害　　　　　　D. 会计人员将承担法律责任

4. 下列符合会计职业道德"提高技能"要求的有（　　　）。

A. 出纳人员向银行工作人员请教辨别假钞的技术

B. 会计主管与单位其他会计人员交流隐瞒业务收入的做法

C. 会计人员积极参加会计职称培训

D. 总会计师通过自学提高会计职业判断能力，熟知经济政策

5. 客观公正的基本要求有（　　　）。

A. 端正态度　　　　B. 依法办事　　　　C. 不偏不倚　　　　D. 保持独立性

三、判断题

1. 会计职业道德要求会计人员客观公正。所谓公正，就是要求会计人员公平正直，没有偏失，遵循中庸之道。　　　　　　　　　　　　　　　　　　　（　　　）

2. 会计人员在工作中"懒""拖"的不良习惯，违背了会计职业道德的爱岗敬业的规范要求。　　　　　　　　　　　　　　　　　　　　　　　　　　　（　　　）

3. 谦虚好学、刻苦钻研、锲而不舍，是练就高超的专业技术和过硬本领的唯一途径，也是衡量会计人员职业道德水准的重要标志之一。　　　　　　　　　（　　　）

支付结算法律制度

教学目标

1. 知识目标

（1）掌握现金结算的特点、渠道、范围及限额管理，明确建立现金结算的内部控制的重要性；掌握票据的概念、种类，熟悉支票、商业汇票、银行卡、委托收款、托收承付、信用证及汇兑的有关规定。

（2）熟悉支付结算的主要支付工具，以及开立、使用银行结算账户，办理支付结算的基本要求。

（3）了解银行结算账户的概念、分类以及管理的基本原则。

2. 素养目标

（1）帮助学生树立遵纪守法、客观公正、严于律己、服务社会的会计职业操守。

（2）培养学生善于运用法治手段伸张正义，维护自身合法权益。

先导案例

2017 年 8—11 月，被告人汪某宝与被告人常某事先预谋，由常某出面，以准备投资生产电动汽车为由，骗取被害人济宁某公司负责人张某的信任。其间，身为山东省济宁市农行某支行营业部主任的被告人黄某宁，在明知汪某宝利用假承兑汇票从事非法活动的情况下，仍提供其所在银行经办的真实承兑汇票的复印件。据此，汪某宝、常某自己或者委托他人伪造假承兑汇票 8 张，票面金额共计 600 余万元，并以该票据可采用向他人贴现的方式进行投资为由，骗张某找人抵押借款或贴现，共骗得 300 余万元。其中，汪某宝个人非法所得共计 120 余万元，汪某宝、常某共同非法所得共计 150 万元，黄某宁个人非法所得共计 40 余万元。

案发前，汪某宝退出 20 余万元，其余赃款被汪某宝、常某、黄某宁用于购买汽车、个人还债及消费等。

法院经审理认为：被告人汪某宝、常某、黄某宁非法制造假承兑汇票，次数多，导致他人财产遭受特别重大的损失，情节特别严重，其行为均已构成伪造金融票证罪，系共同犯罪。汪某宝、常某自己或者委托他人伪造承兑汇票后，还以投资为由使用该伪造的票据骗取他人财产，数额特别巨大，其行为又构成票据诈骗罪，且属于牵连犯，应依法从一重罪处罚，即构成票据诈骗罪。

汪某宝、常某在共同犯罪中起主要作用，是主犯；黄某宁在汪某宝、常某伪造票证的共同犯罪中起辅助作用，是从犯，依法予以减轻处罚。常某、黄某宁认罪、悔罪态度较好，可以酌情从轻处罚。

法院判决：被告人汪某宝犯票据诈骗罪，判处有期徒刑十五年，并处罚金十五万元；被告人常某犯票据诈骗罪，判处有期徒刑十二年，并处罚金十二万元；被告人黄某宁犯伪造金融票证罪，判处有期徒刑六年，并处罚金六万元。

思考：

1. 结合本案分析票据违法行为的特点有哪些。
2. 如何认定票据诈骗行为？
3. 如何预防现实生活中的票据诈骗行为？

项目一　支付结算概述

一、支付结算的概念

支付结算是指单位、个人在社会经济活动中使用票据、银行卡和汇兑、委托收款、托收承付以及电子支付等结算方式进行货币给付及资金清算的行为。支付结算作为社会经济金融活动的重要组成部分，其主要功能是完成资金从一方当事人向另一方当事人的转移。

银行（含城乡信用合作社，下同）以及单位（含个体工商户，下同）和个人是办理支付结算的主体。其中，银行是支付结算和资金清算的中介机构，非银行金融机构和其他单位不得作为中介机构办理支付结算业务。

二、支付结算的主要法律依据

支付结算方面的法律、法规和制度主要包括《中华人民共和国票据法》《票据管理实施办法》《支付结算办法》《现金管理暂行条例》《中国人民银行银行卡业务管理办法》《人民币银行结算账户管理办法》《异地托收承付结算办法》《电子支付指引（第一号）》等。

三、支付结算的基本原则

支付结算的基本原则是单位、个人和银行在进行支付结算活动时所必须遵循的行为准则。

（一）恪守信用、履约付款原则

即各单位之间、单位与个人之间发生交易往来，通过银行办理结算，并根据各自的具体条件自行协商订约，使收付双方办理款项收付完全建立在自觉自愿、相互信任的基础上。

这一原则是《民法典》的"诚信"原则在支付结算中的具体表现,该原则要求结算当事人必须依法承担义务和行使权利,严格遵守信用,履行付款义务,特别是应当按照约定的付款金额和付款日期进行支付。

(二)谁的钱进谁的账、由谁支配原则

即银行在办理结算时,必须按照存款人的委托,将款项支付给其指定的收款人;对存款人的资金,除国家法律另有规定外,必须由其自主支配,银行不代扣款项。

该原则要求维护存款人对存款资金的所有权或经营权,保证其对资金支配的自主权,加强了银行办理结算的责任。

(三)银行不垫款原则

即银行办理结算时,只负责办理结算当事人之间的款项划拨,不承担垫付任何款项的责任。

该原则要求划清银行资金与存款人资金的界限,保护银行资金的所有权或经营权,促使开户单位和个人直接对自己的债权债务负责。

上述三个原则既可单独发挥作用,也是一个有机的整体,分别从不同角度强调了付款人、收款人和银行在结算过程中的权利、义务,从而切实保障了结算活动的正常进行。

课程思政:央行发文加强支付结算管理
二十一项措施防范电信网络新型违法犯罪

针对当前电信网络新型违法犯罪的诈骗手法、资金转移等出现的新情况新问题,中国人民银行 2019 年 3 月 28 日发布《关于进一步加强支付结算管理防范电信网络新型违法犯罪有关事项的通知》,从健全紧急止付和快速冻结机制、加强账户实名制管理、强化特约商户与受理终端管理等方面提出 21 项措施,进一步筑牢金融业支付结算安全防线。

四、支付结算的基本要求

在具体支付结算实务中,有以下基本要求:

(1)单位、个人和银行办理支付结算,必须使用按中国人民银行统一规定印制的票据凭证和结算凭证。

(2)票据和结算凭证上的签章和其他记载事项应当真实,不得伪造、变造。

所谓"伪造",是指无权限人假冒他人或者虚构他人名义签章的行为,例如伪造出票签章、背书签章、承兑签章和保证签章等。所谓"变造",是指无权更改票据内容的人,对票据上签章以外的记载事项加以改变的行为。变造票据的方法多是在合法票据的基础上,对票据加以剪接、挖补、覆盖、涂改,从而非法改变票据的记载事项。伪造、变造票据属于欺诈行为,构成犯罪的应追究其刑事责任。出票金额、出票日期、收款人名称不得更改,更改的票据无效;更改的结算凭证,银行不予受理。对票据和结算凭证上的其他记载事项,原记载人可以更改,更改时应当由原记载人在更改处签章证明。票据和结算凭证上的签章,为签名、盖章或者签名加盖章。单位、银行在票据上的签章和单位在结算凭证上的签章,为该单

位、银行的盖章加其法定代表人或其授权的代理人的签名或盖章。个人在票据和结算凭证上的签章，应为该个人本人的签名或盖章。

【案例分析】

（3）填写各种票据和结算凭证应当规范。

①基本规范要求。

填写票据和结算凭证，必须做到要素齐全、数字正确、字迹清晰、不错漏、不潦草，防止涂改。

②收款人名称。

单位和银行的名称应当记载全称或者规范化简称。规范化简称应当具有排他性。与全称在实质上具有同一性，例如"中国银行保险监督管理委员会"的规范化简称为"银保监会"。

③出票日期。

票据的出票日期必须使用中文大写。为防止变造票据的出票日期，在填写月、日时，月为"壹""贰""壹拾"的，日为"壹"至"玖"和"壹拾""贰拾""叁拾"的，应在其前加"零"；日为"拾壹"至"拾玖"的，应在其前加"壹"。如1月15日，应写成"零壹月壹拾伍日"；再如10月20日，应写成"零壹拾月零贰拾日"。具体如表3-1所示。

表3-1　出票日期填写规范

实际日期	票据日期
月为"壹""贰"和"壹拾"的：1、2、10	前加"零"（1~9、10、20、30日）
日为"壹"至"玖"和"壹拾""贰拾""叁拾"	
日为"拾壹"至"拾玖"：11~19前边加1	前加"壹"

④金额。

票据和结算凭证金额以中文大写和阿拉伯数码同时记载，二者必须一致，二者不一致的票据无效；二者不一致的结算凭证银行不予受理。

课后练习

一、单项选择题

1. 根据支付结算法律制度的规定，下列表述正确的是（　　　　）。

A. 假冒他人签章的行为属于变造票据

B. 出票日期记载为贰零壹捌年零贰月壹拾叁日

C. 票据金额的中文大写与阿拉伯数码不一致时以中文大写为准

D. 收款人名称填写错误由原记载人更正并在更正处签章即可

2. 某票据的出票日期为"2018 年 3 月 15 日",其规范写法是（   ）。

A. 贰零壹捌年零叁月壹拾伍日   B. 贰零壹捌年叁月壹拾伍日

C. 贰零壹捌年零叁月拾伍日   D. 贰零壹捌年叁月拾伍日

3. 下列各项中,不符合票据和结算凭证填写要求的是（   ）。

A. 中文大写金额数字到"角"为止,在"角"之后没有写"整"字

B. 票据的出票日期使用阿拉伯数字填写

C. 阿拉伯小写金额数字前填写人民币符号

D. "2 月 12 日"出票的票据,票据的出票日期填写为"零贰月壹拾贰日"

4. 关于办理支付结算的基本要求,下列表达不正确的是（   ）。

A. 必须使用按中国人民银行统一规定印刷的票据凭证和统一规定的结算凭证

B. 票据和结算凭证上的签章,必须是签名加盖章

C. 票据和结算凭证中的金额以中文大写和阿拉伯数码同时记载,二者必须一致

D. 票据和结算凭证的金额、出票或签发日期、收款人名称不得更改

5. 票据出票的大写日期未按要求规范填写的,银行可予受理,但由此造成损失的,由（   ）承担。

A. 银行   B. 出票人   C. 收票人   D. 付款人

二、多项选择题

1. 办理支付结算的基本要求有（   ）。

A. 使用按照中国人民银行统一规定的票据和结算凭证

B. 按统一的规定开立和使用银行账户

C. 票据和结算凭证上的签章和其他记载事项应当真实,不得伪造、变造

D. 填写票据和结算凭证应当规范,做到要素齐全、数字正确、字迹清晰

2. 支付结算是指单位、个人在社会经济活动中使用现金、票据、银行卡和结算凭证进行（   ）的行为。

A. 货币给付   B. 资金清算   C. 商品采购   D. 商品销售合同签订

3. 支付结算作为一种法律行为,法律特征有（   ）。

A. 支付结算必须通过中国人民银行批准的金融机构进行

B. 支付结算是一种要式行为

C. 支付结算的发生取决于委托人的意志

D. 实行统一管理和分级管理

4. 单位、个人和银行在进行支付结算活动时必须遵循的基本原则有（   ）。

A. 恪守信用、履约付款原则   B. 谁的钱进谁的账、由谁支配原则

C. 银行不垫款原则   D. 受益原则

5. 下列关于票据的出票日期,说法正确的有（   ）。

A. 票据的出票日期必须使用中文大写

B. 月为壹、贰和壹拾的,应在其前加"零"

C. 日为壹拾、贰拾和叁拾的,应在其前加"零"

D. 日为拾壹至拾玖的，应在其前加"壹"

三、判断题

1. 中文大写金额数字到"角"为止的，在"角"之后可以不写"整"（或"正"字）。
（　　）

2. 单位在票据和结算凭证上的签章，为该单位的公章或财务专用章，加上其法定代表人或者其授权的代理人的签名或盖章。
（　　）

3. 票据日期使用小写填写的，银行可予受理，但由此造成损失的，由出票人自行承担。
（　　）

4. 在填写票据和结算凭证时，如果金额数字使用繁体字，银行也应受理。（　　）

5. 凡阿拉伯数字前写有币种符号的，数字后面不再写货币单位。（　　）

项目二　银行结算账户

一、银行结算账户的概念

银行结算账户是指银行为存款人开立的办理资金收付结算的活期存款账户。其中，"银行"是指在中国境内经批准经营支付结算业务的银行业金融机构；"存款人"是指在中国境内开立银行结算账户的机关、团体、部队、企业、事业单位、其他组织（以下统称"单位"）、个体工商户和自然人。

二、银行结算账户的分类

银行结算账户按存款人不同分为单位银行结算账户和个人银行结算账户。存款人以单位名称开立的银行结算账户为单位银行结算账户。单位银行结算账户按用途分为基本存款账户、一般存款账户、专用存款账户、临时存款账户。个体工商户凭营业执照以字号或经营者姓名开立的银行结算账户纳入单位银行结算账户管理。存款人凭个人身份证件以自然人名称开立的银行结算账户为个人银行结算账户。

（一）个人银行结算账户

1. 个人银行结算账户的概念

个人银行结算账户是指存款人因投资、消费、结算等需要而凭个人身份证件以自然人名称开立的银行结算账户。

个人银行结算账户用于办理个人转账收付和现金存取，储蓄账户仅限于办理现金存款业务，不得办理转账结算。

2. 个人银行结算账户的使用范围

个人银行结算账户用于办理个人转账收付和现金存取。下列款项可以转入个人银行结算账户：工资、奖金收入；稿费、演出费等劳务收入；债券、期货、信托等投资的本金和收益；个人债权或产权转让收益；个人贷款转存；证券交易结算资金和期货交易保证金；继承、赠与款项；保险理赔、保费退还等款项；纳税退还；农、副、矿产品销售收入；其他合法款项。

3. 个人银行结算账户的开户要求

根据个人银行账户实名制的要求，存款人申请开立个人银行账户时，应向银行出具本人有效身份证件，银行通过有效身份证件仍无法准确判断开户申请人身份的，应要求其出具辅助身份证明材料。

【拓展阅读】

（二）基本存款账户

1. 基本存款账户的概念

基本存款账户是存款人因办理日常转账结算和现金收付需要开立的银行结算账户。

基本存款账户是存款人的主办账户，一个单位只能开立一个基本存款账户。存款人日常经营活动的资金收付及其工资、奖金和现金的支取，应通过基本存款账户办理。

下列存款人，可以申请开立基本存款账户：企业法人；非法人企业；机关、事业单位；团级（含）以上军队、武警部队及分散执勤的支（分）队；社会团体；民办非企业组织；异地常设机构；外国驻华机构；个体工商户；居民委员会、村民委员会、社区委员会；单位设立的独立核算的附属机构，包括食堂、招待所、幼儿园；其他组织，即按照现行的法律、行政法规规定可以成立的组织，如业主委员会、村民小组等组织；境外机构。

2. 基本存款账户的开户要求

存款人申请开立基本存款账户，应向银行出具下列证明文件：

（1）企业法人，应出具企业法人营业执照。

（2）非法人企业，应出具企业营业执照。

（3）机关和实行预算管理的事业单位，应出具政府人事部门或编制委员会的批文或登记证书和财政部门同意其开户的证明，因年代久远、批文丢失等原因无法提供政府人事部门或编制委员会的批文或登记证书的凭上级单位或主管部门出具的证明及财政部门同意其开户的证明开立基本存款账户。机关和实行预算管理的事业单位出具的政府人事部门或编制委员会的批文或登记证书上，有两个或两个以上的名称的，可以分别开立基本存款账户。非预算管理的事业单位，应出具政府人事部门或编制委员会的批文或登记证书。

（4）军队、武警团级（含）以上单位以及有关边防、分散执勤的支（分）队，应出具军队军级以上单位财务部门、武警总队财务部门的开户证明。

（5）社会团体，应出具社会团体登记证书，宗教组织还应出具宗教事务管理部门的批文或证明。

（6）民办非企业组织，应出具民办非企业登记证书。

（7）外地常设机构，应出具其驻在地政府主管部门的批文。对于已经取消对外地常设机构审批的省（市），应出具派出地政府部门的证明文件。

（8）外国驻华机构，应出具国家有关主管部门的批文或证明；外资企业驻华代表处、办事处，应出具国家登记机关颁发的登记证。

（9）个体工商户，应出具个体工商户营业执照。

（10）居民委员会、村民委员会、社区委员会，应出具其主管部门的批文或证明。

（11）单位附属独立核算的食堂、招待所、幼儿园，应出具其主管部门的基本存款账户开户许可证和批文。

（12）按照现行法律法规规定可以成立的业主委员会、村民小组等组织，应出具政府主管部门的批文或证明。

（13）境外机构，应出具其在境外合法注册成立的证明文件，及其在境内开展相关活动所依据的法规制度或政府主管部门的批准文件等开户资料。证明文件等开户资料为非中文的，还应同时提供对应的中文翻译。

开户时，应出具法定代表人或单位负责人有效身份证件。法定代表人或单位负责人授权他人办理的，还应出具法定代表人或单位负责人的授权书以及被授权人的有效身份证件。

（三）一般存款账户

1. 一般存款账户的概念

一般存款账户是存款人因借款或其他结算需要，在基本存款账户开户银行以外的银行营业机构开立的银行结算账户。

一般存款账户用于办理存款人借款转存、借款归还和其他结算的资金收付。一般存款账户可以办理现金缴存，但不得办理现金支取。

2. 一般存款账户的开户要求

存款人申请开立一般存款账户，应向银行出具其开立基本存款账户规定的证明文件、基本存款账户开户许可证或企业基本存款账户编号和下列证明文件：

（1）存款人因向银行借款需要，应出具借款合同。

（2）存款人因其他结算需要，应出具有关证明。

【案例分析】某企业在 S 支行开立了基本账户后，因经营需要，该企业要求开户行为其再开立一个一般账户，该行审核开户手续合格后，为其开立了一般账户；5 日后，该企业通过此账户支取现金 2 万元。请问 S 支行的以上业务处理符合规定吗？为什么？

【解析】不合规。

（1）一个企业不能在其基本账户开户行开立一般账户。

（2）一般账户不许支取现金。

（四）专用存款账户

1. 专用存款账户的概念

专用存款账户是存款人按照法律、行政法规和规章，对其特定用途资金进行专项管理和使用而开立的银行结算账户。

2. 专用存款账户的使用范围

专用存款账户适用于对下列资金的管理和使用：基本建设资金；更新改造资金；粮、棉、油收购资金；证券交易结算资金；期货交易保证金；信托基金；政策性房地产开发资金；住房基金；社会保障基金；收入汇缴资金和业务支出资金；党、团、工会设在单位的组织机构经费；其他需要专项管理和使用的资金。

3. 专用存款账户的开户要求

存款人申请开立专用存款账户，应向银行出具其开立基本存款账户规定的证明文件、基本存款账户开户许可证或企业基本存款账户编号和下列证明文件：

（1）基本建设资金、更新改造资金、政策性房地产开发资金、住房基金、社会保障基金，应出具主管部门批文。

（2）财政预算外资金，应出具财政部门的证明。

（3）粮、棉、油收购资金，应出具主管部门批文。

（4）单位银行卡备用金，应按照中国人民银行批准的银行卡章程的规定出具有关证明资料。

（5）证券交易结算资金，应出具证券公司或证券监督管理部门的证明。

（6）期货交易保证金，应出具期货公司或期货监督管理部门的证明。

（7）金融机构存放同业资金，应出具基本存款账户存款人有关的证明。

（8）收入汇缴资金和业务支出资金，应出具基本存款账户存款人有关的证明。

（9）党、团、工会设在单位的组织机构经费，应出具该单位或有关部门的批文或证明。

（10）其他按规定需要专项管理和使用的资金，应出具有关法规、规章或政府部门的有关文件。

对于合格境外机构投资者在境内从事证券投资开立的人民币特殊账户和人民币结算资金账户，均纳入专用存款账户管理。其开立人民币特殊账户时应出具国家外汇管理部门的批复文件；开立人民币结算资金账户时，应出具证券监督管理部门的证券投资业务许可证。

（五）临时存款账户

1. 临时存款账户的概念

临时存款账户是指存款人因临时需要并在规定期限内使用而开立的银行结算账户。

2. 临时存款账户使用范围

临时存款账户适用于下列情况：设立临时机构，例如工程指挥部、筹备领导小组、摄制组等；异地临时经营活动，例如建筑施工及安装单位等在异地的临时经营活动；注册验资、增资；军队、武警单位承担基本建设或者异地执行作战、演习、抢险救灾、应对突发事件等临时任务。

3. 临时存款账户的开户要求

存款人申请开立临时存款账户，应向银行出具下列证明文件：

（1）临时机构，应出具其驻在地主管部门同意设立临时机构的批文。

（2）异地建筑施工及安装单位，应出具其营业执照正本或其隶属单位的营业执照正本，以及施工及安装地建设主管部门核发的许可证或建筑施工及安装合同。外国及我国港、澳、台地区建筑施工及安装单位，应出具行业主管部门核发的资质准入证明。

（3）异地从事临时经营活动的单位，应出具其营业执照以及临时经营地市场监督管理部门的批文。

（4）境内单位在异地从事临时活动的，应出具政府有关部门批准其从事该项活动的证明文件。

（5）境外（含我国港、澳、台地区）机构在境内从事经营活动的，应出具政府有关部门批准其从事该项活动的证明文件。

（6）军队、武警单位因执行作战、演习、抢险救灾、应对突发事件等任务需要开立银行账户时，开户银行应当凭军队、武警团级以上单位后勤（联勤）部门出具的批件或证明，先予开户并同时启用，后补办相关手续。

（7）注册验资资金，应出具市场监督管理部门核发的企业名称预先核准通知书或有关部门的批文。

（8）增资验资资金，应出具股东会或董事会决议等证明文件。

上述第（2）、（3）、（4）、（8）项还应出具基本存款账户开户许可证或基本存款账户编号，外国及我国港、澳、台地区建筑施工及安装单位除外。

4. 临时存款账户的使用

临时存款账户用于办理临时机构以及存款人临时经营活动发生的资金收付。临时存款账户应根据有关开户证明文件确定的期限或存款人的需要确定其有效期限，最长不得超过2年。临时存款账户支取现金，应按照国家现金管理的规定办理。注册验资的临时存款账户在验资期间只收不付。

（六）异地银行结算账户

1. 异地银行结算账户的概念

异地银行结算账户，是存款人在其注册地或住所地行政区域之外（跨省、市、县）开立的银行结算账户。

2. 异地银行结算账户的使用范围

异地银行结算账户适用于下列情形：营业执照注册地与经营地不在同一行政区域（跨省、市、县）需要开立基本存款账户的；办理异地借款和其他结算需要开立一般存款账户的；存款人因附属的非独立核算单位或派出机构发生的收入汇缴或业务支出需要开立专用存款账户的；异地临时经营活动需要开立临时存款账户的；自然人根据需要在异地开立个人银行结算账户的。

3. 异地银行结算账户的开户要求

存款人需要在异地开立单位银行结算账户，除出具开立基本存款账户、一般存款账户、专用存款账户和临时存款账户规定的有关证明文件和基本存款账户开户许可证或企业基本存款账户编号外，还应出具下列相应的证明文件：

（1）异地借款的存款人在异地开立一般存款账户的，应出具在异地取得贷款的借款合同。

（2）因经营需要在异地办理收入汇缴和业务支出的存款人在异地开立专用存款账户的，应出具隶属单位的证明。存款人需要在异地开立个人银行结算账户，应出具在住所地开立账户所需的证明文件。

三、银行结算账户的开立、变更和撤销

（一）银行结算账户的开立

1. 开户银行的选择

存款人应在注册地或住所地开立银行结算账户。符合异地（跨省、市、县）开户条件的，也可以在异地开立银行结算账户。

开立银行结算账户应遵循存款人自主原则，除国家法律、行政法规和国务院规定外，任何单位和个人不得强令存款人到指定银行开立银行结算账户。

2. 填制开户申请书

存款人申请开立银行结算账户时，应填制开立银行结算账户申请书。

开立单位银行结算账户时，应填写"开立单位银行结算账户申请书"，并加盖单位公章和法定代表人（单位负责人）或其授权代理人的签名或者盖章。存款人有统一社会信用代码、上级法人或主管单位的，应在"开立单位银行结算账户申请书"上如实填写相关信息。存款人有关联企业的，应填写"关联企业登记表"。

申请开立个人银行结算账户时，存款人应填写"开立个人银行结算账户申请书"，并加盖其个人签章。银行应对存款人的开户申请书填写的事项和相关证明文件的真实性、完整性、合规性进行认真审查。

3. 开户核准与备案

开户申请书填写的事项齐全，符合开立核准类账户条件的，银行应将存款人的开户申请书、相关的证明文件和银行审核意见等开户资料报送中国人民银行当地分支机构，经其核准并核发开户许可证后办理开户手续。需要中国人民银行核准的账户包括基本存款账户（企业除外）、临时存款账户（因注册验资和增资验资开立的除外）、预算单位专用存款账户和合格境外机构投资者在境内从事证券投资开立的人民币特殊账户和人民币结算资金账户。

企业（在境内设立的企业法人、非法人企业和个体工商户，下同）开立基本存款账户、临时存款账户已取消核准制，由银行向中国人民银行当地分支机构备案，无须颁发开户许可证。银行完成企业基本存款账户信息备案后，账户管理系统生成基本存款账户编号。银行应打印"基本存款账户信息"和存款人查询密码并交付企业。持有基本存款账户编号的企业申请开立一般存款账户、专用存款账户、临时存款账户时，应当向银行提供基本存款账户编号。符合开立一般存款账户、非预算单位专用存款账户和个人银行结算账户条件的，银行应办理开户手续，并向中国人民银行当地分支机构备案。上述结算账户统称备案类结算账户。

备案类结算账户的变更和撤销应通过账户管理系统向中国人民银行当地分支机构报备。

中国人民银行当地分支机构应于 2 个工作日内对开户银行报送的核准类账户的开户资料的合规性予以审核，符合开户条件的，予以核准颁发基本（或临时或专用）存款账户开户许可证；不符合开户条件的，应在开户申请书上签署意见，连同有关证明文件一并退回报送银行，由报送银行转送存款人。

开户许可证是中国人民银行依法准予申请人在银行开立核准类银行结算账户的行政许可证件，是核准类银行结算账户合法性的有效证明。开户许可证有正本和副本之分，正本由申请人保管，副本由申请人开户银行留存。

4. 签订账户管理协议

开立银行结算账户时，银行应与存款人签订银行结算账户管理协议，明确双方的权利与义务。企业申请开立基本存款账户的，银行应当向企业法定代表人或单位负责人核实企业开户意愿，并留存相关工作记录。核实开户意愿，可采取面对面、视频等方式，具体方式由银行根据客户风险程度选择。

银行与企业签订的银行结算账户管理协议内容包括但不限于：银行与开户申请人办理银行结算账户业务应当遵守法律、行政法规以及人民银行的有关规定，不得利用银行结算账户从事各类违法犯罪活动；企业银行结算账户信息变更及撤销的情形、方式、时限；银行控制账户交易措施的情形和处理方式；其他需要约定的内容。

对存在法定代表人或者单位负责人对单位经营规模及业务背景等情况不清楚、注册地和经营地均在异地等情况的单位，银行应当与其法定代表人或者单位负责人面签银行结算账户管理协议，并留存视频、音频资料等，开户初期原则上不开通非柜面业务，待后续了解后再审慎开通。

银行为存款人开通非柜面转账业务时，双方应签订协议，约定非柜面渠道向非同名银行账户和支付账户转账的日累计限额、笔数和年累计限额等，超出限额和笔数的，应到银行柜面办理。银行应建立存款人预留签章卡片，并将签章式样和有关证明文件的原件或复印件留存归档。存款人为单位的，其预留签章为该单位的公章或财务专用章加其法定代表人（单位负责人）或其授权的代理人的签名或者盖章。存款人为个人的，其预留签章为该个人的签名或者盖章。

5. 账户名称的要求

存款人在申请开立单位银行结算账户时，其申请开立的银行结算账户的账户名称、出具的开户证明文件上记载的存款人名称以及预留银行签章中公章或财务专用章的名称应保持一致，但下列情况除外：

（1）因注册验资开立的临时存款账户，其账户名称为市场监管部门核发的"企业名称预先核准通知书"或政府有关部门批文中注明的名称，其预留银行签章中公章或财务专用章的名称应是存款人与银行在银行结算账户管理协议中约定的出资人名称。

（2）预留银行签章中公章或财务专用章的名称依法可使用简称的，账户名称应与其保持一致。

（3）没有字号的个体工商户开立的银行结算账户，其预留签章中公章或财务专用章应是"个体户"字样加营业执照上载明的经营者的签字或盖章。

6. 银行账户的开立之日与业务办理

存款人开立单位银行结算账户，自正式开立之日起3个工作日后，方可使用该账户办理付款业务，但注册验资的临时存款账户转为基本存款账户和因借款转存开立的一般存款账户除外。企业银行结算账户自开立之日即可办理收付款业务。对于核准类银行结算账户，"正式开立之日"为中国人民银行当地分支机构的核准日期；对于非核准类银行结算账户，"正式开立之日"是开户银行为存款人办理开户手续的日期。

（二）银行结算账户的变更

1. 银行账户变更的基本要求

变更是指存款人的账户信息资料发生变化或改变。根据账户管理的要求，存款人变更账户名称、单位的法定代表人或主要负责人、地址等其他开户证明文件后，应及时向开户银行办理变更手续，填写变更银行结算账户申请书。

银行发现企业名称、法定代表人或者单位负责人发生变更的，应当及时通知企业办理变更手续；企业自通知送达之日起在合理期限内仍未办理变更手续，且未提出合理理由的，银行有权采取措施适当控制账户交易。

企业营业执照、法定代表人或者单位负责人有效身份证件列明有效期限的，银行应当于到期日前提示企业及时更新，有效期到期后，在合理期限内企业仍未更新，且未提出合理理由的，银行应当按规定中止其办理业务。

属于申请变更单位银行结算账户的，应加盖单位公章和法定代表人（单位负责人）或其授权代理人的签名或者签章；属于申请变更个人银行结算账户的，应加盖其个人签章。

2. 银行账户变更的时限

存款人更改名称，但不改变开户银行及账号的，应于5个工作日内向开户银行提出银行结算账户的变更申请，并出具有关部门的证明文件。

单位的法定代表人或主要负责人、住址以及其他开户资料发生变更时，应于5个工作日内书面通知开户银行并提供有关证明。

3. 开户许可证及相关信息的变更

属于变更开户许可证记载事项的，存款人办理变更手续时，应交回开户许可证，由中国人民银行当地分支机构换发新的开户许可证。对企业名称、法定代表人或者单位负责人变更的，账户管理系统重新生成新的基本存款账户编号，银行应当打印"基本存款账户信息"并交付企业。企业可向基本存款账户开户银行申请打印"基本存款账户信息"。

（三）银行结算账户的撤销

有下列情形之一的，存款人应向开户银行提出撤销银行结算账户的申请，具体如表3-2所示。

表3－2 撤销的情形及时间规定

撤销的情形	时间规定	
被撤并、解散、宣告破产或关闭的	存款人5个工作日内提出撤销申请	如存款人未申请撤销，银行应通知该单位办理销户手续，银行发出通知之日起30日内未办理销户手续，逾期视同自愿销户
注销、被吊销营业执照的		
因迁址需要变更开户银行的	撤销基本存款账户后，需要重新开立基本存款账户的，应在撤销原基本存款账户10日内申请重新开立基本存款账户	
其他原因需要撤销银行结算账户的		

存款人尚未清偿其开户银行债务的，不得申请撤销该银行结算账户。先撤销一般存款账户、专用存款账户、临时存款账户——余额转入基本存款账户，最后撤销基本存款账户。存款人撤销核准类银行结算账户时，应交回开户许可证。

四、银行结算账户的管理

（一）银行结算账户的实名制管理

（1）存款人应以实名开立银行结算账户，并对其出具的开户（变更、撤销）申请资料实质内容的真实性负责，法律、行政法规另有规定的除外。

（2）存款人应按照账户管理规定使用银行结算账户办理结算业务，不得出租、出借银行结算账户，不得利用银行结算账户套取银行信用或进行洗钱活动。

（二）银行结算账户资金的管理

单位、个人和银行应当按照《人民币银行结算账户管理办法》和《企业银行结算账户管理办法》的规定开立、使用账户。在银行开立存款账户的单位和个人办理支付结算，账户内须有足够的资金保证支付。银行依法为单位、个人在银行开立的存款账户内的存款保密，维护其资金的自主支配权。除国家法律、行政法规另有规定外，银行不得为任何单位或者个人查询账户情况，不得为任何单位或者个人冻结、扣划款项，不得停止单位、个人存款的正常支付。

（三）银行结算账户变更事项的管理

存款人申请临时存款账户展期，变更、撤销单位银行结算账户以及补（换）发开户许可证时，可由法定代表人或单位负责人直接办理，也可授权他人办理。由法定代表人或单位负责人直接办理的，除出具相应的证明文件外，还应出具法定代表人或单位负责人的身份证件；授权他人办理的，除出具相应的证明文件外，还应出具法定代表人或单位负责人的身份证件及其出具的授权书，以及被授权人的身份证件。

（四）存款人预留银行签章的管理

1. 单位更换预留银行签章

单位遗失预留公章或财务专用章的，应向开户银行出具书面申请、开户许可证、营业执照等相关证明文件；更换预留公章或财务专用章时，应向开户银行出具书面申请、原预留公章或财务专用章等相关证明文件。单位存款人申请更换预留公章或财务专用章，但无法提供原预留公章或财务专用章的，应向开户银行出具原印鉴卡片、开户许可证、营业执照正本、司法部门的证明等相关证明文件。

单位存款人申请变更预留公章或财务专用章，可由法定代表人或单位负责人直接办理，也可授权他人办理。由法定代表人或单位负责人直接办理的，除出具相应的证明文件外，还应出具法定代表人或单位负责人的身份证件；授权他人办理的，除出具相应的证明文件外，还应出具法定代表人或单位负责人的身份证件及其出具的授权书，以及被授权人的身份证件。

2. 更换个人预留银行签章

个人遗失或更换预留个人印章或更换签字人时，应向开户银行出具经签名确认的书面申请，以及原预留印章或签字人的个人身份证件。银行应留存相应的复印件，并凭此办理预留银行签章的变更。

单位存款人申请更换预留个人签章，可由法定代表人或单位负责人直接办理，也可授权他人办理。由法定代表人或单位负责人直接办理的，应出具加盖该单位公章的书面申请以及法定代表人或单位负责人的身份证件。授权他人办理的，应出具加盖该单位公章的书面申请、法定代表人或单位负责人的身份证件及其出具的授权书、被授权人的身份证件。无法出具法定代表人或单位负责人的身份证件的，应出具加盖该单位公章的书面申请、该单位出具的授权书以及被授权人的身份证件。

（五）银行结算账户的对账管理

银行结算账户的存款人应与银行按规定核对账务。存款人收到对账单或对账信息后，应及时核对账务并在规定期限内向银行发出对账回单或确认信息。

课后练习

一、单项选择题

1. 根据支付结算法律制度的规定，下列关于Ⅱ类户可以办理业务的表述中，不正确的是（　　）。

A. 可以办理存款业务

B. 可以办理存取现金业务，存入现金日累计限额为 2 万元

C. 可以购买投资理财产品

D. 可以限定金额的消费

2. 根据支付结算法律制度的规定，下列关于各类银行结算账户的表述中，正确的是（　　）。

A. 预算单位零余额账户的开设没有数量限制

B. 一般存款账户的开设没有数量限制

C. 临时存款账户的有效期最长不超过 1 年

D. 注册验资的临时存款账户在验资期间只付不收

3. 预算单位未开立基本存款账户，或者原基本存款账户在国库集中支付改革后已按照财政部门的要求撤销的，经同级财政部门批准，（　　）作为基本存款账户管理。

A. 专用存款账户　　　　　　　　B. 预算单位零余额账户

C. 一般存款账户　　　　　　　　D. 临时存款账户

4. 个体工商户凭营业执照以字号或经营者姓名开立的银行结算账户纳入（　　）管理。

A. 个人银行结算账户　　　　　　B. 单位银行结算账户

C. 基本存款账户　　　　　　　　D. 专用存款账户

5. 2021 年 1 月，A 公司由于业务需要在 S 银行设立了基本存款账户、专用存款账户和临时存款账户。2022 年 1 月，该公司由于经营不善导致破产，需要撤销在 S 银行开立的银行结算账户，则下列关于银行结算账户撤销的表述中，不正确的是（　　）。

A. 该公司应于 5 个工作日内向开户银行 S 银行提出撤销结算账户的申请

B. S 银行在收到该公司撤销银行结算账户的申请后，若其符合销户条件，应在 2 个工作日内办理撤销手续

C. 该公司办理申请撤销银行结算账户，应加盖单位公章和法定代表人或其授权代理人的签名或盖章

D. 该公司在撤销银行结算账户时，不分先后顺序直接全部撤销即可

6. 根据支付结算法律制度的规定，下列专用存款账户中，不能支付现金的是（　　）。

A. 证券交易结算资金专用存款账户　　B. 社会保障基金专用存款账户

C. 住房基金专用存款账户　　　　　　D. 工会经费专用存款账户

7. 根据支付结算法律制度的规定，下列存款人中不得开立基本存款账户的是（　　）。

A. 营级军队　　　　　　　　　　B. 异地常设机构

C. 境外机构　　　　　　　　　　D. 单位设立的独立核算的附属机构

8. 根据支付结算法律制度的规定，非企业类存款人开立单位银行结算账户，自正式开立之日起 3 个工作日后，方可办理付款业务，但（　　）除外。

A. 因迁址重新开立的基本存款账户

B. 因借款转存开立的一般存款账户

C. 因其他结算需要开立的一般存款账户

D. 因购买商品而开立的单位人民币卡专用存款账户

二　多项选择题

1. 根据支付结算法律制度的规定，下列关于单位存款人申请变更预留银行的单位财务专用章的表述中，正确的有（　　）。

A. 需提供原预留的单位财务专用章

B. 需提供单位书面申请

C. 需重新开立单位存款账户

D. 可由法定代表人直接办理，也可授权他人办理

2. 根据个人银行结算账户的有关规定，下列选项中，正确的有（   ）。

A. 个人银行结算账户用于办理个人转账收付和现金存取

B. 银行可通过 I 类账户为存款人提供存款服务

C. II 类账户可以办理存取现金业务

D. III 类户账户任一时点账户余额不得超过 2 000 元

3. 根据支付结算法律制度的规定，以下资金属于专用存款账户的管理和使用范围的有（   ）。

A. 证券交易结算资金   B. 期货交易保证金

C. 信托基金   D. 社会保障基金

4. 下列各项中，属于我国支付结算服务组织的有（   ）。

A. 银行业金融机构   B. 特许清算机构

C. 支付机构   D. 中央银行

5. 根据支付结算法律制度的规定，下列各项业务中，不可以通过预算单位零余额账户办理的有（   ）。

A. 向上级主管单位账户划拨资金   B. 提取现金业务

C. 向所属下级单位账户划拨资金   D. 向本单位相应账户划拨工会经费

6. 根据支付结算法律制度的规定，存款人开立下列账户时需要提供基本存款账户开户许可证或企业基本存款账户编号的有（   ）。

A. 因借款转存开立一般存款账户   B. 因增资验资开立临时存款账户

C. 因设立临时机构开立临时存款账户   D. 因注册验资开立临时存款账户

7. 根据支付结算法律制度的规定，下列关于银行结算账户开立、变更和撤销的说法中，正确的有（   ）。

A. 开立银行结算账户，银行应建立存款人预留签章卡片

B. 存款人更改名称但不改变开户银行及账号的，应于 5 个工作日内书面通知开户银行

C. 存款人迁址应办理银行结算账户的撤销

D. 对按规定应撤销而未办理销户手续的单位银行结算账户，银行应通知存款人，自发出通知之日起 30 日内到开户银行办理销户手续

8. 根据《人民币银行结算账户管理办法》的规定，下列有关银行结算账户的表述中，正确的有（   ）。

A. 一个单位只能开立一个基本存款账户

B. 异地常设机构可以申请开立基本存款账户

C. 现金缴存可以通过一般存款账户办理

D. 现金支取不能通过一般存款账户办理

三、判断题

1. 预算单位零余额账户不可以提取现金。   （   ）

2. 赵某拟向招商银行某支行借款 40 万元，已知赵某在该支行未开立任何银行结算账户，则赵某应当在该支行开立一般存款账户，用于借款转存。　　　　　（　　）

3. 存款人只能在注册地开立一个基本存款账户，不得异地开立银行结算账户。（　　）

4. 支付结算是指单位、个人在社会经济活动中使用票据、银行卡和汇兑、托收承付、委托收款以及电子支付等结算方式进行货币给付及其资金清算的行为。　　（　　）

5. 境外机构开立基本存款账户，应出具其在境外合法注册成立的证明文件，及其在境内开展相关活动所依据的法规制度或政府主管部门的批准文件等开户资料。证明文件等开户资料为非中文的，还应同时提供对应的中文翻译。　　　　　　　　　　（　　）

6. 办理异地借款可以开立异地银行结算账户。　　　　　　　　　　　（　　）

项目三　票据结算方式

一、票据概述

（一）票据的概念和种类

票据的概念有广义和狭义之分。广义上的票据包括各种有价证券和凭证，如股票、企业债券、发票、提单等；狭义上的票据，即《中华人民共和国票据法》（以下简称《票据法》）中规定的"票据"，包括汇票、本票和支票，是指由出票人签发的、约定自己或者委托付款人在见票时或指定的日期向收款人或持票人无条件支付一定金额的有价证券。

（二）票据的特征和功能

1. 票据的特征

（1）票据是债券凭证和金钱凭证。

持票人可以就票据上记载的金额向特定票据债务人行使其请求权，其性质是债权，所以票据是债权证券。就债权的标的而言，持票人享有的权利就是请求债务人给付一定的金钱，所以，票据是一种金钱证券。

（2）票据是设权证券。

所谓设权证券，是指权利的发生必须首先作成证券。票据上所表示的权利，是由出票这种行为而创设，没有票据，就没有票据上的权利。因此，票据是一种设权证券。

（3）票据是文义证券。

与票据有关的一切权利和义务，都必须依照票据上记载的文义而定，文义之外的任何理由、事项都不得作为根据。为了保护善意持票人和维护交易安全，票据上记载的文义即使有错，通常也不得依据票据之外的其他证据变更或者补充。

2. 票据的功能

（1）支付功能。

票据可以充当支付工具，代替现金使用。对于当事人来说，用票据支付可以消除现金携带的不便，避免点钞的麻烦，节省计算现金的时间。

（2）汇兑功能。

即票据可以代替货币在不同的地方之间运送，方便异地之间的支付。拿着一张票据到异地支付，相对而言既安全又方便。

（3）信用功能。

即票据当事人可以凭借自己的信誉，将未来才能获得的金钱作为现在的金钱来使用。

（4）结算功能。

即债务抵消功能。简单的结算是互有债务的双方当事人各签发一张本票，待两张本票都到到期日即可以抵销债务。若有差额，由一方以现金支付。

（5）融资功能。

即融通资金或调度资金。票据的融资功能是通过票据的贴现、转贴现和再贴现实现的。

（三）票据当事人

票据当事人是指在票据法律关系中，享有票据权利、承担票据义务的主体。票据当事人分为基本当事人和非基本当事人。票据基本当事人是指在票据作成和交付时就已经存在的当事人，包括出票人、付款人和收款人。汇票和支票的基本当事人有出票人、收款人与付款人；本票的基本当事人有出票人与收款人。票据当事人如表3-3所示。

表3-3　票据当事人

类别	具体内容	含义	汇票	本票	支票
基本当事人（在票据作成和交付时就已经存在的当事人）	出票人	依法定方式签发票据并将票据交付给收款人的人	银行汇票：银行；商业汇票：银行以外的企业和其他组织	银行本票的出票人：出票银行	在银行开立支票存款账户的企业、其他组织和个人
	收款人	票据正面记载的到期后有权收取票据所载金额的人			
	付款人	由出票人委托付款或自行承担付款责任的人	银行承兑汇票：承兑银行；商业承兑汇票：合同中应给付款项的一方当事人	本票的付款人是出票人	支票的付款人：出票人的开户银行
非基本当事人	承兑人	接受汇票出票人的付款委托，同意承担支付票款义务的人，是汇票主债务人			
	背书人	在转让票据时，在票据背面或粘单上签字或盖章，并将该票据交付给受让人的票据收款人或持有人			
	被背书人	被记名受让票据或接受票据转让的人。背书后，被背书人成为票据新的持有人，享有票据的所有权利			
	保证人	为票据债务提供担保的人，由票据债务人以外的第三人担当			

【拓展阅读】

（四）票据行为

票据行为是指票据当事人以发生票据债务为目的的、以在票据上签名或签章为权利义务成立要件的法律行为。票据行为包括出票、背书、承兑和保证。

1. 出票

（1）出票的概念。

出票是指出票人签发票据并将其交付给收款人的票据行为。出票包括两个行为：一是出票人依照《票据法》的规定作成票据，即在原始票据上记载法定事项并签章；二是交付票据，即将作成的票据交付给他人占有。这两者缺一不可。

（2）出票的基本要求。

出票人必须与付款人具有真实的委托付款关系，并且具有支付票据金额的可靠资金来源，不得签发无对价的票据用以骗取银行或者其他票据当事人的资金。

（3）票据的记载事项。

出票人和其他票据行为当事人在票据上的记载事项必须符合《票据法》等的规定。所谓票据记载事项，是指依法在票据上记载的票据相关内容。票据记载事项一般分为必须记载事项、相对记载事项、任意记载事项和记载不产生《票据法》上效力的事项等。

必须记载事项，也称必要记载事项，是指《票据法》明文规定必须记载的，如不记载，票据行为即为无效的事项。相对记载事项是指除了必须记载事项外，《票据法》规定的其他应记载的事项，这些事项如果未被记载，由法律另作相应规定予以明确，并不影响票据的效力。例如，《票据法》规定背书由背书人签章并记载背书日期。背书未记载日期的，视为在票据到期日前背书。这里的"背书日期"就属于相对记载事项；未记载背书日期的，《票据法》视同背书日期为"到期日前"。任意记载事项是指《票据法》不强制当事人必须记载而允许当事人自行选择，不记载时不影响票据效力，记载时则产生票据效力的事项。如出票人在汇票记载"不得转让"字样的，汇票不得转让，其中的"不得转让"事项即为任意记载事项。记载不产生《票据法》上效力的事项是指除了必须记载事项、相对记载事项、任意记载事项外，票据上还可以记载其他一些事项，但这些事项不具有票据效力，银行不负审查责任。如《票据法》第二十四条规定："汇票上可以记载本法规定事项以外的其他出票事项，但是该记载事项不具有汇票上的效力。"

（4）出票的效力。

票据出票人制作票据，应当按照法定条件在票据上签章，并按照所记载的事项承担票据责任。出票人签发票据后，即承担该票据承兑或付款的责任。出票人在票据得不到承兑或者付款时，应当向持票人清偿《票据法》第七十条、第七十一条规定的金额和费用（具体见后文票据追索的内容）。

2. 背书

（1）背书的概念和种类。

背书是在票据背面或者粘单上记载有关事项并签章的行为。以背书的目的为标准，将背书分为转让背书和非转让背书。转让背书是指以转让票据权利为目的的背书；非转让背书是指授予他人行使一定的票据权利为目的的背书。非转让背书包括委托收款背书和质押背书。

委托收款背书是背书人委托被背书人行使票据权利的背书。委托收款背书的被背书人有权代背书人行使被委托的票据权利。但是，被背书人不得再以背书转让票据权利。

质押背书是以担保债务而在票据上设定质权为目的的背书。被背书人依法实现其质权时，可以行使票据权利。

（2）背书的记载事项。

背书由背书人签章并记载背书日期。背书未记载日期的，视为在票据到期日前背书。以背书转让或者以背书将一定的票据权利授予他人行使时，必须记载被背书人名称。背书人未记载被背书人名称即将票据交付他人的，持票人在票据被背书人栏内记载自己的名称，与背书人记载具有同等法律效力。

委托收款背书应记载"委托收款"字样、被背书人和背书人签章。质押背书应记载"质押"字样、质权人和出质人签章。

票据凭证不能满足背书人记载事项的需要，可以加附粘单，黏附于票据凭证上。粘单上的第一记载人，应当在票据和粘单的粘接处签章。

（3）背书的效力。

背书人以背书转让票据后，即承担保证其后手所持票据承兑和付款的责任。

以背书转让的票据，背书应当连续。持票人以背书的连续，证明其票据权利；非经背书转让，而以其他合法方式取得票据的，依法举证，证明其票据权利。

背书连续，是指在票据转让中，转让票据的背书人与受让票据的被背书人在票据上的签章依次前后衔接。具体来说，第一背书人为票据收款人，最后持票人为最后背书的被背书人，中间的背书人为前手背书的被背书人。

（4）背书特别规定。

针对附条件背书、部分背书、禁转背书和期后背书几种情况，需要特别注意。附条件背书是指背书附有条件。背书不得附条件，背书时附有条件的，所附条件不具有票据上的效力。部分背书是指将票据金额的一部分转让的背书或者将票据金额分别转让给两人以上的背书，部分背书属于无效背书。禁转背书是指背书时记载了"不得转让"或类似字样；背书人在票据上记载"不得转让"或类似字样，其后手再背书转让的，原背书人对后手的被背书人不承担保证责任。期后背书是指票据被拒绝承兑、被拒绝付款或者超过付款提示期限后进行的背书；票据被拒绝承兑、被拒绝付款或者超过付款提示期限的，不得背书转让；背书转让的，背书人应当承担票据责任。

3. 承兑

（1）承兑的概念。

承兑是指汇票付款人承诺在汇票到期日支付汇票金额并签章的行为，仅适用于商业汇票。

（2）承兑的程序。

承兑的程序包括提示承兑、受理承兑、记载承兑事项等。

①提示承兑。

持票人向付款人出示汇票，并要求付款人承诺付款的行为。定日付款或者出票后定期付款的汇票，持票人应当在汇票到期日前向付款人提示承兑。见票后定期付款的汇票，持票人应当自出票日起1个月内向付款人提示承兑。汇票未按照规定期限提示承兑的，持票人丧失对其前手的追索权。

②受理承兑。

付款人收到持票人提示承兑的汇票时，应当向持票人签发收到汇票的回单。回单上应当记明汇票提示承兑日期并签章。付款人对向其提示承兑的汇票，应当自收到提示承兑的汇票之日起3日内承兑或者拒绝承兑。

③记载承兑事项。

付款人承兑汇票的，应当在汇票正面记载"承兑"字样和承兑日期并签章；见票后定期付款的汇票，应当在承兑时记载付款日期。汇票上未记载承兑日期的，应当以收到提示承兑的汇票之日起3日内的最后一日为承兑日期。

（3）承兑的效力。

付款人承兑汇票，不得附有条件；承兑附有条件的，视为拒绝承兑。付款人承兑汇票后，应当承担到期付款的责任。

4. 保证

（1）保证的概念。

保证是指票据债务人以外的人，为担保特定债务人履行票据债务而在票据上记载有关事项并签章的行为。

国家机关、以公益为目的的事业单位、社会团体作为票据保证人的，票据保证无效。但经国务院批准为使用外国政府或者国际经济组织贷款进行转贷，国家机关提供票据保证的除外。

（2）保证的记载事项。

保证人必须在票据或者粘单上记载下列事项：表明"保证"的字样；保证人名称和住所；被保证人的名称；保证日期；保证人签章。

保证人在票据或者粘单上未记载"被保证人名称"的，已承兑的票据，承兑人为被保证人；未承兑的票据，出票人为被保证人。保证人在票据或者粘单上未记载"保证日期"的，出票日期为保证日期。票据行为未记载日期的法律后果如表3-4所示。

表3-4　票据行为未记载日期的法律后果

票据行为	法律后果
出票	票据无效
背书	视为票据到期前背书
保证	出票日期为保证日期
承兑	以收到提示承兑的汇票之日起3日内的最后一日为承兑日期

（3）保证责任的承担。

被保证的票据，保证人应当与被保证人对持票人承担连带责任。票据到期后得不到付款的，持票人有权向保证人请求付款，保证人应当足额付款。保证人为 2 人以上的，保证人之间承担连带责任。

（4）保证的效力。

保证人对合法取得票据的持票人所享有的票据权利，承担保证责任。但是，被保证人的债务因票据记载事项欠缺而无效的除外。保证不得附有条件，附有条件的，不影响对票据的保证责任。保证人清偿票据债务后，可以行使持票人对被保证人及其前手的追索权。

（五）票据权利与责任

1. 票据权利的概念和分类

票据权利是指票据持票人向票据债务人请求支付票据金额的权利，包括付款请求权和追索权。

付款请求权是指持票人向汇票的承兑人、本票的出票人、支票的付款人出示票据要求付款的权利，是第一顺序权利。行使付款请求权的持票人可以是票据记载的收款人或最后的被背书人；担负付款义务的主要是主债务人。

票据追索权是指票据当事人行使付款请求权遭到拒绝或有其他法定原因存在时，向其前手请求偿还票据金额及其他法定费用的权利，是第二顺序权利。行使追索权的当事人除票据记载的收款人和最后被背书人外，还可能是代为清偿票据债务的保证人、背书人。持票人可以不按照票据债务人的先后顺序，对其中任何一人、数人或者全体行使追索权。持票人对票据债务人中的一人或者数人已经进行追索的，对其他票据债务人仍可以行使追索权。被追索人清偿债务后，与持票人享有同一权利。

2. 票据责任

票据责任是指票据债务人向持票人支付票据金额的义务。实务中，票据债务人承担票据义务一般有四种情况：一是汇票承兑人因承兑而应承担付款义务；二是本票出票人因出票而承担自己付款的义务；三是支票付款人在与出票人有资金关系时承担付款义务；四是汇票、本票、支票的背书人，汇票、支票的出票人、保证人，在票据不获承兑或不获付款时的付款清偿义务。

（六）票据丧失的补救

票据丧失是指票据因灭失（如不慎被烧毁）、遗失（如不慎丢失）、被盗等原因而使票据权利人脱离其对票据的占有。票据一旦丧失，票据的债权人不采取措施补救就不能阻止债务人向拾获者履行义务，从而造成正当票据权利人经济上的损失。因此，需要进行票据丧失的补救。票据丧失后，可以采取挂失止付、公示催告和普通诉讼三种形式进行补救。

1. 挂失止付

挂失止付是指失票人将丧失票据的情况通知付款人或代理付款人，由接受通知的付款人或代理付款人审查后暂停支付的一种方式。只有确定付款人或代理付款人的票据丧失时才可进行挂失止付，具体包括已承兑的商业汇票、支票、填明"现金"字样和代理付款人的银行汇票以及填明"现金"字样的银行本票四种。挂失止付并不是票据丧失后采取的必经措施，而只是一种暂时的预防措施，最终要通过申请公示催告或提起普通诉讼来补救票据权利。具体程序如下：

（1）申请。失票人需要挂失止付的，应填写挂失止付通知书并签章。挂失止付通知书应当记载下列事项：票据丧失的时间、地点、原因；票据的种类、号码、金额、出票日期、付款日期、付款人名称、收款人名称；挂失止付人的姓名、营业场所或者住所以及联系方法。欠缺上述记载事项之一的，银行不予受理。

（2）受理。付款人或者代理付款人收到挂失止付通知书后，查明挂失票据确未付款时，应立即暂停支付。付款人或者代理付款人自收到挂失止付通知书之日起 12 日内没有收到人民法院的止付通知书的，自第 13 日起，不再承担止付责任，持票人提示付款即依法向持票人付款。付款人或者代理付款人在收到挂失止付通知书之前，已经向持票人付款的，不再承担责任。但是，付款人或者代理付款人以恶意或者重大过失付款的除外。承兑人或者承兑人开户行收到挂失止付通知或者公示催告等司法文书并确认相关票据未付款的，应当于当日依法暂停支付并在中国人民银行指定的票据市场基础设施（上海票据交易所）登记或者委托开户行在票据市场基础设施登记相关信息。

2. 公示催告

公示催告是指在票据丧失后由失票人向人民法院提出申请，请求人民法院以公告方式通知不确定的利害关系人限期申报权利，逾期未申报者，则权利失效，而由法院通过除权判决宣告所丧失的票据无效的制度或程序。根据《票据法》的规定，失票人应当在通知挂失止付后的 3 日内，也可以在票据丧失后，依法向票据支付地人民法院申请公示催告。申请公示催告的主体必须是可以背书转让的票据的最后持票人。具体程序如下：

（1）申请。失票人申请公示催告的，应填写公示催告申请书，申请书应当载明下列内容：票面金额；出票人、持票人、背书人申请的理由、事实；通知票据付款人或者代理付款人挂失止付的时间；付款人或者代理付款人的名称、通信地址、电话号码等。

（2）受理。人民法院决定受理公示催告申请，应当同时通知付款人及代理付款人停止支付，并自立案之日起 3 日内发出公告，催促利害关系人申报权利。付款人或者代理付款人收到人民法院发出的止付通知，应当立即停止支付，直至公示催告程序终结。非经发出止付通知的人民法院许可，擅自解付的，不得免除票据责任。

例如，某基层人民法院在《人民法院报》上刊登一则公示催告，公告甲银行网点承兑的一张 300 万元的银行承兑汇票丢失，公告期间为 2021 年 3 月 1 日至 5 月 1 日；4 月 3 日，该网点突然收到异地乙银行网点发来的该银行承兑汇票的委托收款，此时由于恰好在公示催告期间，甲银行网点不能对委托收款发来的银行承兑汇票付款，只能根据人民法院的止付通知拒绝付款。

（3）公告。人民法院决定受理公示催告申请后发布的公告应当在全国性报纸或者其他媒体上刊登，并于同日公布于人民法院公告栏内。人民法院所在地有证券交易所的，还应当同日在该交易所公布。公告期间不得少于 60 日，且公示催告期间届满日不得早于票据付款日后 15 日。在公示催告期间，转让票据权利的行为无效，以公示催告的票据质押、贴现，因质押、贴现而接受该票据的持票人主张票据权利的，人民法院不予支持，但公示催告期间届满以后人民法院作出除权判决以前取得该票据的除外。

（4）判决。利害关系人应当在公示催告期间向人民法院申报。人民法院收到利害关系人的申报后，应当裁定终结公示催告程序，并通知申请人和支付人。申请人或者申报人可以向人民法院起诉，以主张自己的权利。没有人申报的，人民法院应当根据申请人的申请，作出除权判决，宣告票据无效。判决应当公告，并通知支付人。自判决公告之日起，申请人有权向支付人请求支付。利害关系人因正当理由不能在判决前向人民法院申报的，自知道或者应当知道判决公告之日起 1 年内，可以向作出判决的人民法院起诉。

3. 普通诉讼

普通诉讼是指以丧失票据的人为原告，以承兑人或出票人为被告，请求人民法院判决其向失票人付款的诉讼活动。如果与票据上的权利有利害关系的人是明确的，无须公示催告，可按一般的票据纠纷向人民法院提起诉讼。

（七）票据追索

1. 票据追索适用的情形

票据追索适用于两种情形，分别为到期后追索和到期前追索。

到期后追索，是指票据到期被拒绝付款的，持票人对背书人、出票人以及票据的其他债务人行使的追索。

到期前追索，是指票据到期日前，持票人对下列情形之一行使的追索：

（1）汇票被拒绝承兑的。

（2）承兑人或者付款人死亡、逃匿的。

（3）承兑人或者付款人被依法宣告破产的或者因违法被责令终止业务活动的。

2. 被追索人的确定

票据的出票人、背书人、承兑人和保证人对持票人承担连带责任。持票人行使追索权，可以不按照票据债务人的先后顺序，对其中任何一人、数人或者全体行使追索权。持票人对票据债务人中的一人或者数人已经进行追索的，对其他票据债务人仍可以行使追索权。

3. 追索的内容

（1）持票人行使追索权，可以请求被追索人支付下列金额和费用：

①被拒绝付款的票据金额。

②票据金额自到期日或者提示付款日起至清偿日止，按照中国人民银行规定的利率计算的利息。

③取得有关拒绝证明和发出通知书的费用。被追索人清偿债务时，持票人应当交出票据和有关拒绝证明，并出具所收到利息和费用的收据。

（2）被追索人依照前述规定清偿后，可以向其他票据债务人行使再追索权，请求其他票据债务人支付下列金额和费用：

①已清偿的全部金额。

②前项金额自清偿日起至再追索清偿日止，按照中国人民银行规定的利率计算的利息。

③发出通知书的费用。

行使再追索权的被追索人获得清偿时，应当交出票据和有关拒绝证明，并出具所收到利息和费用的收据。

4. 追索权的行使

（1）获得有关证明

持票人行使追索权时，应当提供被拒绝承兑或者拒绝付款的有关证明。持票人提示承兑或者提示付款被拒绝的，承兑人或者付款人必须出具拒绝证明，或者出具退票理由书。未出具拒绝证明或者退票理由书的，应当承担由此产生的民事责任。其中"拒绝证明"应当包括下列事项：

①被拒绝承兑、付款的票据的种类及其主要记载事项。

②拒绝承兑、付款的事实依据和法律依据。

③拒绝承兑、付款的时间。

④拒绝承兑人、拒绝付款人的签章。

"退票理由书"应当包括下列事项：所退票据的种类；退票的事实依据和法律依据；退票时间；退票人签章。

持票人因承兑人或者付款人死亡、逃匿或者其他原因，不能取得拒绝证明的，可以依法取得其他有关证明，包括医院或者有关单位出具的承兑人、付款人死亡的证明；司法机关出具的承兑人、付款人逃匿的证明；公证机关出具的具有拒绝证明效力的文书；承兑人自己作出并发布的表明其没有支付票款能力的公告。

承兑人或者付款人被人民法院依法宣告破产的，人民法院的有关司法文书具有拒绝证明的效力。承兑人或者付款人因违法被责令终止业务活动的，有关行政主管部门的处罚决定具有拒绝证明的效力。

持票人不能出示拒绝证明、退票理由书或者未按照规定期限提供其他合法证明的，丧失对其前手的追索权。但是，承兑人或者付款人仍应当对持票人承担责任。

（2）行使追索权。

持票人应当自收到被拒绝承兑或者被拒绝付款的有关证明之日起 3 日内，将被拒绝事由书面通知其前手；其前手应当自收到通知之日起 3 日内书面通知其再前手。持票人也可以同时向各票据债务人发出书面通知，该书面通知应当记明汇票的主要记载事项，并说明该汇票已被退票。

未按照规定期限通知的。持票人仍可以行使追索权。因延期通知给其前手或者出票人造成损失的，由没有按照规定期限通知的票据当事人承担对该损失的赔偿责任，但是所赔偿的金额以汇票金额为限。在规定期限内将通知按照法定地址或者约定的地址邮寄的，视为已经发出通知。

5. 追索的效力

被追索人依照规定清偿债务后，其责任解除，与持票人享有同一权利。

二、支票

（一）支票的概念

支票是出票人签发的，委托办理存款业务的银行或其他金融机构，在见票时无条件支付确定的金额给收款人或者持票人的票据。单位和个人的各种款项结算，均可以使用支票。2007 年 7 月 8 日，中国人民银行宣布，支票可以实现全国范围内互通使用。

支票的基本当事人有出票人、付款人和收款人。出票人即存款人，是在批准办理支票业务的银行机构开立可以使用支票的存款账户的单位和个人；付款人是出票人的开户银行；持票人是票面上填明的收款人，也可以是经背书转让的被背书人。支票可以背书转让，但用于支取现金的支票不能背书转让。

（二）支票的种类

支票按支付票款的方式不同，分为现金支票、转账支票和普通支票。

（1）现金支票。支票上印有"现金"字样的为现金支票。现金支票只能用于支取现金，不能用于转账。现金支票如图 3 - 1 所示。

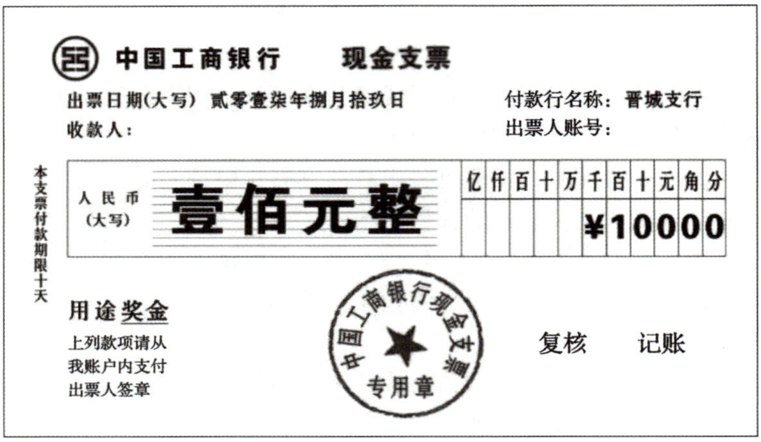

图 3 - 1　现金支票

（2）转账支票。支票上印有"转账"字样的为转账支票。转账支票只能用于转账，不能支取现金。转账支票如图 3 - 2 所示。

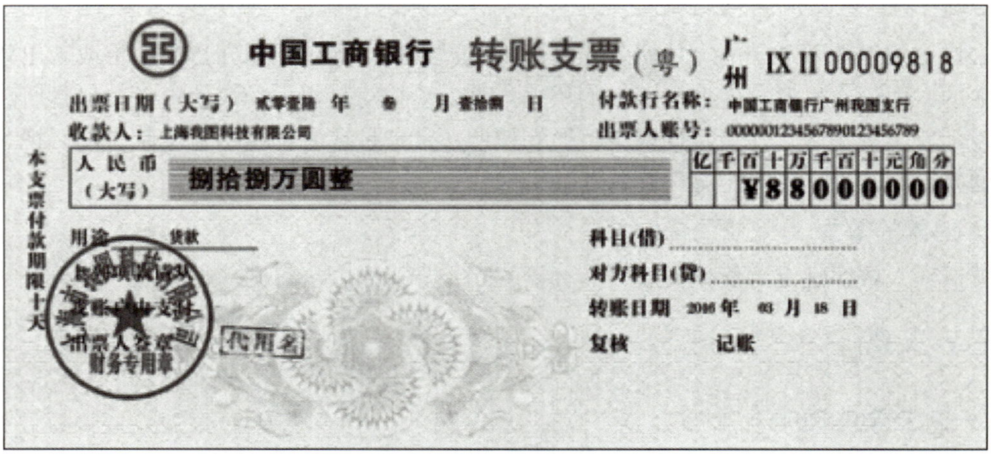

图 3 - 2　转账支票

（3）普通支票。支票上未印有"现金"或"转账"字样的为普通支票。普通支票可以用于支取现金，也可以用于转账。但在普通支票左上角划两条平行线的，为划线支票，只能用于转账，不能支取现金。

（三）支票的出票

1. 支票的记载事项

支票的记载事项可分为绝对记载事项、相对记载事项和非法定记载事项，具体如表3-5所示。

表3-5　支票的记载事项

记载类型	记载事项
绝对记载事项	（1）表明"支票"的字样； （2）无条件支付的委托； （3）确定的金额； （4）付款人名称； （5）出票日期； （6）出票人签章。 注：支票上未记载前款规定事项之一的，支票无效。支票的金额、收款人名称，可以由出票人授权补记，未补记前不得背书转让和提示付款
相对记载事项	（1）付款地。支票上未记载付款地的，付款人的营业场所为付款地。 （2）支付地。支票上未记载出票地的，出票人的营业场所、住所或者经常居住地为出票地
非法定记载事项	支票上可以记载非法定记载事项，但这些事项并不发生支票上的效力

2. 签发支票的注意事项

支票的出票人所签发的支票金额不得超过其付款时在付款人处实有的存款金额。出票人签发的支票金额超过其付款时在付款人处实有的存款金额的，为空头支票。禁止签发空头支票。支票的出票人不得签发与其预留本名的签名式样或者印鉴不符的支票。

支票上的出票人的签章，出票人为单位的，为与该单位在银行预留签章一致的财务专用章或者公章加其法定代表人或者其授权的代理人的签名或者盖章；出票人为个人的，为与该个人在银行预留签章一致的签名或者盖章。支票的出票人预留银行签章是银行审核支票付款的依据。出票人不得签发与其预留银行签章不符的支票。

（四）支票的付款

1. 提示付款

支票的提示付款期限自出票日起10日，持票人可以委托开户银行收款或直接向付款人提示付款。用于支取现金的支票仅限于收款人向付款人提示付款。

持票人委托开户银行收款时，应作委托收款背书，在支票背面背书人签章栏签章、记载

"委托收款"字样、背书日期，在被背书人栏记载开户银行名称，并将支票和填制的进账单送交开户银行。持票人持用于转账的支票向付款人提示付款时，应在支票背面背书人签章栏签章，并将支票和填制的进账单送交出票人开户银行。收款人持用于支取现金的支票向付款人提示付款时，应在支票背面"收款人签章"处签章，持票人为个人的，还需交验本人身份证件，并在支票背面注明证件名称、号码及发证机关。

2. 付款

出票人必须按照签发的支票金额承担保证向该持票人付款的责任。出票人在付款人处的存款足以支付支票金额时，付款人应当在见票当日足额付款。付款人依法支付支票金额的，对出票人不再承担受委托付款的责任，对持票人不再承担付款的责任，但付款人以恶意或者有重大过失付款的除外。

三、商业汇票

（一）商业汇票的概念、种类和适用范围

商业汇票是出票人签发的，委托付款人在指定日期无条件支付确定的金额给收款人或者持票人的票据。商业汇票按照承兑人的不同分为商业承兑汇票和银行承兑汇票，如图3-3、图3-4所示。银行承兑汇票背书转让如图3-5所示。银行承兑汇票由银行承兑，商业承兑汇票由银行以外的付款人承兑。电子商业汇票是指出票人依托上海票据交易所电子商业汇票系统（以下简称"电子商业汇票系统"），以数据电文形式制作的，委托付款人在指定日期无条件支付确定的金额给收款人或者持票人的票据。电子银行承兑汇票由银行业金融机构、财务公司承兑；电子商业承兑汇票由金融机构以外的法人或其他组织承兑。商业汇票的付款人为承兑人。在银行开立存款账户的法人及其他组织之间的结算，才能使用商业汇票。

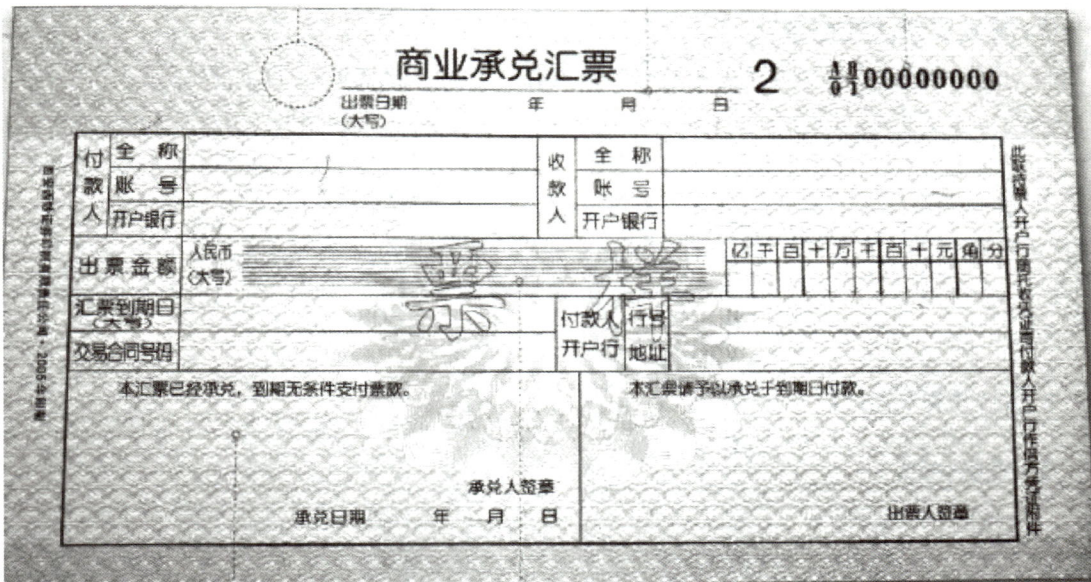

图3-3 商业承兑汇票

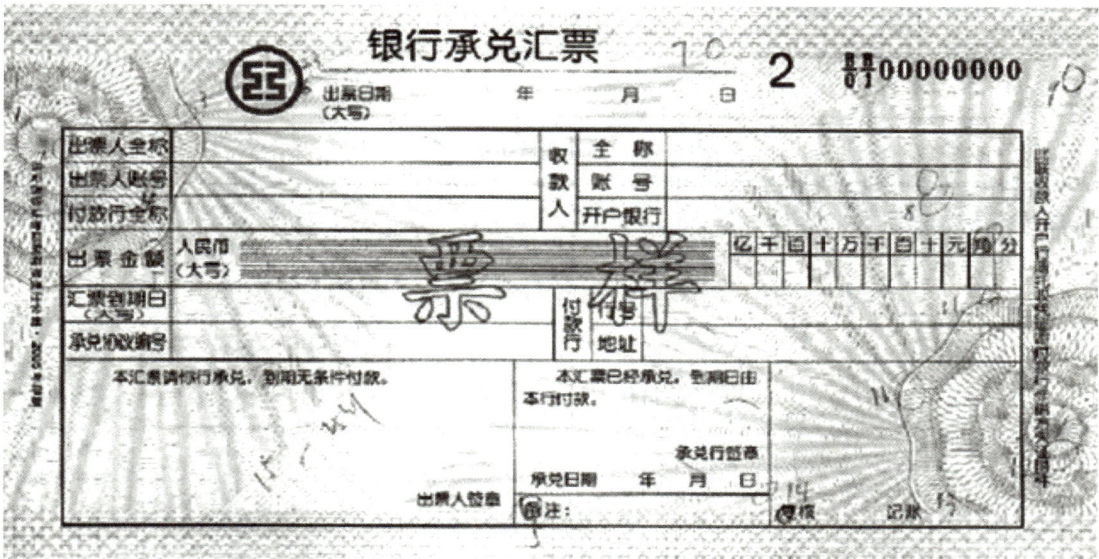

图 3－4　银行承兑汇票

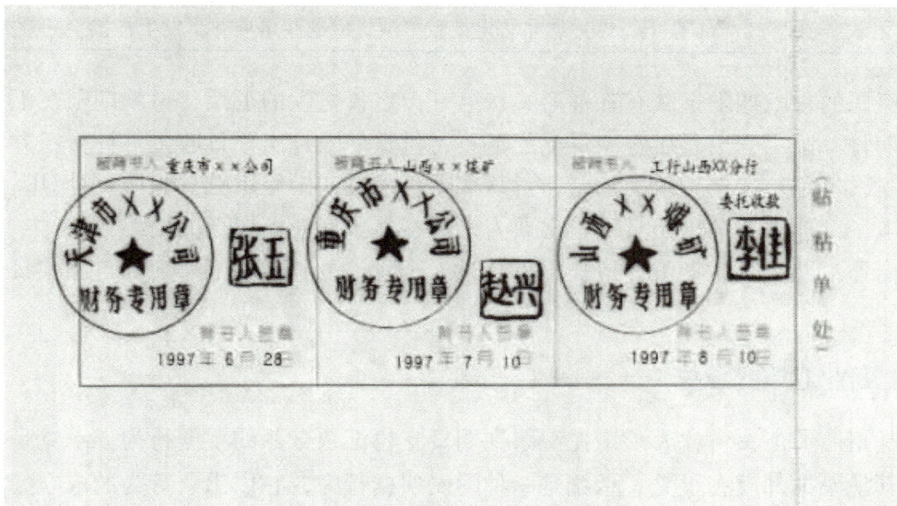

图 3－5　银行承兑汇票背书转让

（二）商业汇票的出票

商业汇票的出票，又称汇票的签发，是指出票人签发商业汇票并将其交付给收款人的票据行为。

1. 出票人的确定

商业承兑汇票可以由付款人签发并承兑，也可以由收款人签发交由付款人承兑。银行承兑汇票应由在承兑银行开立存款账户的存款人签发。

2. 商业汇票的记载事项

商业汇票的记载事项可分为绝对记载事项、相对记载事项和非法定记载事项，具体如表3-6所示。

表3-6 商业汇票的记载事项

记载类型	记载事项
绝对记载事项	（1）表明商业承兑汇票或银行承兑汇票的字样； （2）无条件支付的委托； （3）确定的金额； （4）付款人名称； （5）收款人名称； （6）出票日期； （7）出票人签章
相对记载事项	（1）汇票上未记载付款日期的，见票即付； （2）汇票上未记载付款地的，以付款人的营业场所、住所或者经常居住地为付款地； （3）汇票上未记载出票地的，以出票人的营业场所、住所或者经常居住地为出票地
非法定记载事项	汇票上可以记载非法定记载事项，但这些事项并不发生汇票上的效力

商业汇票的付款期限记载有三种形式：第一，定日付款的汇票，付款期限在汇票上记载具体的到期日；第二，出票后定期付款的汇票，付款期限自出票日起按月计算，并在汇票上记载；第三，见票后定期付款的汇票，付款期限自承兑或拒绝承兑日起按月计算，并在汇票上记载。电子商业汇票的出票日是指出票人记载在电子商业汇票上的出票日期。

纸质商业汇票的付款期限，最长不得超过6个月。电子承兑汇票期限自出票日至到期日不超过1年。

（三）商业汇票的承兑

承兑是指商业汇票付款人承诺在汇票到期日支付汇票金额的票据行为。承兑是汇票特有的制度，其他票据都没有承兑。承兑是一种附属票据行为，它以出票行为的成立为前提，承兑行为必须在有效的汇票上进行才能生效；承兑是一种要式法律行为，必须依据《票据法》的规定作成并交付。承兑是持票人行使票据权利的一个重要程序，持票人只有在付款人作出承兑后，其付款请求权才能得以确定。商业承兑汇票可以由付款人签发并承兑，也可以由收款人签发交由付款人承兑。

1. 承兑的程序

承兑的程序主要包括两个方面：一是提示承兑；二是承兑成立。

（1）提示承兑。

提示承兑是指持票人向付款人出示汇票，并要求付款人承诺付款的行为。它是汇票中特有的票据行为。因汇票付款日期的形式不同，提示承兑的期限也不一样。

①定日付款或者出票后定期付款的商业汇票，持票人应当在汇票到期日前向付款人提示承兑。这两类汇票的提示承兑期限实际是指从出票人出票日起至汇票到期日止。在此期间，持票人应当向付款人提示承兑，否则，即丧失对其前手的追索权。

②见票后定期付款的汇票，持票人应当自出票日起1个月内向付款人提示承兑。该种汇票是以见票日为起算日期来确定的，汇票不经提示承兑，就无法确定见票日，也就无法确定付款日期，从而使得持票人无法行使票据权利。

③见票即付的汇票无须提示承兑。这种汇票主要包括两种：一是汇票上明确记载有"见票即付"的汇票；二是汇票上没有记载付款日期，根据法律规定直接视为见票即付的汇票。

（2）承兑成立。

①承兑时间。付款人对向其提示承兑的汇票，应当自收到提示承兑的汇票之日起3日内承兑或者拒绝承兑。付款人在3日内不作承兑与否表示的，则应视为拒绝承兑。

②接受承兑。付款人收到持票人提示承兑的汇票时，应当向持票人签发收到汇票的回单。回单上应当记明汇票提示承兑日期并签章。

③承兑的格式。付款人承兑汇票的，应当在汇票正面记载承兑字样和承兑日期并签章；见票后定期付款的汇票，应当在承兑时记载付款日期。汇票上未记载承兑日期的，以前述第①条所规定期限的最后一日为承兑日期。

④退回已承兑的汇票。付款人依承兑格式填写完毕应记载事项后，并不意味着承兑生效，只有在其已承兑的汇票退回持票人时才产生承兑的效力。

2. 承兑的效力

承兑生效后，即对付款人产生相应的法律效力。付款人承兑汇票后，应当承担到期付款的责任。商业承兑汇票可以在出票时向付款人提示承兑后使用，也可以在出票后先使用再向付款人提示承兑。这一期间的责任，具体表现在以下方面：

（1）承兑人于汇票到期日必须向持票人无条件地支付汇票上的金额，否则其必须承担延迟付款的责任。

（2）承兑人必须对汇票上的一切权利人承担责任，该权利人包括付款请求权人和追索权人。

（3）承兑人不得以其与出票人之间的资金关系来对抗持票人，拒绝支付汇票金额。

（4）承兑人的票据责任不因持票人未在法定期限提示付款而解除。

3. 承兑不得附有条件

付款人承兑商业汇票，不得附有条件；承兑附有条件的，视为拒绝承兑。这就是说，付款人作出的承兑是无条件的。持票人可以请求作出拒绝证明，向其前手行使追索权。银行承兑汇票的承兑银行，应当按照票面金额向出票人收取万分之五的手续费。

（四）商业汇票的付款

商业汇票的付款是指付款人依据票据文义支付票据金额，以消灭票据关系的行为。

1. 提示付款

提示付款是指持票人向付款人或承兑人出示票据，请求付款的行为。持票人只有在法定期限内提示付款的，才产生法律效力。

《票据法》规定，持票人应当按照下列法定期限提示付款：

（1）见票即付的汇票，持票人应当自出票日起1个月内向付款人提示付款。

（2）定日付款、出票后定期付款或者见票后定期付款的汇票，自汇票到期日起10日内向承兑人提示付款。

持票人未按照前款规定期限提示付款的，在作出说明后，承兑人或者付款人仍应当继续对持票人承担付款责任。通过委托收款银行或者通过票据交换系统向付款人提示付款的，视同持票人提示付款。

2. 支付票款

持票人依照上述规定向承兑人或付款人进行提示付款的，付款人必须无条件地在当日按票据金额足额支付给持票人。持票人获得付款的，应当在汇票上签收，并将汇票交给付款人。持票人委托银行收款的，受委托的银行将代收的汇票金额转账收入持票人账户，视同签收。

3. 付款的效力

付款人依法足额付款后，全体汇票债务人的责任解除。

（五）商业汇票的背书

商业汇票的背书是指持票人可以将汇票权利转让给他人或者以将一定的汇票权利授予他人行使为目的，按照法定的事项和方式在商业汇票背面或者粘单上记载有关事项并签章的票据行为。出票人在汇票上记载"不得转让"字样的，汇票不得背书转让。

1. 背书的形式

背书是一种要式行为，因此必须符合法定的形式，即其必须作成背书并交付，才能有效成立。

（1）背书签章和背书日期的记载。背书由背书人签章并记载背书日期。未签章的，背书行为无效。背书末记载日期的，视为在汇票到期日前背书。

（2）被背书人名称的记载。汇票背书转让或者以背书的方式将一定的汇票权利授予他人行使时，必须记载被背书人名称。如果背书人未记载被背书人名称即将票据交付他人，持票人在票据被背书人栏内填上自己的名称与被背书人记载具有同等法律效力。

（3）禁止背书的记载。背书人在汇票上记载"不得转让"字样，其后手再背书转让的，原背书人对后手的被背书人不承担保证责任。

（4）背书时粘单的使用。票据凭证不能满足背书人记载事项的需要，可以加附粘单，黏附于票据凭证上。为了保证粘单的有效性和真实性，粘单上的第一记载人，应当在汇票和粘单的粘接处签章，否则该粘单记载的内容即为无效。

（5）背书不得附有条件。背书时附有条件的，所附条件不具有汇票上的效力。不得部分背书，即将汇票金额的一部分转让的背书或者将汇票金额分别转让给2人以上的背书无效。

2. 背书连续

背书连续是指在票据转让中，转让汇票的背书人与受让汇票的被背书人在汇票上的签章依次前后衔接。如果背书不连续，付款人可以拒绝向持票人付款，否则付款人需自行承担责任。

背书连续主要是指背书在形式上连续，如果背书在实质上不连续，如有伪造签章等，付款人仍应向持票人付款。

3. 法定禁止背书

法定禁止背书是指根据《票据法》的规定而禁止背书转让的情形。《票据法》规定，汇票被拒绝承兑、被拒绝付款或者超过提示付款期限的，不得背书转让；背书转让的，背书人应当承担汇票责任。

（六）商业汇票的保证

1. 保证的当事人

保证的当事人为保证人和被保证人。商业汇票的债务可以由保证人承担保证责任，但保证人不应是已成为票据债务人的人。

2. 保证的格式

保证人在办理保证时，必须在汇票或者粘单上记载下列事项：

（1）表明"保证"的字样。

（2）保证人名称和住所。

（3）被保证人的名称。

（4）保证日期。

（5）保证人签章。

票据保证必须作成于汇票或粘单之上。保证是一种书面行为，如果另行签订保证合同或者保证条款，不属于票据保证，而应当适用《民法典》的有关规定。

票据保证记载的事项，有绝对记载事项和相对记载事项。其中，绝对记载事项包括保证文字和保证人签章两项；相对记载事项包括被保证人的名称、保证日期和保证人住所。

为出票人、承兑人保证的，则应记载于汇票的正面；如果是为背书人保证，则应记载于汇票的背面或粘单上。

保证不得附有条件；附有条件的，不影响对汇票的保证责任。

3. 保证的效力

保证一旦成立，即在保证人与被保证人之间产生法律效力，保证人必须对保证行为承担相应的责任。

（1）保证人责任。保证人对合法取得汇票的持票人所享有的汇票权利承担保证责任。但是，被保证人的债务因汇票记载事项欠缺而无效的除外。

（2）共同保证人的责任。共同保证是指保证人为2人以上的保证。保证人为2人以上的，保证人之间承担连带责任。

（3）保证人的追索权。保证人清偿汇票债务后，可以行使持票人对被保证人及前手的追索权。

四、银行汇票

（一）银行汇票的概念和适用范围

银行汇票是由出票银行签发的，在见票时按照实际结算金额无条件支付给收款人或者持票人的票据。单位和个人在异地、同城或同一票据交换区域的各种款项结算，均可使用银行汇票。

银行汇票一式四联：第一联为卡片，在承兑行支付票款时用作付出传票；第二联为银行汇票，与第三联解讫通知一并由汇款人自带，在兑付行兑付汇票后此联作联行往来账付出传票；第三联为解讫通知，在兑付行兑付后随报单寄签发行，由签发行作余款收入传票；第四联为多余款通知，并在签发行结清后交付汇款人。

（二）银行汇票的记载事项

银行汇票的记载事项如下：
（1）表明"银行汇票"的字样。
（2）无条件支付的承诺。
（3）确定的金额。
（4）付款人名称。
（5）收款人名称。
（6）出票日期。
（7）出票人签章。
汇票上未记载上述事项之一的，汇票无效。

（三）银行汇票的基本规定

（1）银行汇票可以用于转账，标明现金字样的"银行汇票"也可以提取现金。

（2）银行汇票的付款人为银行汇票的出票银行，银行汇票的付款地为代理付款人或出票人所在地。

（3）银行汇票的出票人在票据上的签章，应为经中国人民银行批准使用的该银行汇票专用章加其法定代表人或其授权经办人的签名或者盖章。

（4）银行汇票的提示付款期限自出票日起一个月内。持票人超过付款期限提示付款的，代理付款人（银行）不予受理。

（5）银行汇票可以背书转让，但填明"现金"字样的银行汇票不得背书转让。银行汇票的背书转让以不超过出票金额的实际结算金额为准。未填写实际结算金额或实际结算金额超过出票金额的银行汇票不得背书转让。

（6）填明"现金"字样和代理付款人的银行汇票丧失，可以由失票人通知付款人或者代理付款人挂失止付。

（7）银行汇票丧失，失票人可以凭人民法院出具的其享有票据权利的证明，向出票银行请求付款或退款。

（四）银行汇票申办和兑付的基本程序和规定

1. 申办银行汇票的基本程序和规定

（1）申请人使用银行汇票，应向出票银行填写"银行汇票申请书"，填明收款人名称、汇票金额、申请人名称、申请日期等事项并签章，其签章为预留银行印鉴。申请人或收款人为单位的，不得在"银行汇票申请书"上填明"现金"字样。

（2）出票银行受理银行汇票申请书，收妥款项后签发银行汇票，并用压数机压印出票金额，将银行汇票和解讫通知一并交给申请人。

（3）申请人应将银行汇票和解讫通知一并交付给汇票上记载的收款人。

（4）申请人因银行汇票超过付款提示期限或其他原因要求退款时，应将银行汇票和解讫通知同时提交出票银行，并提供本人身份证件或单位证明。

2. 兑付银行汇票的基本程序和规定

（1）收款人受理银行汇票依法审查无误后，应在出票金额以内，根据实际需要的款项办理结算，并将实际结算金额和多余金额填入银行汇票和解讫通知的有关栏内。未填明实际结算金额和多余金额或实际结算金额超过出票金额的，银行不予受理。银行汇票的实际结算金额不得更改，更改实际结算金额的银行汇票无效。

（2）持票人向银行提示付款时，必须同时提交银行汇票和解讫通知，缺少任何一联，银行不予受理。

（3）持票人超过提示付款期限向代理付款银行提示付款不获付款的，必须在票据权利时效内向出票银行作出说明，并提供本人身份证件或单位证明，持银行汇票和解讫通知向出票银行请求付款。

五、银行本票

（一）银行本票的概念和适用范围

银行本票是出票人签发的、承诺自己在见票时无条件支付确定的金额给收款人或者持票人的票据。

单位和个人在同一票据交换区域需要支付的各种款项，均可以使用银行本票。银行本票可以用于转账，注明"现金"字样的银行本票可以用于支取现金。

（二）银行本票的记载事项

银行本票必须记载下列事项：

（1）表明"银行本票"的字样。

（2）无条件支付的承诺。

（3）确定的金额。

（4）收款人名称。

（5）出票日期。

（6）出票人签章。

欠缺上述六项内容之一的，银行本票无效。申请人或收款人为单位的，不得申请签发现金银行本票。

本票的任意记载事项与汇票的事项相同，目的均在于提高本票的信用和保证其流通的顺利进行。

（三）银行本票的提示付款期限

银行本票的提示付款期限自出票日起最长不得超过 2 个月。持票人超过付款期限提示付款的，代理付款人不予受理。本票的持票人未按照规定期限提示见票的，丧失对出票人以外的前手的追索权。

【拓展阅读】本票、汇票和支票的相同点和不同点

课后练习

一、单项选择题

1. 根据支付结算法律制度的规定，下列选项中，不属于支票的种类的是（   ）。

A. 现金支票   B. 转账支票   C. 划线支票   D. 普通支票

2. 根据支付结算法律制度的规定，下列关于支票提示付款的表述中，不正确的是（   ）。

A. 支票的提示付款期限为出票日起 10 天

B. 持票人持转账支票向付款人提示付款时，应在支票背面背书人签章栏签章

C. 持票人为个人的，提示付款时需交验本人身份证件，并在支票背面注明证件名称、号码及发证机关

D. 现金支票可以委托其开户银行收款

3. 根据支付结算法律制度的规定，下列表述中，正确的是（   ）。

A. 背书未记载背书日期，背书无效

B. 承兑未记载承兑日期，承兑无效

C. 保证未记载保证日期，保证无效

D. 出票人未记载出票日期，票据无效

4. 甲公司向乙公司签发一张纸质商业承兑汇票，完成承兑后下列关于该汇票办理票据信息登记的说法中，错误的是（   ）。

A. 甲公司开户银行应当根据乙公司委托代其进行承兑信息登记

B. 若承兑信息未能及时登记，乙公司有权要求甲公司补充登记承兑信息

C. 若该汇票票面信息与登记信息不一致的，以纸质票据票面信息为准

D. 若甲公司向乙公司签发的为电子商业承兑汇票，则其签发及承兑的信息，将通过电子商业汇票系统同步传送至票据市场基础设施

5. 根据票据法律制度的规定，下列关于商业汇票提示付款的表述中，不正确的是（   ）。

A. 商业承兑汇票承兑人在提示付款当日同意付款的，承兑人账户余额足够支付票款的，承兑人开户行应当代承兑人作出同意付款应答，并于提示付款日向持票人付款

B. 商业承兑汇票承兑人账户余额不足以支付票款的，则视同承兑人拒绝付款

C. 承兑人或者承兑人开户行在提示付款当日未作出应答的，视为同意付款

D. 承兑人存在合法抗辩事由拒绝付款的，应当在提示付款当日出具或者委托其开户行出具拒绝付款证明，并通过票据市场基础设施通知持票人

6. 根据支付结算法律制度的规定，下列关于商业汇票的表述中，不正确的是（   ）。

A. 商业承兑汇票属于商业汇票

B. 商业承兑汇票的承兑人是银行以外的付款人

C. 银行承兑汇票属于商业汇票

D. 银行承兑汇票属于银行汇票

7. 根据票据法律制度的规定，签发银行本票必须记载的事项不包括（   ）。

A. 收款人名称   B. 付款人名称   C. 出票日期   D. 确定的金额

8. 根据票据法律制度的规定，下列对银行汇票的表述中，不正确的是（   ）。

A. 未填明实际结算金额和多余金额或者实际结算金额超过出票金额的银行汇票，银行不予受理

B. 更改实际结算金额的银行汇票无效

C. 银行汇票的背书转让以出票金额为准

D. 未填写实际结算金额或者实际结算金额超过出票金额的银行汇票不得背书转让

9. 根据票据法律制度的规定，下列各项中，不可以行使追索权的情形是（   ）。

A. 汇票到期日前被拒绝付款的   B. 汇票到期日前被拒绝承兑的

C. 汇票到期被拒绝付款的   D. 汇票到期日前付款人被依法宣告破产的

10. 根据票据法律制度的规定，保证不得附有条件，附有条件的，其后果是（   ）。

A. 视为未保证   B. 保证无效

C. 保证人对所附条件承担责任   D. 不影响对票据的保证责任

11. 根据票据法律制度的规定，下列有关汇票背书的表述中，正确的是（   ）。

A. 背书日期为必要记载事项

B. 背书不得附有条件，背书时附有条件的，背书无效

C. 出票人在汇票上记载"不得转让"字样的，汇票不得转让

D. 委托收款背书的被背书人可以再以背书转让汇票权利

12. 根据支付结算法律制度的规定，下列票据当事人中，应在票据和粘单的粘接处签章

的是（　　）。

A. 粘单上第一手背书的背书人　　　　B. 票据上最后一手背书的背书人

C. 票据上第一手背书的背书人　　　　D. 粘单上第一手背书的被背书人

二、多项选择题

1. 甲公司向乙公司签发一张以乙公司为收款人的汇票，已经由丁公司承兑，乙公司将其背书转让给丙公司，丙公司向承兑人丁公司提示付款，但承兑人丁公司拒绝付款且未向丙公司出具拒绝证明。丙公司未能按期向前手出示拒绝证明，则可能发生的法律后果有（　　）。

A. 丙公司丧失对其前手的追索权

B. 丙公司并未丧失对其前手的追索权，但是因此而造成其前手的损失，丙公司应负赔偿责任

C. 承兑人丁公司仍应当对丙公司承担责任

D. 承兑人丁公司不再对丙公司承担责任，丙公司只能向出票人行使追索权

2. 2018 年 1 月 16 日甲公司向乙公司开具一张出票后 6 个月到期的商业汇票用于支付货款。2018 年 1 月 25 日，乙公司将该票据背书给丙公司，并注明"不得转让"，丙公司收到票据后便背书给丁公司用于结算货款。2018 年 1 月 31 日，丁公司向甲公司提示承兑，遭到拒绝。假定不考虑其他因素，则下列表述中，正确的有（　　）。

A. 丁公司可以向甲公司、乙公司和丙公司进行追索

B. 丁公司向甲公司行使追索权的有效期截至 2020 年 7 月 16 日

C. 丁公司向丙公司行使追索权的内容包括票面金额、利息、拒绝证明和发出通知书的费用

D. 若 1 月 31 日丙公司对丁公司进行清偿，则丙公司对乙公司的再追索权的有效期截至 2018 年 4 月 30 日

3. 根据支付结算法律制度的规定，下列说法正确的有（　　）。

A. 委托收款以银行以外的单位为付款人的，委托收款凭证必须记载付款人开户银行名称

B. 委托收款以银行以外的单位为付款人的，委托收款凭证必须记载收款人开户银行名称

C. 委托收款以银行以外的单位为收款人的，委托收款凭证必须记载付款人开户银行名称

D. 委托收款以银行以外的单位为收款人的，委托收款凭证必须记载收款人开户银行名称

4. 根据支付结算法律制度的规定，下列选项中，表述正确的有（　　）。

A. 支票的收款人名称，可以由出票人授权补记，未补记前不得背书转让和提示付款

B. 支票的金额可以由出票人授权补记，未补记前不得背书转让和提示付款

C. 支票上未记载出票地的，出票人的营业场所、住所或者经常居住地为出票地

D. 支票上未记载付款地的，付款人的营业场所为付款地

5. 根据支付结算法律制度的规定，收款人受理银行本票时，应审查的事项有（　　）。

A. 收款人是否确为本单位或本人

B. 银行本票是否在提示付款期限内

C. 出票人签章是否符合规定，大小写出票金额是否一致

D. 出票金额、出票日期、收款人名称是否更改，更改的其他记载事项是否由原记载人签章证明

6. 根据票据法律制度的规定，下列各项中，属于保证人必须在票据或者粘单上记载的事项有（　　　）。

A. 表明"保证"的字样　　　　　B. 被保证人的名称

C. 保证日期　　　　　　　　　　D. 保证人签章

7. 根据票据法律制度的规定，下列关于商业汇票提示承兑期限的表述中，符合法律规定的有（　　　）。

A. 商业汇票的提示承兑期限，为自汇票到期日起 10 日内

B. 定日付款的商业汇票，持票人应该在汇票到期日前提示承兑

C. 出票后定期付款的商业汇票，提示承兑期限为自出票日起 1 个月内

D. 见票后定期付款的商业汇票，持票人应该自出票日起 1 个月内提示承兑

8. 商业承兑汇票的出票人使用商业汇票应满足的条件包括（　　　）。

A. 必须是在银行开立存款账户的法人以及其他组织

B. 出票人与付款人具有真实的委托付款关系

C. 出票人的银行账户必须具有足额的资金，以保证票据到期时能够支付汇票金额

D. 使用商业承兑汇票的企业之间必须具有真实的交易关系或债权债务关系

三、判断题

1. 现金支票的持票人可以委托开户银行收款或直接向付款人提示付款。（　　）

2. 单位和个人在异地支付各种款项结算，不可以使用支票。（　　）

3. 银行承兑汇票的出票人于汇票到期日未能足额交存票款的，承兑银行可以向持票人拒绝付款。（　　）

4. 甲公司从乙公司处购买一批原材料，为支付货款，向乙公司签发一张 3 个月后到期的银行承兑汇票，票据到期的第二天，乙公司持该汇票向承兑人提示付款，承兑人以甲公司账户余额不足为由拒绝付款，承兑人拒绝付款的做法符合法律规定。（　　）

5. 承兑是指汇票付款人在汇票到期日支付汇票金额并签章的行为。承兑仅适用于商业汇票。（　　）

6. 相对记载事项是指除了必须记载事项外，《票据法》规定的其他应记载的事项。这些事项如果未记载，由法律另作相应规定予以明确，并不影响票据的效力。（　　）

7. 在票据丧失后，可以不进行挂失止付，但必须进行公示催告程序，若直接针对该票据的承兑人或出票人提起普通诉讼法院不予受理。（　　）

8. 甲公司签发一张支票给乙公司，乙公司将其背书转让给丁公司，保证人为丙公司，则可以行使付款请求权的为乙公司和丁公司。（　　）

9. 票据中的付款人是指票据的出票人。（　　）

项目四　银行卡

一、银行卡的概念和分类

（一）银行卡的概念

银行卡是指经批准由商业银行向社会发行的具有消费信用、转账结算、存取现金等全部或部分功能的信用支付工具。

（二）银行卡的分类

按不同标准，可以对银行卡进行不同的分类。

（1）按是否具有透支功能分为信用卡和借记卡，前者可以透支，后者不具备透支功能。信用卡按是否向发卡银行交存备用金分为贷记卡、准贷记卡两类。贷记卡是指发卡银行给予持卡人一定的信用额度，持卡人可在信用额度内先消费、后还款的信用卡。准贷记卡是指持卡人须先按发卡银行要求交存一定金额的备用金，当备用金账户余额不足支付时，可在发卡银行规定的信用额度内透支的信用卡。借记卡的主要功能包括消费、存取款、转账、代收付、外汇买卖、投资理财、网上支付等，按功能不同分为转账卡（含储蓄卡）、专用卡和储值卡。转账卡是实时扣账的借记卡，具有转账结算、存取现金和消费功能。专用卡是具有专门用途、在特定区域使用的借记卡，具有转账结算、存取现金功能。"专门用途"是指在百货、餐饮、饭店、娱乐行业以外的用途。储值卡是发卡银行根据持卡人要求将其资金转至卡内储存，交易时直接从卡内扣款的预付钱包式借记卡。

联名（认同）卡是商业银行与营利性机构/非营利性机构合作发行的银行卡附属产品，其所依附的银行卡品种必须是经批准的品种，并应当遵守相应品种的业务章程或管理办法。发卡银行和联名单位应当为联名卡持卡人在联名单位用卡提供一定比例的折扣优惠或特殊服务。

（2）按币种不同分为人民币卡、外币卡。外币卡是持卡人与发卡银行以人民币以外的货币作为清算货币的银行卡。目前国内商户可受理维萨（VISA）、万事达（Master – Card）、美国运通（American Express）、大来（Diners Club）等外币卡。

（3）按发行对象不同分为单位卡、个人卡。

（4）按信息载体不同分为磁条卡、芯片（IC）卡。

二、银行卡账户和交易

（一）银行卡申领、注销和丧失

申领信用卡，应按规定填制申请表，连同有关资料一并送交发卡银行。发卡银行可根据申请人的资信程度，要求其提供担保。担保的方式可采用保证、抵押或质押。银行卡及其账户只限经发卡银行批准的持卡人本人使用，不得出租和转借。

个人贷记卡申请的基本条件如下：

（1）年满 18 周岁，有固定职业和稳定收入，工作单位和户口在常住地的城乡居民。

（2）填写申请表，并在持卡人处亲笔签字。

（3）向发卡银行提供本人及附属卡持卡人、担保人的身份证复印件；外地、境外人员及现役军官以个人名义领卡应出具当地公安部门签发的临时户口或有关部门开具的证明，并须提供具备担保条件的担保单位或有当地户口、在当地工作的担保人。

持卡人在还清全部交易款项、透支本息和有关费用后，可申请办理销户。对于持卡人因死亡等而需办理的注销和清户，应按照《民法典》和《中华人民共和国公证法》等法规办理。发卡行受理注销申请之日起 45 日后，被注销信用卡账户方能清户。

持卡人丧失银行卡，应立即持本人身份证件或其他有效证明，并按规定提供有关情况，向发卡银行或代办银行申请挂失，发卡银行或代办银行审核后办理挂失手续。

（二）银行卡交易的基本规定

1. 信用卡预借现金业务

包括现金提取、现金转账和现金充值。现金提取是指持卡人通过柜面和自动柜员机等自助机具，以现钞形式获得信用卡预借现金额度内资金；现金转账是指持卡人将信用卡预借现金额度内资金划转到本人银行结算账户；现金充值是指持卡人将信用卡预借现金额度内资金划转到本人在非银行支付机构开立的支付账户。信用卡持卡人通过 ATM 机等自助机具办理现金提取业务，每卡每日累计不得超过人民币 1 万元；持卡人通过柜面办理现金提取业务，通过各类渠道办理现金转账业务的每卡每日限额，由发卡机构与持卡人通过协议约定；发卡机构可自主确定是否提供现金充值服务，并与持卡人协议约定每卡每日限额。发卡机构不得将持卡人信用卡预借现金额度内资金划转至其他信用卡，以及非持卡人的银行结算账户或支付账户。发卡银行应当对借记卡持卡人在 ATM 机等自助机具取款设定交易上限，每卡每日累计提款不得超过 2 万元。储值卡的面值或卡内币值不得超过 1 000 元。

2. 贷记卡持卡人的待遇

贷记卡持卡人非现金交易可享受免息还款期和最低还款额待遇，银行记账日到发卡银行规定的到期还款日之间为免息还款期，持卡人在到期还款日前偿还所使用全部银行款项有困难的，可按照发卡银行规定的最低还款额还款。持卡人透支消费享受免息还款期和最低还款额待遇的条件和标准等，由发卡机构自主确定。

3. 发卡银行追偿的途径

发卡银行通过下列途径追偿透支款项和诈骗款项：扣减持卡人保证金；依法处理抵押物和质物；向保证人追索透支款项；通过司法机关的诉讼程序进行追偿。

三、银行卡计息与收费

发卡银行对准贷记卡及借记卡（不含储值卡）账户内的存款，按照中国人民银行规定的同期同档次存款利率及计息办法计付利息。信用卡透支的计结息方式，以及对信用卡溢缴款是否计付利息及其利率标准，由发卡机构自主确定。自 2021 年 1 月 1 日起，信用卡透支利率由发卡机构与持卡人自主协商确定，取消信用卡透支利率上限和下限管理。

发卡机构应在信用卡协议中以显著方式提示信用卡利率标准和计结息方式、免息还款期和最低还款额待遇的条件和标准，以及向持卡人收取违约金的详细情形和收取标准等与持卡人有重大利害关系的事项，确保持卡人充分知悉并确认接受。其中，对于信用卡利率标准，应注明日利率和年利率。发卡机构调整信用卡利率的，应至少提前45个自然日按照约定方式通知持卡人。持卡人有权在新利率标准生效之日前选择销户，并按照已签订的协议偿还相关款项。

取消信用卡滞纳金，对于持卡人违约逾期未还款的行为，发卡机构应与持卡人通过协议约定是否收取违约金，以及相关收取方式和标准。发卡机构向持卡人提供超过授信额度用卡的，不得收取超限费。

发卡机构对向持卡人收取的违约金和年费、取现手续费、货币兑换费等服务费用不得计收利息。

四、银行卡收单

（一）银行卡收单业务概念

银行卡收单业务，是指收单机构与特约商户签订银行卡受理协议，在特约商户按约定受理银行卡并与持卡人达成交易后，为特约商户提供交易资金结算服务的行为。通俗地讲，就是持卡人在银行签约商户那里刷卡消费，银行将持卡人刷卡消费的资金在规定周期内结算给商户，并从中扣取一定比例的手续费。

银行卡收单机构，包括从事银行卡收单业务的银行业金融机构，获得银行卡收单业务许可、为实体特约商户提供银行卡受理并完成资金结算服务的支付机构，以及获得网络支付业务许可、为网络特约商户提供银行卡受理并完成资金结算服务的支付机构。

特约商户，是指与收单机构签订银行卡受理协议、按约定受理银行卡并委托收单机构为其完成交易资金结算的企事业单位、个体工商户或其他组织，以及按照国家市场监督管理机构有关规定，开展网络商品交易等经营活动的自然人。实体特约商户，是指通过实体经营场所提供商品或服务的特约商户。网络特约商户，是指基于公共网络信息系统提供商品或服务的特约商户。

（二）银行卡收单业务管理规定

1. 特约商户管理

收单机构拓展特约商户，应遵循"了解你的客户"原则，对特约商户实行实名制管理。收单机构应严格审核特约商户的营业执照等证明文件，以及法定代表人或负责人有效身份证件等申请材料。特约商户为自然人的，收单机构应当审核其有效身份证件。特约商户使用单位银行结算账户作为收单银行结算账户的，收单机构还应当审核其合法拥有该账户的证明文件。

收单机构应当与特约商户签订银行卡受理协议，就可受理的银行卡种类、开通的交易类型、收单银行结算账户的设置和变更、资金结算周期、结算手续费标准、差错和纠纷处置等事项，明确双方的权利、义务和违约责任。特约商户的收单银行结算账户应当为其同名单位银行结算账户，或其指定的、与其存在合法资金管理关系的单位银行结算账户。特约商户为个体工商户或自然人的，可使用其同名个人银行结算账户作为收单银行结算账户。

收单机构应当对实体特约商户收单业务进行本地化经营和管理，通过在特约商户及其分支机构所在省（自治区、直辖市）域内的收单机构或其分支机构提供收单服务，不得跨省（自治区、直辖市）域开展收单业务。对于连锁式经营或集团化管理的特约商户，收单机构或经其授权的特约商户所在地的分支机构可与特约商户签订总对总银行卡受理协议，并严格落实本地化服务和管理责任。

2. 业务与风险管理

收单机构应当强化业务和风险管理措施，建立特约商户检查制度、资金结算风险管理制度、收单交易风险监测系统以及特约商户收单银行结算账户设置和变更审核制度等。对实体特约商户、网络特约商户分别进行风险评级，对于风险等级较高的特约商户，收单机构应当对其开通的受理卡种和交易类型进行限制，并采取强化交易监测、设置交易限额、延迟结算、增加检查频率、建立特约商户风险准备金等措施。收单机构应按协议约定及时将交易资金结算到特约商户的收单银行结算账户，资金结算时限最迟不得超过持卡人确认可直接向特约商户付款的支付指令生效之日起 30 个自然日，因涉嫌违法违规等风险交易需延迟结算的除外。收单机构应当根据交易发生时的原交易信息发起银行卡交易差错处理、退货交易，将资金退至持卡人原银行卡账户。若持卡人原银行卡账户已撤销的，应当退至持卡人指定的本人其他银行账户。

收单机构发现特约商户发生疑似银行卡套现、洗钱、欺诈、移机、留存或泄露持卡人账户信息等风险事件的，应当对特约商户采取延迟资金结算、暂停银行卡交易或收回受理终端（关闭网络支付接口）等措施，并承担因未采取措施导致的风险损失责任；涉嫌违法犯罪活动的，应当及时向公安机关报案。

（三）结算收费

收单机构向商户收取的收单服务费实行市场调节价，由收单机构与商户协商确定具体费率。发卡机构收取的发卡行服务费不区分商户类别，实行政府指导价、上限管理，费率为：借记卡交易不超过交易金额的 0.35%，单笔收费金额不超过 13 元，贷记卡交易不超过交易金额的 0.45%，不实行单笔收费封顶控制。银行卡清算机构收取的网络服务费不区分商户类别，实行政府指导价、上限管理，分别向收单、发卡机构计收，费率为：不超过交易金额的 0.065%，由发卡、收单机构各承担 50%（即分别向发卡、收单机构计收的费率均不超过交易金额的 0.032 5%）。对非营利性的医疗机构、教育机构、社会福利机构、养老机构、慈善机构刷卡交易，实行发卡行服务费、网络服务费全额减免。

课后练习

一、单项选择题

1. 银行卡分为信用卡和借记卡是按（　　）分类的。

A. 使用对象　　　　　B. 授信额度　　　　　C. 币种　　　　　　　D. 信息载体

2. 同一持卡人单笔透支发生额个人卡不得超过（　　　）（含等值外币）。

A. 1 万元　　　　　　B. 2 万元　　　　　　C. 3 万元　　　　　　D. 4 万元

3. 银行记账日至发卡行规定的到期还款日之间为免息还款期，最长为（　　　）。

A. 30 天　　　　　　B. 60 天　　　　　　C. 90 天　　　　　　D. 180 天

4. 发卡银行给予持卡人一定信用额度，持卡人可以在信用额度内先消费、后还款的信用卡称为（　　　）。

A. 借记卡　　　　　　B. 贷记卡　　　　　　C. 准贷记卡　　　　　D. 人民币卡

5. 贷记卡的首月最低还款额不得低于其当月透支余额的（　　　）。

A. 10%　　　　　　　B. 15%　　　　　　　C. 20%　　　　　　　D. 25%

二、多项选择题

1. 下列关于信用卡的说法，正确的有（　　　）。

A. 单位信用卡资金可以来源于销货款存入

B. 个人信用卡的资金可以来源于工资收入、劳务报酬所得等

C. 准贷记卡的透支期限最长不超过 60 天

D. 发卡银行对于贷记卡中的存款不计付利息

2. 银行卡按照是否给予持卡人授信额度分为（　　　）。

A. 信用卡　　　　　　B. 借记卡　　　　　　C. 准贷记卡　　　　　D. 双币种卡

3. 银行卡按信息载体不同分为（　　　）。

A. 信用卡　　　　　　B. 借记卡　　　　　　C. 磁条卡　　　　　　D. 芯片卡

4. 下列关于银行卡申请的说法，正确的有（　　　）。

A. 凡在中国境内金融机构开立基本存款账户的单位，可凭中国人民银行核发的开户许可证申领单位卡

B. 单位卡可申领若干张

C. 凡具有完全民事行为能力的公民，可凭本人有效身份证件及发卡银行规定的相关证明文件申领个人卡

D. 个人卡的附属卡最多不得超过两张

5. 有下列情形之一的，可申请办理销户的有（　　　）。

A. 信用卡有效期满 45 天后，持卡人不更换新卡的

B. 信用卡挂失满 45 天后，没有附属卡又不更换新卡的

C. 持卡人死亡，发卡银行已收回其信用卡 45 天的

D. 信用卡账户两年（含）以上未发生交易的

6. 发卡银行追偿透支款项和诈骗款项的途径有（　　　）。

A. 扣减持卡人保证金

B. 向保证人追索透支款项

C. 通过司法机关的诉讼程序进行追偿

D. 扣减保证金、依法处理持卡人抵押物和质押物

三、判断题

1. 单位卡在使用过程中，需要向其账户续存资金的，一律从其基本存款账户转账存入。

（　　）

2. 信用卡是指发卡银行向持卡人签发的、给予持卡人一定信用额度，持卡人可以在信用额度内先消费、后还款的银行卡。（　　）

3. 贷记卡是指持卡人必须先按照发卡银行要求交存一定金额备用金的信用卡。（　　）

4. 单位卡既可以转账，也可以支取现金。（　　）

5. 严禁将单位的款项存入个人卡账户。（　　）

项目五　银行电子支付

电子支付是指单位、个人通过计算机、手机等电子终端发出支付指令，依托网络系统以电子信息传递形式进行的货币支付与资金转移。电子支付服务的主要提供方有银行和支付机构，银行的电子支付方式主要有网上银行、手机银行和条码支付等，支付机构的电子支付方式主要有网络支付、条码支付等。本项目主要介绍银行的电子支付。

一、网上银行

（一）网上银行的概念

网上银行（Internet Bank or E – Bank），包含两个层次的含义：一个是机构概念，是指通过信息网络开办业务的银行；另一个是业务概念，是指银行通过信息网络提供的金融服务，包括传统银行业务和因信息技术应用带来的新兴业务。在日常生活和工作中，我们提及网上银行，更多是第二层次的概念，即网上银行服务的概念。

【拓展阅读】

（二）网上银行的分类

按照不同的标准，网上银行可以分为不同的类型。

1. 按主要服务对象分类

按主要服务对象分为企业网上银行和个人网上银行。企业网上银行主要适用于企事业单位，企事业单位可以通过企业网上银行适时了解财务运作情况，及时调度资金，轻松处理大批量的网络支付和工资发放业务。个人网上银行主要适用于个人与家庭，个人可以通过个人网络银行实现实时查询、转账、网络支付和汇款功能。

2. 按经营组织分类

按经营组织分为分支型网上银行和纯网上银行。分支型网上银行是指现有的传统银行利用互联网作为新的服务手段，建立银行站点，提供在线服务而设立的网上银行。网上银行的本身就是一家银行，是专门为提供在线银行服务而成立的，因而也被称为只有一个站点的银行。

（三）网上银行的主要功能

目前，网上银行利用 Internet 和 HTML 技术，能够为客户提供综合、统一、安全、实时的银行服务，包括提供对私、对公的全方位银行业务，还可以为客户提供跨国的支付与清算等其他贸易和非贸易的银行业务服务。

1. 企业网上银行子系统的主要功能

企业网上银行子系统目前能够支持所有的对公企业客户，能够为客户提供网上账务信息服务、资金划拨、网上 B2B（Business to Business）支付和批量支付等服务，使集团公司总部能对其分支机构的财务活动进行实时监控，随时获得其账户的动态情况，同时还能为客户提供 B2B 网上支付服务。其主要业务功能包括：

（1）账户信息查询。能够为企业客户提供账户信息的网上在线查询、网上下载和电子邮件发送服务信息等服务，包括账户的余额、交易明细等。

（2）支付指令。能够为客户提供集团、企业内部各分支机构之间的账务往来，同时也能提供集团、企业之间的账务往来，并且支持集团、企业向他行账户进行付款。

（3）B2B 网上支付服务。B2B 是指企业与企业之间进行的电子商务活动。B2B 网上支付能够为企业提供网上 B2B 支付平台。

（4）批量支付服务。能够为企业客户提供批量付款（包括同城、异地及跨行转账业务）、代发工资、一付多收等批量支付功能。企业客户负责按银行要求的格式生成数据文件，通过安全通道传送给银行，银行负责系统安全及业务处理，并将处理结果反馈给客户。

2. 个人网上银行子系统的主要功能

个人网上银行子系统主要提供银行卡、本外币活期一本通客户账务管理、信息管理、网上支付等功能，是网上银行对个人客户服务的窗口。其具体业务功能包括以下方面：

（1）账户信息查询。系统为客户提供信息查询功能，能够查询银行卡的人民币余额和活期一本通的不同币种的钞、汇余额；提供银行卡在一定时间段内的历史明细数据查询；查询使用银行卡进行网上支付后的支付记录。

（2）人民币转账业务。系统能够提供个人客户本人账户之间以及与他人账户之间的卡卡转账服务。系统在转账功能上严格控制了单笔转账最大限额和当日转账最大限额，使客户的资金安全有一定的保障。

（3）银证转账业务。银行卡客户在网上能够进行银证转账，可以实现银转证、证转银、查询证券资金余额等功能。

（4）外汇买卖业务。客户通过网上银行系统能够进行外汇买卖，主要可以实现外汇即时买卖、外汇委托买卖、查询委托明细、查询外汇买卖历史明细、撤销委托等功能。

（5）账户管理业务。系统提供客户对本人网上银行各种权限功能、客户信息的管理以及账户的挂失。

（6）B2C（Business to Customer）网上支付。B2C 是指企业与消费者之间进行的在线式零售商业活动（包括网上购物和网上拍卖等）。个人客户在申请开通网上支付功能后，能够使用本人的银行卡进行网上购物后的电子支付。通过账户管理功能，客户还能够随时选择使用哪一张银行卡来进行网上支付。

二、条码支付

（一）条码支付的概念

条码支付业务是指银行、支付机构应用条码技术，实现收付款人之间货币资金转移的业务活动。条码支付业务包括付款扫码和收款扫码。付款扫码是指付款人通过移动终端识读收款人展示的条码完成支付的行为。收款扫码是指收款人通过识读付款人移动终端展示的条码完成支付的行为。其中，支付机构向客户提供基于条码技术付款服务的，应当取得网络支付业务许可；支付机构为实体特约商户和网络特约商户提供条码支付收单服务的，应当分别取得银行卡收单业务许可和网络支付业务许可。

【拓展阅读】

（二）条码支付的交易验证及限额

条码支付业务可以组合选用下列三种要素进行交易验证：一是仅客户本人知悉的要素，如静态密码等；二是仅客户本人持有并特有的，不可复制或者不可重复利用的要素，如经过安全认证的数字证书、电子签名，以及通过安全渠道生成和传输的一次性密码等；三是客户本人生物特征要素，如指纹等。

根据交易验证方式和风险防范能力的不同，条码支付有四种限额要求：一是风险防范能力达到 A 级，即采用包括数字证书或电子签名在内的两类（含）以上有效要素对交易进行验证的，银行、支付机构可与客户通过协议自主约定单日累计限额；二是风险防范能力达到 B 级，即采用不包括数字证书、电子签名在内的两类（含）以上有效要素对交易进行验证的，同一客户单个银行账户或所有支付账户单日累计交易金额应不超过 5 000 元；三是风险防范能力达到 C 级，即采用不足两类要素对交易进行验证的，同一客户单个银行账户或所有支付账户单日累计交易金额应不超过 1 000 元；四是风险防范能力达到 D 级，即使用静态条码的，同一客户单个银行账户或所有支付账户单日累计交易金额应不超过 500 元。

银行、支付机构提供收款扫码服务的，应使用动态条码。设置条码有效期、使用次数等方式，防止条码被重复使用导致重复扣款，确保条码真实有效。

（三）商户管理

银行、支付机构拓展条码支付特约商户，应遵循"了解你的客户"原则，确保所拓展的是依法设立、合法经营的特约商户。银行、支付机构拓展特约商户应落实实名制规定，严格审核特约商户的营业执照等证明文件，以及法定代表人或负责人的有效身份证件等申请材料，确认申请材料的真实性、完整性、有效性，并留存申请材料的影印件或复印件。

对依据法律法规和相关监管规定免于办理工商注册登记的实体特约商户（小微商户），在遵循"了解你的客户"原则的前提下可以通过审核商户主要负责人身份证明文件和辅助证明材料，为其提供条码支付收单服务。辅助证明材料包括但不限于营业场所租赁协议或者产权证明、集中经营场所管理方出具的证明文件等能够反映小微商户真实、合法从事商品或服务交易活动的材料。以同一个身份证件在同一家银行、支付机构办理的全部小微商户，基于信用卡的条码支付收款金额日累计不超过 1 000 元、月累计不超过 1 万元。

课后练习

一、单项选择题

1. 下列项目中，不属于企业网上银行子系统的主要功能的是（　　）。

A. 账户信息查询　　　B. 支付指令　　　　　C. B2C 网上支付　　　D. 批量支付

2. 根据支付结算法律制度的规定，下列关于网上银行的表述中，不正确的是（　　）

A. 企业网上银行支持所有的对公企业客户

B. B2C 是指企业与企业之间进行的电子商务活动

C. 纯网上银行是只有一个站点的银行

D. 个人网上银行子系统的功能包括银证转账业务

3. 根据支付结算法律制度的规定，下列不属于企业网上银行子系统主要业务功能的是（　　）。

A. 账户信息查询　　　B. 支付指令　　　　　C. B2C 网上支付　　　D. 批量支付

二、多项选择题

1. 根据支付结算法律制度的规定，个人网上银行的具体业务功能包括（　　）。

A. 账户信息查询　　　　　　　　　　B. 人民币转账业务

C. 批量支付业务　　　　　　　　　　D. B2B 网上支付

2. 根据支付结算法律制度的规定，企业网上银行子系统的主要功能包括（　　）。

A. 账户信息查询　　B. 支付指令　　　C. B2B 网上支付　　D. 批量支付

三、判断题

1. 企业网上银行子系统和个人网上子系统都可以进行账户信息查询。　　　　（　　）

2. 客户开通网上银行必须前往银行柜台办理。　　　　　　　　　　　　　（　　）

3. 条码支付业务是指银行、支付机构应用条码技术，实现收付款人之间货币资金转移的业务活动。　　　　　　　　　　　　　　　　　　　　　　　　　　　（　　）

4. 银行、支付机构提供收款扫码服务的，应使用动态条码，设置条码有效期、使用次数等。　　　　　　　　　　　　　　　　　　　　　　　　　　　　　　（　　）

5. 以同一个身份证件在同一家银行、支付机构办理的全部小微商户，基于信用卡的条码支付收款金额日累计不超过 1 000 元、月累计不超过 1 万元。　　　　　（　　）

项目六　其他结算方式

一、汇兑

（一）汇兑的概念和种类

汇兑是汇款人委托银行将其款项支付给收款人的结算方式。汇兑分为信汇、电汇两种，单位和个人的各种款项的结算，均可使用汇兑结算方式。

（二）办理汇兑的程序

1. 签发汇兑凭证

签发汇兑凭证必须记载下列事项：表明"信汇"或"电汇"的字样；无条件支付的委托；确定的金额；收款人名称；汇款人名称；汇入地点、汇入行名称；汇出地点、汇出行名称；委托日期；汇款人签章。汇兑凭证记载的汇款人、收款人在银行开立存款账户的，必须记载其账号。

2. 银行受理

汇出银行受理汇款人签发的汇兑凭证，经审查无误后，应及时向汇入银行办理汇款，并向汇款人签发汇款回单。汇款回单只能作为汇出银行受理汇款的依据，不能作为该笔汇款已转入收款人账户的证明。

3. 汇入处理

汇入银行对开立存款账户的收款人，应将汇入的款项直接转入收款人账户，并向其发出收账通知。收账通知是银行将款项确已收入收款人账户的凭据。

（三）汇兑的撤销

汇款人对汇出银行尚未汇出的款项可以申请撤销。申请撤销时，应出具正式函件或本人身份证件及原信、电汇回单。

二、委托收款

（一）委托收款的概念和适用范围

委托收款是收款人委托银行向付款人收取款项的结算方式。单位和个人凭已承兑的商业汇票、债券、存单等付款人债务证明办理款项的结算，均可以使用委托收款结算方式。委托收款在同城、异地均可以使用。

（二）办理委托收款的程序

1. 签发委托收款凭证

签发委托收款凭证必须记载下列事项：表明"委托收款"的字样；确定的金额；付款人名称；收款人名称；委托收款凭据名称及附寄单证张数；委托日期；收款人签章。欠缺记载上列事项之一的，银行不予受理。

委托收款以银行以外的单位为付款人的，委托收款凭证必须记载付款人开户银行名称；以银行以外的单位或在银行开立存款账户的个人为收款人的，委托收款凭证必须记载收款人开户银行名称；未在银行开立存款账户的个人为收款人的，委托收款凭证必须记载被委托银行名称。欠缺记载的，银行不予受理。

2. 委托

收款人办理委托收款应向银行提交委托收款凭证和有关的债务证明。

3. 付款

银行接到寄来的委托收款凭证及债务证明，审查无误后办理付款。

（1）以银行为付款人的，银行应当在当日将款项主动支付给收款人。

（2）以单位为付款人的，银行应及时通知付款人，需要将有关债务证明交给付款人的应交给付款人。付款人应于接到通知的当日书面通知银行付款。付款人未在接到通知日的次日起3日内通知银行付款的，视同付款人同意付款，银行应于付款人接到通知日的次日起第4日上午开始营业时，将款项划给收款人。银行在办理划款时，付款人存款账户不足支付的，应通过被委托银行向收款人发出未付款项通知书。

（3）拒绝付款。付款人审查有关债务证明后，对收款人委托收取的款项需要拒绝付款的，可以办理拒绝付款。以银行为付款人的，应自收到委托收款及债务证明的次日起3日内出具拒绝证明，连同有关债务证明、凭证寄给被委托银行，转交收款人；以单位为付款人的，应在付款人接到通知日的次日起3日内出具拒绝证明，持有债务证明的，应将其送交开户银行。银行将拒绝证明、债务证明和有关凭证一并寄给被委托银行，转交收款人。

课后练习

一、单项选择题

1. 下列关于汇兑的表述中，不符合法律规定的是（　　　）。

A. 单位和个人各种款项的结算，均可使用汇兑结算方式

B. 汇款回单作为该笔汇款已转入收款人账户的证明

C. 汇款人对汇出银行尚未汇出的款项可以申请撤销

D. 汇兑分为信汇、电汇两种

2. 采用汇兑结算方式，经过（　　　）无法交付的汇款，汇入银行应主动办理退汇。

A. 1个月　　　　　　B. 2个月　　　　　　C. 3个月　　　　　　D. 4个月

二、多项选择题

1. 关于汇兑的下列表述中，符合法律制度规定的有（　　　）。

A. 单位和个人均可使用汇兑

B. 汇款人对汇出银行尚未汇出的款项可以申请撤销

C. 汇兑以收账通知为汇出银行受理汇款的依据

D. 汇兑以汇款回单为银行将款项确已收入收款人账户的凭据

2. 签发汇兑凭证必须记载的事项有（　　　）。

A. 无条件支付的委托　　　　　　　　B. 确定的金额

C. 汇入行名称　　　　　　　　　　　D. 汇出行名称

3. 汇款人对汇出银行尚未汇出的款项可以申请撤销。申请撤销时应提交的材料有（　　　）。

A. 本人身份证件　　B. 原信　　　　C. 电汇回单　　　　D. 正式函件

三、判断题

1. 单位和个人的各种款项的结算，均可使用汇兑结算方式。　　　　　　　（　　　）

2. 汇款回单能作为该笔汇款已转入收款人账户的证明。　　　　　　　　（　　　）

项目七　支付机构非现金支付业务

一、支付机构的概念和支付服务的种类

（一）支付机构的概念

支付机构是指依法取得支付业务许可证，在收付款人之间作为中介机构提供下列部分或全部货币资金转移服务的非金融机构。

（1）网络支付。

（2）预付卡的发行与受理。

（3）银行卡收单。

（4）中国人民银行确定的其他支付服务。

支付机构依法接受中国人民银行的监督管理。未经中国人民银行批准，任何非金融机构和个人不得从事或变相从事支付业务。

（二）支付服务的种类

1. 网络支付

网络支付是指依托公共网络或专用网络在收付款人之间转移货币资金的行为，包括货币汇兑、互联网支付、移动电话支付、固定电话支付、数字电视支付等。

2. 预付卡

预付卡是指以盈利为目的发行的、在发行机构之外购买商品或服务的预付价值，包括采

取磁条、芯片等技术以卡片、密码等形式发行的预付卡。

3. 银行卡收单

银行卡收单是指通过销售点（POS）终端等为银行卡特约商户代收货币资金的行为。支付机构的银行卡收单以及条码支付与银行相同，前文已有介绍，此处不再讲述。

二、网络支付

（一）网络支付的概念

网络支付是指收款人或付款人通过计算机、移动终端等电子设备，依托公共网络信息系统远程发起支付指令，且付款人电子设备不与收款人特定专属设备交互，由支付机构为收付款人提供货币资金转移服务的活动。

（二）网络支付机构

依法取得支付业务许可证，获准办理互联网支付、移动电话支付、固定电话支付、数字电视支付等网络支付业务的支付机构可以办理网络支付业务。支付机构应当遵循主要服务电子商务发展和为社会提供小额、快捷、便民小微支付服务的宗旨，基于客户的银行账户或者支付账户提供网络支付服务。

目前从事网络支付的支付机构主要有以下两类：

1. 金融型支付企业

金融型支付企业是独立第三方支付模式，其不负有担保功能，仅仅为用户提供支付产品和支付系统解决方案，侧重行业需求和开拓行业应用，是立足于企业端的金融型支付企业。

2. 互联网支付企业

互联网支付企业是依托于自有的电子商务网站并提供担保功能的第三方支付模式，以在线支付为主，是立足于个人消费者端的互联网型支付企业。

（三）支付账户

1. 支付账户的概念

支付账户，是指获得互联网支付业务许可的支付机构，根据客户的真实意愿为其开立的，用于记录预付交易资金余额、客户凭以发起支付指令、反映交易明细信息的电子簿记。支付账户不得透支，不得出借、出租、出售，不得利用支付账户从事或者协助他人从事非法活动。

2. 支付账户的开户要求

支付机构为客户开立支付账户的，应当对客户实行实名制管理，登记并采取有效措施验证客户身份基本信息，按规定核对有效身份证件并留存有效身份证件复印件或者影印件，建立客户唯一识别编码，并在与客户业务关系存续期间采取持续的身份识别措施，确保有效核实客户身份及其真实意愿，不得开立匿名、假名支付账户。支付机构在为单位和个人开立支付账户时，应当与单位和个人签订协议，约定支付账户与支付账户、支付账户与银行账户之间的日累计转账限额和笔数，超出限额和笔数的，不得再办理转账业务。

（四）网络支付的相关规定

1. 网络支付的交易验证及限额

根据交易验证方式和风险防范能力的不同，支付机构对个人客户使用支付账户余额付款的交易有三种限额要求：一是采用包括数字证书或电子签名在内的两类（含）以上有效要素进行验证的交易，单日累计限额由支付机构与客户通过协议自主约定；二是采用不包括数字证书、电子签名在内的两类（含）以上有效要素进行验证的交易，单个客户所有支付账户单日累计金额应不超过 5 000 元（不包括支付账户向客户本人同名银行账户转账）；三是采用不足两类有效要素进行验证的交易，单个客户所有支付账户单日累计金额应不超过 1 000 元（不包括支付账户向客户本人同名银行账户转账），且支付机构应当承诺无条件全额承担此类交易的风险损失赔付责任。

2. 业务与风险管理

支付机构向客户开户银行发送支付指令、扣划客户银行账户资金的，应当事先或在首笔交易时自主识别客户身份并分别取得客户和银行的协议授权，同意其向客户的银行账户发起支付指令扣划资金；银行应当事先或在首笔交易时自主识别客户身份并与客户直接签订授权协议，明确约定扣款适用范围和交易验证方式，设立与客户风险承受能力相匹配的单笔和单日累计交易限额，承诺无条件全额承担此类交易的风险损失先行赔付责任；除单笔金额不超过 200 元的小额支付业务，公共事业缴费、税费缴纳、信用卡还款等收款人固定并且定期发生的支付业务，支付机构不得代替银行进行交易验证。被人民银行评价为 A 类的支付机构可与银行通过协议自主约定由支付机构代替进行交易验证的情形。

支付机构应建立客户风险评级管理制度和机制以及交易风险管理制度和交易监测系统，动态调整客户风险评级及相关风险控制措施。

三、预付卡

（一）预付卡的概念和分类

预付卡是指发卡机构以特定载体和形式发行的、可在发卡机构之外购买商品或服务的预付价值。目前，市场上的预付卡有两类；一类是专营发卡机构发行，可跨地区、跨行业、跨法人使用的多用途预付卡；另一类是商业企业发行，只在本企业或同一品牌连锁商业企业购买商品、服务的单用途预付卡。单用途预付卡与多用途预付卡的监管要求不相同，单用途预付卡的发卡企业应在开展单用途预付卡业务之日起 30 日内在商务部门进行备案；多用途预付卡的发卡机构必须取得中国人民银行颁发的支付业务许可证，在核准地域范围内开展业务，人民银行对多用途预付卡备付金实行集中存管。本项目以下讲述的是多用途预付卡。

预付卡按是否记载持卡人身份信息分为记名预付卡和不记名预付卡。

（二）预付卡的相关规定

1. 预付卡的限额

预付卡以人民币计价，不具有透支功能。单张记名预付卡资金限额不得超过 5 000 元，单张不记名预付卡资金限额不得超过 1 000 元。

2. 预付卡的期限

预付卡的期限指预付卡卡面记载有效期限或有效期截止日。记名预付卡可挂失，可赎回，不得设置有效期；不记名预付卡不挂失，不赎回，另有规定的除外。不记名预付卡有效期不得少于 3 年。超过有效期尚有资金余额的预付卡，可通过延期、激活、换卡等方式继续使用。

3. 预付卡的办理

个人或单位购买记名预付卡或一次性购买不记名预付卡 1 万元以上的，应当使用实名并向发卡机构提供有效身份证件。发卡机构应当识别购卡人、单位经办人的身份，核对有效身份证件，登记身份基本信息，并留存有效身份证件的复印件或影印件。代理他人购买预付卡的，发卡机构应当采取合理方式确认代理关系，核对代理人和被代理人的有效身份证件，登记代理人和被代理人的身份基本信息，并留存代理人和被代理人的有效身份证件的复印件或影印件。使用实名购买预付卡的，发卡机构应当登记购卡人姓名或单位名称、单位经办人姓名、有效身份证件名称和号码、联系方式、购卡数量、购卡日期、购卡总金额、预付卡卡号及金额等信息。单位一次性购买预付卡 5 000 元以上，个人一次性购买预付卡 5 万元以上的，应当通过银行转账等非现金结算方式购买，不得使用现金。购卡人不得使用信用卡购买预付卡。

4. 预付卡的充值

预付卡只能通过现金或银行转账方式进行充值，不得使用信用卡为预付卡充值。一次性充值金额 5 000 元以上的，不得使用现金。单张预付卡充值后的资金余额不得超过规定限额。预付卡现金充值通过发卡机构网点进行，但单张预付卡同日累计现金充值在 200 元以下的，可通过自助充值终端、销售合作机构代理等方式充值。

5. 预付卡的使用

预付卡在发卡机构拓展、签约的特约商户中使用，不得用于或变相用于提取现金，不得用于购买、交换非本发卡机构发行的预付卡、单一行业卡及其他商业预付卡或向其充值，卡内资金不得向银行账户或向非本发卡机构开立的网络支付账户转移。

6. 预付卡的赎回

记名预付卡可在购卡 3 个月后办理赎回。赎回时，持卡人应当出示预付卡及持卡人和购卡人的有效身份证件。由他人代理赎回的，应当同时出示代理人和被代理人的有效身份证件。单位购买的记名预付卡，只能由单位办理赎回。

7. 预付卡的发卡机构

预付卡发卡机构必须是经中国人民银行核准，取得支付业务许可证的支付机构。

【案例分析】

课后练习

一、单项选择题

1. 支付机构可以为个人客户开立支付账户的类型不包括（　　　）。

A. Ⅰ类　　　　　　　B. Ⅱ类　　　　　　　C. Ⅲ类　　　　　　　D. Ⅳ类

2. 根据支付结算法律制度的规定，下列关于预付卡使用的表述中，正确的是（　　　）。

A. 可提取现金　　　　　　　　　　B. 可在签约的特约商户中使用

C. 可购买其他商业预付卡　　　　　D. 可将卡内资金向银行账户转移

3. 根据支付结算法律制度的规定，下列关于预付卡使用的表述中，正确的是（　　　）。

A. 可在发卡机构拓展、签约的特约商户中使用

B. 可用于提取现金

C. 可用于购买、交换非本发卡机构发行的预付卡

D. 卡内资金可向非本发卡机构开立的网络支付账户转移

4. 预付卡现金充值通过发卡机构网点进行，单张预付卡同日累计现金充值在一定金额以下的，可以通过自助充值终端、销售合作机构代理等方式充值。该金额为（　　　）。

A. 100 元　　　　　　B. 200 元　　　　　　C. 300 元　　　　　　D. 500 元

5. 根据支付结算法律制度的规定，下列关于预付卡的表述中，错误的是（　　　）。

A. 预付卡无透支功能

B. 单位一次性购买预付卡 1 000 元以上的，不能使用现金结算方式购买

C. 不能使用信用卡为预付卡充值

D. 不能使用信用卡购买预付卡

二、多项选择题

1. 赵某到发卡机构一次性购买 4 万元不记名预付卡，则下列说法中正确的有（　　　）。

A. 发卡机构应当要求赵某提供身份证件　　B. 赵某可以使用现金购买

C. 赵某可以使用信用卡购买　　　　　　　D. 赵某可以使用借记卡购买

2. 根据规定，下列有关预付卡的表述中，正确的有（　　　）。

A. 记名预付卡可挂失，可赎回，另有规定的除外，不得设置有效期

B. 一次性充值金额在 3 000 元以上的，不得使用现金

C. 单位购买的记名预付卡，只能由单位办理赎回

D. 超过有效期尚有资金余额的预付卡，可通过延期、激活、换卡等方式继续使用

三、判断题

1. 金融型支付企业负有担保功能。 （　　）

2. 银行办理支付结算，不得以任何理由拒绝付款。 （　　）

📖 教学目标

1. 知识目标

（1）掌握增值税征税范围的规定；增值税纳税人的划分及税率或征收率的相关规定；消费税的税目、征税范围、适用税率的相关规定；企业所得税纳税人的划分及税率的相关规定、应纳税所得额及应纳税额的计算；个人所得税纳税人身份的判定、应税项目及税率、个人所得税的综合征税及税收优惠相关政策。

（2）熟悉税收的概念、特征；消费税的概念、特点。

（3）了解税法要素、消费税税率、城市维护建设税、教育费附加。

2. 素养目标

（1）充分认识税收是实现中华民族伟大复兴中国梦的重要保障。

（2）树立纳税光荣、遵纪守法的价值观和人生观，做一个遵纪守法、依法纳税的好公民。

📓 先导案例

王某（中国公民），就职于 A 公司，2020 年全年收入如下：

（1）1 月 1 日起将位于市区的一套公寓按市价出租，收取租金 5 000 元，1 月因卫生间漏水发生修缮费用 1 200 元，已取得合法凭证。

（2）在另一家公司担任独立董事，3 月取得相关津贴 35 000 元。

（3）3 月取得国内 B 上市公司分配的红利 18 000 元。

（4）4 月取得上年年终奖 36 000 元，王某当月工资 8 000 元。

（5）5 月去国外进行技术交流，取得研究收入 12 000 元，专利转让收入 60 000 元，分别按收入来源国的税法规定缴纳了个税 1 800 元和 12 000 元。

思考：

1. 王某 1—2 月出租房屋应该缴纳多少个人所得税？

2. 王某 3 月取得的独立董事津贴应该缴纳多少个人所得税？

3. 王某 3 月取得的红利应该缴纳多少个人所得税？

4. 王某 4 月取得的年终奖应该缴纳多少个人所得税？

5. 王某 5 月在国外取得的收入应该缴纳多少个人所得税？

项目一　税收法律制度概述

一、税收与税收法律关系

（一）税收的概念

税收，是指以国家为主体，为实现国家职能，凭借政治权力，按照法定标准，无偿取得财政收入的一种特定分配形式。它体现了国家与纳税人在征税、纳税的利益分配上的一种特殊关系，是一定社会制度下的一种特定分配关系。

税收是政府收入的最重要来源，是一个具有特定含义的独立的经济概念，属于财政范畴。它是人类社会经济发展到一定历史阶段的产物。社会剩余产品和国家的存在是税收产生的基本前提。税收的定义可以从以下三点来理解：

（1）税收与国家存在直接联系，二者密不可分，是政府机器赖以生存并实现其职能的物质基础。

（2）税收是一个分配范畴，是国家参与并调节国民收入分配的一种手段，是国家财政收入的主要形式。

（3）税收是国家在征税过程中形成的一种特殊分配关系，即以国家为主体的分配关系，因而税收的性质取决于社会经济制度的性质。

（二）税收的特征

税收与其他财政收入形式相比，具有强制性、无偿性和固定性三个特征。这就是所谓的税收"三性"，它是税收本身所固有的。

1. 强制性

强制性是指国家以社会管理者的身份，凭借政权力量，通过颁布法律或法规，按照一定的征收标准进行强制征税。负有纳税义务的社会集团和社会成员，都必须遵守国家强制性的税收法律制度，依法纳税，否则就要受到法律制裁。

2. 无偿性

无偿性是指国家取得税收收入既不需偿还，也不需对纳税人付出任何对价。税收的无偿性特征，是与税收是国家凭借政治权力进行收入分配的本质相关联的，它既不是凭借财产所有权取得的收入，也不像商品交换那样，需要用使用价值的转换或提供特定服务取得收入。

国家凭借政治权力强制征收的税收，既不需要向纳税人直接偿还，也不需要付出任何形式的直接报酬。税收的无偿性特征是区别于其他财政收入形式的最本质的特征。它既不同于国有资产收入或利润上交，也不同于还本付息的国债，还区别于工商、交通等行政管理部门因服务社会而收取的各种形式的规费。税收的无偿性至关重要，体现了财政分配的本质，它是税收"三性"的核心。

3. 固定性

固定性是指国家征税以法律形式预先规定征税范围和征收比例，便于征纳双方共同遵守。税收的固定性既包括时间上的连续性，又包括征收比例的固定性。税收是按照国家法律制度规定的标准征收的，在征税之前就以法律形式将课税对象、征收比例或数额等公布于众，然后按事先公布的标准征收。课税对象、征收比例或数额等制定公布后，在一定时期内保持稳定不变，未经严格的立法程序，任何单位和个人对征税标准都不得随意变更或修改，因此，税收是一种固定的连续性收入。

（三）税收的作用

1. 税收具有资源配置的作用

这主要体现在为提供公共产品筹集资金，以及通过影响消费倾向改变社会的资源配置两个方面。从筹集公共产品的生产资金来看，主要目的在于协调公共产品和非公共产品的供给关系。每个纳税人都有权享受公共产品的利益，政府通过提供公共产品介入生产和消费之中，直接联系生产者和消费者。从影响部门间的资源配置来说，主要是通过税收影响个人收入水平，从而影响人们的消费倾向，进而影响投资需求来改变资源配置。

2. 税收具有收入再分配的作用

这一方面体现在通过税收征收，使市场机制下形成的高收入者多负担税收，低收入者少负担税收，从而使税后收入分配趋向公平；另一方面体现在通过税收支出、税收优惠，进而对国民收入进行再分配。

3. 税收具有稳定经济的作用

这体现在税收作为国家宏观经济调节工具的一种重要手段，在政府收入中具有重要份额，决定了对公共部门消费的影响，进而会影响总需求。税收在税目、税率、减免税等方面的规定，会直接影响投资行为，从而对总需求产生影响。这样就达到了调节社会生产、交换、分配和消费，促进社会经济健康发展的目的。

4. 税收具有维护国家政权的作用

国家政权是税收产生和存在的必要条件，而国家政权的存在又有赖于税收的存在。没有税收，国家机器就不可能有效运转。同时，税收分配不是按照等价原则和所有权原则分配的，而是凭借政治权力，对物质利益进行调节，从而达到巩固国家政权的政治目的。

（四）税收法律关系

税收法律关系是指税收法律制度所确认和调整的国家与纳税人之间、国家与国家之间以及各级政府之间在税收分配过程中形成的权利和义务关系。税收法律关系体现为国家征税与纳税人纳税的利益分配关系。总体上，税收法律关系与其他法律关系一样，也是由主体、客体和内容三个要素构成。这三个要素之间互相联系，形成统一的整体。

1. 税收法律关系主体

税收法律关系主体，是指税收法律关系中享有权利和承担义务的当事人，即税收法律关系的参加者，分为征税主体和纳税主体。

（1）征税主体。征税主体是指税收法律关系中享有征税权利的一方当事人，即税务行政执法机关，包括各级税务机关、海关等。

（2）纳税主体。纳税主体即税收法律关系中负有纳税义务的一方当事人，包括法人、自然人和其他组织。对这种权利主体的确定，我国采取属地兼属人原则，即在华的外国企业、组织、外籍人、无国籍人等，凡在中国境内有所得来源的，都是我国税收法律关系的纳税主体。

2. 税收法律关系客体

税收法律关系客体，是指税收法律关系主体双方的权利和义务所共同指向、影响和作用的客观对象。税收法律关系客体与征税对象较为接近，在许多情况下是重叠的，但有时二者又有所不同。税收法律关系的客体属于法学范畴，侧重于其所连接的征税主体与纳税主体之间权利义务的关系，不注重具体形态及数量关系，较为抽象；而征税对象属于经济学范畴，侧重于表明国家与纳税人之间物质利益转移的形式、数量关系及范围，较为具体。例如，流转税的法律关系客体是纳税人生产、经营的商品、货物或从事的劳务，而征税对象是其商品流转额或非商品流转额；财产税的法律关系客体是纳税人所有的某些财产，征税对象是这些财产的价值额。

3. 税收法律关系内容

税收法律关系内容，是指税收法律关系主体所享受的权利和应承担的义务，这是税收法律关系中最实质的内容，也是税法的灵魂。它具体规定了税收法律关系主体可以有什么行为，不可以有什么行为，如果违反了税法的规定，应该如何处罚等。

（1）征税主体的权利与义务。

税务机关享有依法行政和征收国家税款的权力。主要有：征税权；税务管理权；税法解释权；估税权；委托代征权；税收保全权；行政强制执行权；行政处罚权；税收检查权；税款追征权；代位权与撤销权；阻止欠税纳税人离境的权力；定期对纳税人欠缴税款情况予以公告的权力等。

税务机关的义务包括：依法办理税务登记、开具完税凭证的义务；保密的义务；宣传税法、无偿提供纳税咨询服务的义务；提供高质量纳税服务的义务；依法进行回避的义务；多征税款立即返还的义务；实施税收保全过程中的义务；出示税务检查证的义务；受理行政复议及应诉的义务等。

（2）纳税主体的权利与义务。

纳税主体的权利包括：知情权；保密权；陈述权与申辩权；控告检举权；延期申报请求权；延期纳税请求权；减税、免税、出口退税请求权；多缴税款申请退还权；取得凭证权；税务人员未出示税务检查证和税务通知书时拒绝检查权；个人及其所扶养家属维持生活必需的住房和用品不被扣押的权利；委托税务代理权；要求税务机关承担赔偿责任权；申请行政复议和提起行政诉讼权。

纳税主体的义务包括：按期办理税务登记的义务；依法设置账簿、正确使用凭证的义务；按期办理纳税申报的义务；按期缴纳或解缴税款的义务；滞纳税款须缴纳滞纳金的义务；接受税务检查的义务；向税务机关报告的义务；离境前结清税款的义务；申请行政复议前缴纳税款、滞纳金或提供担保的义务。

二、税收制度

税收制度简称税制，是指一个国家在其税收管辖权范围内调整税收分配的过程中，形成的权利义务关系的法律规范的总称。包括税收法律、法规和各类税务规章，是政府依法向纳税人征税的法律依据和工作准则。不同国家或地区以及同一国家或地区在不同历史时期，税收制度都是不相同的。

（一）税法的构成要素

税法的构成要素，是指构成税法所必需的基本条件，它是规范纳税双方权利与义务的法律规范的具体表现。税法的构成要素一般包括以下主要内容：

1. 总则

总则包括立法依据、立法目的、适用原则等。

2. 纳税义务人

纳税义务人简称"纳税人"，是指依法直接负有纳税义务的自然人、法人和其他组织。

【小资料】纳税人、负税人和
扣缴义务人的区别

3. 征税对象

征税对象又称课税对象，是纳税的客体，在实际工作中也笼统称之为征税范围。它是指税收法律关系中权利义务所指向的对象，即对什么征税。征税对象包括物或行为。不同的征税对象又是区别不同税种的重要标志。我国现行的实体税收法规中，都分别规定了征税对象。如增值税的征税对象是销售和进口动产、提供劳务和销售不动产等的增值额，资源税的征税对象是原油、天然气、煤炭、其他非金属矿原矿、有色金属原矿和盐等的增值额。

4. 税目

税目是税法中具体规定应当征税的项目，是征税对象的具体化。规定税目的目的有两个：一是为了明确征税的具体范围；二是为了对不同的征税项目加以区分，从而制定高低不同的税率。

【拓展阅读】税法中的税种分类

5. 税率

税率是指应纳税额与计税金额（或数量单位）之间的比例，它是计算税额的尺度。其中，计税金额是指征税对象的数量乘以计税价格的数额。税率的高低直接体现国家的政策要求，直接关系到国家财政收入的多少和纳税人的负担程度，是税收法律制度中的核心要素。

税率有名义税率与实际税率之分。名义税率是指税法规定的税率，是应纳税额与计税金额（或数量单位）的比例；实际税率是实际缴纳税额与实际计税金额（或数量单位）的比例。在实际征税时，由于计税依据等要素的变动和减免税等原因，名义税率与实际税率可能不一致。

我国现行税法规定的税率，如表4-1所示。

表4-1　我国现行税法规定的税率

税率名称	内　　容
比例税率	比例税率是指对同一征税对象，不论其数额大小，均按同一个比例征税的税率。税率本身是应纳税额与计税金额之间的比例
超额累进税率	将征税对象的数额划分为不同的部分，按不同的部分规定不同的税率，对每个等级分别计算税额
定额税率	又称固定税率，是指按征税对象的一定单位直接规定固定的税额，而不采取百分比的形式

6. 纳税环节

商品流转过程中，包括工业生产、农业生产、货物进出口、农产品采购或发运、商业批发、商业零售等在内的各个环节，具体被确定应当缴纳税款的环节，就是纳税环节。如现行的增值税实行多次课征制，从商品生产环节到商业零售环节，每一个环节都要就其增值额部分纳税。

7. 纳税期限

纳税期限是指纳税人的纳税义务发生后应依法缴纳税款的期限。规定纳税期限是为了保证国家财政收入的及时实现，也是税收强制性和固定性的体现。我国税法对不同税种根据不同的情况规定了各自的纳税期限。如企业所得税在月份或者季度终了后15日内预存，年度终了后5个月内汇算清缴，多退少补。

8. 纳税地点

纳税地点是指税法规定的纳税人缴纳税款的地点，如纳税人的户籍所在地、居住地、营业执照颁发地、生产经营所在地等。一般来说，这些地点接近或者一致，但也有不一致的情况，如在某地登记，而跨地区经营的情况。

9. 减免税

减免税是国家对某些纳税人和征税对象给予鼓励和照顾的一种特殊规定。减税是指对应征税款减少征收一部分。免税是对按规定应征收的税款全部免除。

减税和免税具体又分为两种情况：一种是税法直接规定的长期减免税项目；另一种是依法给予的一定期限内的减免税措施，期满之后仍应按规定纳税。制定这种特殊规定，是对按税制规定的税率征税时不能解决的具体问题而采取的一种补充措施，同时体现国家鼓励和支持某些行业或项目发展的税收政策，发挥税收调节经济的作用。我国现行的税收减免权限集中于国务院，任何地区、部门不得规定减免税项目。

减免税主要包括税基式减免、税率式减免和税额式减免。

10. 罚则

罚则是指对违反国家税法规定的行为人采取的处罚措施。

一般包括违法行为和因违法而应承担的法律责任两部分内容。这里的违法行为是指违反税法规定的行为，包括作为和不作为。这里的法律责任包括行政责任和刑事责任。纳税人和税务人员违反税法规定，都将依法承担法律责任。

11. 附则

附则一般都规定与该税法紧密相关的内容，如该税法的解释权、生效时间等。

（二）税法的地位和作用

税法是我国法律体系中的重要组成部分，其调整的税项涉及社会经济活动的各个方面，与国家的整体利益及单位和个人的直接利益有着密切的关系，并且在建立和发展我国社会主义市场经济体制中，国家通过制定、实施税法加强对国民经济的宏观调控，其地位和作用将越来越重要。

1. 税法是国家组织财政收入的法律保障

为了国家机器的正常运转以及促进国民经济的健康发展，必须筹集大量的资金，即组织国家财政收入。为了保证税收组织财政收入职能的发挥，必须通过制定税法，以法律的形式确定企业、单位和个人履行纳税义务的具体项目、数额和纳税程序，惩治偷逃税款的行为，防止税款流失，保证国家依法纳税，以及足额地取得税收收入。针对我国税费并存（政府收费）的宏观分配格局，今后一段时期，我国实施税制改革，一个重要的目的就是要逐步提高税收占国民生产总值的比重，以保障财政收入。

2. 税法是国家宏观调控经济的法律手段

我国建立和发展社会主义市场经济体制，一个重要的改革目标，就是国家从过去主要运用行政手段直接管理经济，向主要运用法律、经济的手段宏观调控经济转变。税法是以法律的形式确定国家与纳税人之间的利益分配关系，调节社会成员的收入水平，调整产业结构和社会资源的优化配置，使之符合国家的宏观政策。同时，以法律的平等原则，公平纳税人的税收负担，鼓励平等竞争，为市场经济的发展创造良好的条件

3. 税法对维护经济秩序有重要的作用

由于税法的贯彻执行，涉及从事生产经营活动的每个单位和个人，一切经营单位和个人通过办理税务登记、建账建制、纳税申报，以及各项经济活动都将纳入税法的规范制约和管理范围，较全面地反映出纳税人的生产经营情况。

4. 税法能有效地保护纳税人的合法权益

税法在确定税务机关征税权力和纳税人履行纳税义务的同时，相应规定了税务机关必尽的义务和纳税人享有的权利，如纳税人享有延期纳税权、申请减税免税权、多缴税款要求退还权、不服税务机关的处理决定申请复议或提起诉讼权等；税法还严格规定了对税务机关执法行为的监督制约制度，如进行税收征收管理必须按照法定的权限和程序行事，造成纳税人合法权益损失的要负赔偿责任等。

课后练习

一、单项选择题

1. 下列税法要素中，可以作为区别不同税种的重要标志的是（　　　）。

A. 税收优惠　　　　B. 纳税期限　　　　C. 征税对象　　　　D. 税率

2. 根据税收征收管理法律制度的规定，下列税款中，由海关代征的是（　　　）。

A. 在境内未设立机构、场所的非居民企业来源于境内的股息所得应缴纳的企业所得税

B. 提供研发服务，但在境内未设有经营机构的企业应缴纳的增值税

C. 进口货物的企业在进口环节应缴纳的增值税

D. 从境外取得所得的居民应缴纳的个人所得税

3. 根据税收法律制度的规定，下列说法中，正确的是（　　　）。

A. 税目是区分不同税种的主要标志

B. 税率是衡量税负轻重的重要标志

C. 纳税人就是履行纳税义务的法人

D. 征税对象是税收法律关系中征纳双方权利义务所指的物品

二、多项选择题

1. 下列关于减免税的表述中，正确的有（　　　）。

A. 减税是指从应征税额中减征部分税款

B. 免税是指对按规定应征收的税款全部免除

C. 起征点是指对征税对象达到一定数额才开始征税的界限

D. 免征额是指对征税对象总额中免予征税的数额

2. 纳税义务人可以是（　　　）。

A. 自然人　　　　　B. 法人　　　　　　C. 社会组织　　　　D. 企事业单位

3. 根据税收征收管理法律制度的规定，下列表述中，属于税收法律关系内容的有（　　　）。

A. 某税务局对增值税纳税人进口货物实行免税政策

B. 税务局免征企业的国债利息收入

C. 纳税人要根据法律规定向税务机关申报纳税

D. 税务机关定期向纳税人提供税务知识培训

4. 根据税收法律制度的规定，下列各项中，可以成为税收法律关系主体的有（　　　）。

A. 税务部门

B. 在我国境内有所得的外国企业

C. 海关部门

D. 在我国境内有所得的外籍个人

三、判断题

1. 我国的税收征收管理机关为税务局，海关只是代征，不属于税收征收管理机关。

（　　）

2. 起征点是指征税对象达到一定数额才开始征税的界限，征税对象的数额达到规定数额的，只对其超过部分的数额征税。

（　　）

3. 超率累进税率是按征税对象的某种递增比例划分为若干等级，按等级规定相应的递增税率，对每个等级分别计算税额。我国的土地增值税就是采用这种税率。

（　　）

项目二　增值税法律制度

增值税是对销售商品或者劳务过程中实现的增值额征收的一种税。增值税是我国现阶段税收收入规模最大的税种。

一、增值税纳税人和扣缴义务人

（一）纳税人

根据《增值税暂行条例》的规定，在中华人民共和国境内销售货物或者加工、修理修配劳务（以下简称"劳务"），销售服务、无形资产、不动产以及进口货物的单位和个人，为增值税的纳税人。

（二）纳税人的分类

根据纳税人的经营规模以及会计核算健全程度的不同，增值税的纳税人可划分为小规模纳税人和一般纳税人。

1. 小规模纳税人

增值税小规模纳税人标准为年应征增值税销售额 500 万元及以下。年应税销售额，是指纳税人在连续不超过 12 个月或 4 个季度的经营期内累计应征增值税销售额，包括纳税申报销售额、稽查查补销售额、纳税评估调整销售额。

小规模纳税人会计核算健全，能够提供准确税务资料的，可以向税务机关申请登记为一般纳税人，不再作为小规模纳税人。会计核算健全，是指能够按照国家统一的会计制度规定设置账簿，根据合法、有效凭证核算。

为持续推进"放管服"（即简政放权、放管结合、优化服务的简称）改革，全面推行小规模纳税人自行开具增值税专用发票。小规模纳税人（其他个人除外）发生增值税应税行为，需要开具增值税专用发票的，可以自愿使用增值税发票管理系统自行开具。

2. 一般纳税人

一般纳税人，是指年应税销售额超过财政部、国家税务总局规定的小规模纳税人标准的企业和企业性单位。

一般纳税人实行登记制，除另有规定外，应当向税务机关办理登记手续。

下列纳税人不办理一般纳税人登记：

（1）按照政策规定，选择按照小规模纳税人纳税的。

（2）年应税销售额超过规定标准的其他个人。

纳税人自一般纳税人生效之日起，按照增值税一般计税方法计算应纳税额，并可以按照规定领用增值税专用发票，财政部、国家税务总局另有规定的除外。

纳税人登记为一般纳税人后，不得转为小规模纳税人，国家税务总局另有规定的除外。

（三）扣缴义务人

中华人民共和国境外的单位或者个人在境内销售劳务，在境内未设有经营机构的，以其境内代理人为扣缴义务人；在境内没有代理人的，以购买方为扣缴义务人。

二、增值税征税范围

增值税征税范围包括在中华人民共和国境内销售货物或者劳务，销售服务、无形资产、不动产以及进口货物。

（一）销售货物

在中国境内销售货物，是指销售货物的起运地或者所在地在中国境内。销售货物是有偿转让货物的所有权。货物，是指有形动产，包括电力、热力、气体在内。有偿，是指从购买方取得货币、货物或者其他经济利益。

（二）销售劳务

在中国境内销售劳务，是指提供的劳务发生地在中国境内。

销售劳务，是指有偿提供加工、修理修配劳务。单位或者个体工商户聘用的员工为本单位或者雇主提供加工、修理修配劳务，不包括在内。

加工，是指受托加工货物，即委托方提供原料及主要材料，受托方按照委托方的要求，制造货物并收取加工费的业务；修理修配，是指受托对损伤和丧失功能的货物进行修复，使其恢复原状和功能的业务。

（三）销售服务

销售服务，是指提供交通运输服务、邮政服务、电信服务、建筑服务、金融服务、现代服务、生活服务。

1. 交通运输服务

交通运输服务，是指利用运输工具将货物或者旅客送达目的地，使其空间位置得到转移的业务活动，包括陆路运输服务、水路运输服务、航空运输服务和管道运输服务。

2. 邮政服务

邮政服务，是指中国邮政集团公司及其所属邮政企业提供邮件寄递、邮政汇兑和机要通信等邮政基本服务的业务活动，包括邮政普遍服务、邮政特殊服务和其他邮政服务。

3. 电信服务

电信服务，是指利用有线、无线的电磁系统或者光电系统等各种通信网络资源，提供语音通话服务，传送、发射、接收或者应用图像、短信等电子数据和信息的业务活动。包括基础电信服务和增值电信服务。

4. 建筑服务

建筑服务，是指各类建筑物、构筑物及其附属设施的建造、修缮、装饰，线路、管道、设备、设施等的安装以及其他工程作业的业务活动，包括工程服务、安装服务、修缮服务、装饰服务和其他建筑服务。

5. 金融服务

金融服务，是指经营金融保险的业务活动。包括贷款服务、直接收费金融服务、保险服务和金融商品转让。

6. 现代服务

现代服务，是指围绕制造业、文化产业、现代物流产业等提供技术性、知识性服务的业务活动。包括研发和技术服务、信息技术服务、文化创意服务、物流辅助服务、租赁服务、鉴证咨询服务、广播影视服务、商务辅助服务和其他现代服务。

7. 生活服务

生活服务，是指为满足城乡居民日常生活需求提供的各类服务活动。包括文化体育服务、教育医疗服务、旅游娱乐服务、餐饮住宿服务、居民日常服务和其他生活服务。

（四）销售无形资产

销售无形资产，是指转让无形资产所有权或者使用权的业务活动。无形资产，是指不具有实物形态，但能带来经济利益的资产，包括技术、商标、著作权、商誉、自然资源使用权和其他权益性无形资产。

技术，包括专利技术和非专利技术。

自然资源使用权，包括土地使用权、海域使用权、探矿权、采矿权、取水权和其他自然资源使用权。

其他权益性无形资产，包括基础设施资产经营权、公共事业特许权、配额、经营权（包括特许经营权、连锁经营权、其他经营权）、经销权、分销权、代理权、会员权、席位权、网络游戏虚拟道具、域名、名称权、肖像权、冠名权、转会费等。

（五）销售不动产

销售不动产，是指转让不动产所有权的业务活动。不动产，是指不能移动或者移动后会引起性质、形状改变的财产，包括建筑物、构筑物等。

建筑物，包括住宅、商业营业用房、办公楼等可供居住、工作或者进行其他活动的建造物。

构筑物，包括道路、桥梁、隧道、水坝等建造物。

转让建筑物有限产权或者永久使用权的，转让在建的建筑物或者构筑物所有权的，以及在转让建筑物或者构筑物时一并转让其所占土地的使用权的，按照销售不动产缴纳增值税。

（六）进口货物

进口货物，是指申报进入中国海关境内的货物。根据《增值税暂行条例》的规定，只要是报关进口的应税货物，均属于增值税的征税范围，除享受免税政策外，在进口环节缴纳增值税。

（七）非经营活动的界定

销售服务、无形资产或者不动产，是指有偿提供服务、有偿转让无形资产或者不动产，但属于下列非经营活动的情形除外：

（1）行政单位收取的同时满足以下条件的政府性基金或者行政事业性收费。

①由国务院或者财政部批准设立的政府性基金，由国务院或者省级人民政府及其财政、价格主管部门批准设立的行政事业性收费。

②收取时开具省级以上（含省级）财政部门监（印）制的财政票据。

③所收款项全额上缴财政。

（2）单位或者个体工商户聘用的员工为本单位或者雇主提供取得工资的服务。

（3）单位或者个体工商户为聘用的员工提供服务。

（4）财政部和国家税务总局规定的其他情形。

（八）境内销售服务、无形资产或者不动产的界定

（1）在境内销售服务、无形资产或者不动产。

①服务（租赁不动产除外）或者无形资产（自然资源使用权除外）的销售方或者购买方在境内。

②所销售或者租赁的不动产在境内。

③所销售自然资源使用权的自然资源在境内。

④财政部和国家税务总局规定的其他情形。

（2）不属于在境内销售服务或者无形资产。

①境外单位或者个人向境内单位或者个人销售完全在境外发生的服务。

②境外单位或者个人向境内单位或者个人销售完全在境外使用的无形资产。

③境外单位或者个人向境内单位或者个人出租完全在境外使用的有形动产。

④财政部和国家税务总局规定的其他情形。

（九）视同销售行为

（1）单位或者个体工商户的下列行为，视同销售货物，征收增值税：

①将货物交付其他单位或者个人代销。

②销售代销货物。

③设有两个以上机构并实行统一核算的纳税人，将货物从一个机构移送至其他机构用于销售，但相关机构设在同一县（市）的除外。

④将自产或者委托加工的货物用于非增值税应税项目。

⑤将自产、委托加工的货物用于集体福利或者个人消费。

⑥将自产、委托加工或者购进的货物作为投资，提供给其他单位或者个体工商户。

⑦将自产、委托加工或者购进的货物分配给股东或者投资者。

⑧将自产、委托加工或者购进的货物无偿赠送其他单位或者个人。

（2）单位或者个人的下列情形视同销售服务、无形资产或者不动产，征收增值税：

①单位或者个体工商户向其他单位或者个人无偿提供服务，但用于公益事业或者以社会公众为对象的除外。

②单位或者个人向其他单位或个人无偿转让无形资产或者不动产，但用于公益事业或者以社会公众为对象的除外。

③财政部和国家税务总局规定的其他情形。

（十）混合销售

一项销售行为如果既涉及货物又涉及服务，为混合销售。从事货物的生产、批发或者零售的单位和个体工商户的混合销售行为，按照销售货物缴纳增值税；其他单位和个体工商户的混合销售行为，按照销售服务缴纳增值税。

上述从事货物的生产、批发或者零售的单位和个体工商户，包括以从事货物的生产、批发或者零售为主，并兼营销售服务的单位和个体工商户在内。

纳税人销售活动板房、机器设备、钢结构件等自产货物的同时提供建筑、安装服务，不属于混合销售，应分别核算货物和建筑服务的销售额，分别适用不同的税率或者征收率。

（十一）兼营

兼营，是指纳税人的经营中包括销售货物、劳务以及销售服务、无形资产和不动产的行为。

纳税人发生兼营行为，应当分别核算适用不同税率或征收率的销售额，未分别核算销售额的，按照以下办法适用税率或征收率：

（1）兼有不同税率的销售货物、劳务、服务、无形资产或者不动产，从高适用税率。

（2）兼有不同征收率的销售货物、劳务、服务、无形资产或者不动产，从高适用征收率。

（3）兼有不同税率和征收率的销售货物、劳务、服务、无形资产或者不动产，从高适用税率。

（十二）不征收增值税项目

（1）根据国家指令无偿提供的铁路运输服务、航空运输服务，属于《营业税改征增值税试点实施办法》规定的用于公益事业的服务。

（2）存款利息。

（3）被保险人获得的保险赔付。

（4）房地产主管部门或者其指定机构、公积金管理中心、开发企业以及物业管理单位代收的住宅专项维修资金。

（5）在资产重组过程中，通过合并、分立、出售、置换等方式，将全部或者部分实物资产以及与其相关联的债权、负债和劳动力一并转让给其他单位和个人，其中涉及的不动产、土地使用权转让行为。

（6）纳税人在资产重组过程中，通过合并、分立、出售、置换等方式，将全部或者部分实物资产以及与其相关联的债权、负债和劳动力一并转让给其他单位和个人，不属于增值税的征税范围，其中涉及的货物转让，不征收增值税。

三、增值税税率和征收率

（一）增值税税率

我国增值税税率分为四档，即13%、9%、6%、零税率。具体增值税税目与税率如表4-2所示。

表4-2　增值税税目与税率

13%税率	销售货物、劳务、有形动产租赁服务或者进口货物
9%税率	（1）销售交通运输、邮政、基础电信、建筑、不动产租赁服务，销售不动产，转让土地使用权
	（2）粮食等农产品、食用植物油、食用盐
	（3）自来水、暖气、冷气、热水、煤气、石油液化气、天然气、二甲醚、沼气、居民用煤炭
	（4）图书、报纸、杂志、音像制品、电子出版物
	（5）饲料、化肥、农药、农机、农膜
6%税率	销售服务、无形资产

零税率	出口货物
	境内单位和个人跨境销售国务院规定范围内的服务、无形资产。 包括：①国际运输服务。②航天运输服务。③向境外单位提供的完全在境外消费的下列服务：研发服务、合同能源管理服务、设计服务、广播影视节目（作品）的制作和发行服务、软件服务、电路设计及测试服务、信息系统服务、业务流程管理服务、离岸服务外包、转让技术
	国务院另有规定的除外

（二）增值税征收率

1. 征收率的一般规定

小规模纳税人以及一般纳税人选择简易办法计税的，征收率为3%。另有规定的除外。

2. 征收率的特殊规定

（1）小规模纳税人转让其取得的不动产，按照5%的征收率征收增值税。

（2）一般纳税人转让其2016年4月30日前取得的不动产，选择简易计税方法计税的，按照5%征收率征收增值税。

（3）小规模纳税人出租其取得的不动产（不含个人出租住房），按照5%的征收率征收增值税。

（4）一般纳税人出租其2016年4月30日前取得的不动产，选择简易计税方法计税的，按照5%的征收率征收增值税。

（5）房地产开发企业（一般纳税人）销售自行开发的房地产项目，选择简易计税方法计税的，按照5%的征收率征收增值税。

（6）房地产开发企业（小规模纳税人）销售自行开发的房地产项目，按照5%的征收率征收增值税。

（7）一般纳税人提供劳务派遣服务，可以按照《财政部 国家税务总局关于全面推开营业税改征增值税试点的通知》（财税〔2016〕36号）的有关规定，以取得的全部价款和价外费用为销售额，按照一般计税方法计算缴纳增值税；也可以选择差额纳税，以取得的全部价款和价外费用，扣除代用工单位支付给劳务派遣员工的工资、福利和为其办理社会保险及住房公积金后的余额为销售额，按照简易计税方法依5%的征收率计算缴纳增值税。

（8）自2021年10月1日起，住房租赁企业中的增值税一般纳税人向个人出租住房取得的全部出租收入，可以选择适用简易计税方法，按照5%的征收率减按1.5%计算缴纳增值税，或适用一般计税方法计算缴纳增值税。住房租赁企业中的增值税小规模纳税人向个人出租住房，按照5%的征收率减按1.5%计算缴纳增值税。

四、增值税应纳税额的计算

（一）一般计税方法应纳税额的计算

1. 一般计税方法应纳税额的计算公式

一般纳税人销售货物、劳务、服务、无形资产、不动产（以下简称"应税销售行为"），采取一般计税方法计算应纳增值税额。其计算公式为：

$$应纳税额 = 当期销项税额 - 当期进项税频$$

当期销项税额小于当期进项税额不足抵扣时，其不足部分可以结转下期继续抵扣。

2. 销项税额的计算公式

销项税额是指纳税人发生应税销售行为，按照销售额和适用税率计算并向购买方收取的增值税税款，其计算公式为：

$$销项税额 = 销售额 × 适用税率$$

可见，用一般计税方法计算增值税应纳税额时，主要有两个因素：一是销售额；二是进项税额。

3. 销售额的确定

（1）销售额的概念。

销售额是指纳税人发生应税销售行为向购买方收取的全部价款和价外费用，但是不包括收取的销项税额。价外费用，包括价外向购买方收取的手续费、补贴、基金、集资费、返还利润、奖励费、违约金、滞纳金、延期付款利息、赔偿金、代收款项、代垫款项、包装费、包装物租金、储备费、优质费、运输装卸费以及其他各种性质的价外收费。

上述价外费用无论其会计制度如何核算，均应并入销售额计算销项税额，但下列项目不包括在销售额内：

①受托加工应征消费税的消费品所代收代缴的消费税。

②同时符合以下条件代为收取的政府性基金或者行政事业性收费：由国务院或者财政部批准设立的政府性基金，由国务院或者省级人民政府及其财政、价格主管部门批准设立的行政事业性收费；收取时开具省级以上财政部门印制的财政票据；所收款项全额上缴财政。

③销售货物的同时代办保险等而向购买方收取的保险费，以及向购买方收取的代购买方缴纳的车辆购置税、车辆牌照费。

④以委托方名义开具发票代委托方收取的款项。

（2）含税销售额的换算。

增值税实行价外税，计算销项税额时，销售额中不应含有增值税款。如果销售额中包含了增值税款即销项税额，则应将含税销售额换算成不含税销售额。其计算公式为：

$$不含税销售额 = 含税销售额 ÷ (1 + 增值税税率)$$

（3）视同销售的销售额的确定。

《增值税暂行条例实施细则》规定了八种视同销售货物行为，这种视同销售行为一般不以资金的形式反映出来，因而会出现无销售额的情况。在此情况下，税务机关有权按照下列顺序核定其销售额：

①按纳税人最近时期同类货物的平均销售价格确定。

②按其他纳税人最近时期同类货物的平均销售价格确定。

③按组成计税价格确定。

其计算公式为：

$$组成计税价格 = 成本 \times (1 + 成本利润率)$$

征收增值税的货物，同时又征收消费税的，其组成计税价格中应包含消费税税额。

其计算公式为：

$$组成计税价格 = 成本 \times (1 + 成本利润率) + 消费税税额$$

或：

$$组成计税价格 = 成本 \times (1 + 成本利润率) \div (1 - 消费税税率)$$

公式中的成本分两种情况：一是销售自产货物的为实际生产成本；二是销售外购货物的为实际采购成本。公式中的成本利润率为 10% 。但属于应从价定率征收消费税的货物，其组成计税价格公式中的成本利润率，为《消费税若干具体问题的规定》中规定的成本利润率（详见本模块项目三"消费税法律制度"）。

纳税人销售货物或者劳务的价格明显偏低并无正当理由的，由税务机关按照上述方法核定其销售额。

纳税人销售服务、无形资产或者不动产价格明显偏低或者偏高且不具有合理商业目的的，或者发生无销售额的，税务机关有权按照下列顺序确定销售额：

第一，按照纳税人最近时期销售同类服务、无形资产或者不动产的平均价格确定。

第二，按照其他纳税人最近时期销售同类服务、无形资产或者不动产的平均价格确定。

第三，按照组成计税价格确定。组成计税价格的公式为：

$$组成计税价格 = 成本 \times (1 + 成本利润率)$$

成本利润率由国家税务总局确定。

不具有合理商业目的，是指以谋取税收利益为主要目的，通过人为安排，减少、免除、推迟缴纳增值税税款，或者增加退还增值税税款。

（4）混合销售的销售额的确定。

混合销售的销售额为货物的销售额与服务销售额的合计。

（5）兼营的销售额的确定。

纳税人兼营不同税率的货物、劳务、服务、无形资产或者不动产，应当分别核算不同税率或者征收率的销售额；未分别核算销售额的，从高适用税率。

（6）特殊销售方式下销售额的确定。

①折扣方式销售。

折扣销售是指销货方在销售货物时，因购货方购货数量较大等而给予购货方的价格优惠。纳税人采取折扣方式销售货物，如果销售额和折扣额在同一张发票上分别注明，可以按折扣后的销售额征收增值税；如果将折扣额另开发票，不论其在财务上如何处理，均不得从销售额中减除折扣额。

②以旧换新方式销售。

以旧换新销售是指纳税人在销售货物时，折价收回同类旧货物，并以折价款部分冲减新货物价款的一种销售方式。纳税人采取以旧换新方式销售货物的，应按新货物的同期销售价格确定销售额，不得扣减旧货物的收购价格。

但是对金银首饰以旧换新业务，可以按销售方实际收取的不含增值税的全部价款征收增值税。

③还本销售方式销售。

还本销售是指纳税人在销售货物后，到一定期限将货款一次或分次退还给购货方全部或部分价款的一种销售方式。这种方式实际上是一种筹资，是以货物换取资金的使用价值，到期还本不付息的方法。纳税人采取还本销售方式销售货物，其销售额就是货物的销售价格，不得从销售额中减除还本支出。

④以物易物方式销售。

以物易物是指购销双方不是以货币结算，而是以同等价款的货物相互结算，实现货物购销的一种方式。以物易物双方都应作购销处理，以各自发出的货物核算销售额并计算销项税额，以各自收到的货物按规定核算购货额并计算进项税额。在以物易物活动中，应分别开具合法的票据，如收到的货物不能取得相应的增值税专用发票或其他合法票据的，不能抵扣进项税额。

⑤直销方式销售。

直销企业先将货物销售给直销员，直销员再将货物销售给消费者的，直销企业的销额为其向直销员收取的全部价款和价外费用。直销员将货物销售给消费者时，应按照现行规定缴纳增值税。

直销企业通过直销员向消费者销售货物，直接向消费者收取货款，直销企业的销售额为其向消费者收取的全部价款和价外费用。

（7）包装物押金。

包装物是指纳税人包装本单位货物的各种物品。一般情况下，销货方向购货方收取包装物押金，购货方在规定时间内返还包装物，销货方再将收取的包装物押金返还。纳税人为销售货物而出租、出借包装物收取的押金，单独记账核算的，且时间在1年以内，又未过期的，不并入销售额征税；但对因逾期未收回包装物不再退还的押金，应按所包装货物的适用税率计算增值税款。

【拓展阅读】实践中应注意的具体规定

（8）"营改增"行业销售额的规定。

①贷款服务，以提供贷款服务取得的全部利息及利息性质的收入为销售额。

②直接收费金融服务，以提供直接收费金融服务收取的手续费、佣金、酬金、管理费、服务费、经手费、开户费、过户费、结算费、转托管费等各类费用为销售额。

③金融商品转让，按照卖出价扣除买入价后的余额为销售额。

转让金融商品出现的正负差，按盈亏相抵后的余额为销售额。若相抵后出现负差，可结转下一纳税期与下期转让金融商品销售额相抵。但年末时仍出现负差的，不得转入下一个会计年度。

金融商品的买入价，可以选择按照加权平均法或者移动加权平均法进行核算，选择后36个月内不得变更。

④经纪代理服务，以取得的全部价款和价外费用，扣除向委托方收取并代为支付的政府性基金或者行政事业性收费后的余额为销售额。向委托方收取的政府性基金或者行政事业性收费，不得开具增值税专用发票。

⑤航空运输企业的销售额，不包括代收的民航发展基金（原机场建设费）和代售其他航空运输企业客票而代收转付的价款。

⑥试点纳税人中的一般纳税人提供客运场站服务，以其取得的全部价款和价外费用，扣除支付给承运方运费后的余额为销售额。

⑦试点纳税人提供旅游服务，可以选择以取得的全部价款和价外费用，扣除向旅游服务购买方收取并支付给其他单位或者个人的住宿费、餐饮费、交通费、签证费、门票费和支付给其他接团旅游企业的旅游费用后的余额为销售额。

选择上述办法计算销售额的试点纳税人，向旅游服务购买方收取并支付的上述费用，不得开具增值税专用发票，可以开具普通发票。

⑧试点纳税人提供建筑服务适用简易计税方法的，以取得的全部价款和价外费用扣除支付的分包款后的余额为销售额。

⑨房地产开发企业中的一般纳税人销售其开发的房地产项目（选择简易计税方法的房地产项目除外），以取得的全部价款和价外费用，扣除受让土地时向政府部门支付的土地价款后的余额为销售额。房地产项目，是指建筑工程施工许可证注明的合同开工日期在2016年4月30日前的房地产项目。

（9）销售额确定的特殊规定。

①纳税人兼营免税、减税项目的，应当分别核算免税、减税项目的销售额；未分别核算的，不得免税、减税。

②纳税人发生应税销售行为，开具增值税专用发票后，发生开票有误或者销售折让、中止、退回等情形的，应当按照国家税务总局的规定开具红字增值税专用发票；未按照规定开具红字增值税专用发票的，不得扣减销项税额或者销售额。

（10）外币销售额的折算。

纳税人按人民币以外的货币结算销售额的，其销售额的人民币折合率可以选择销售额发生的当天或者当月1日的人民币外汇中间价。纳税人应在事先确定采用何种折合率，确定后在1年内不得变更。

4. 进项税额的确定

进项税额，是指纳税人购进货物、劳务、服务、无形资产或者不动产，支付或者负担的增值税额。

（1）准予从销项税额中抵扣的进项税额。

①从销售方取得的增值税专用发票（含税控机动车销售统一发票）上注明的增值税额。

②从海关取得的海关进口增值税专用缴款书上注明的增值税额。

③购进农产品，取得一般纳税人开具的增值税专用发票或者海关进口增值税专用缴款书的，以增值税专用发票或海关进口增值税专用缴款书上注明的增值税额为进项税额。

从按照简易计税方法依照3%征收率计算缴纳增值税的小规模纳税人取得增值税专用发票的，以增值税专用发票上注明的金额和9%扣除率计算进项税额；取得（开具）农产品销售发票或收购发票的，以农产品收购发票或销售发票上注明的农产品买价和9%的扣除率计算进项税额；纳税人购进用于生产或者委托加工13%税率货物的农产品，按照10%扣除率计算进项税额。进项税额计算公式为：

$$进项税额 = 买价 × 扣除率$$

④纳税人购进国内旅客运输服务未取得增值税专用发票的，暂按照以下规定确定进项税额：

取得增值税电子普通发票的，为发票上注明的税额。

取得注明旅客身份信息的航空运输电子客票行程单的，按照下列公式计算进项税额：

$$航空旅客运输进项税额 = (票价 + 燃油附加费) ÷ (1 + 9\%) × 9\%$$

取得注明旅客身份信息的铁路车票的，按照下列公式计算进项税额：

$$铁路旅客运输进项税额 = 票面金额 ÷ (1 + 9\%) × 9\%$$

取得注明旅客身份信息的公路、水路等其他客票的，按照下列公式计算进项税额：

$$公路、水路等其他旅客运输进项税额 = 票面金额 ÷ (1 + 3\%) × 3\%$$

⑤自境外单位或者个人购进劳务、服务、无形资产或者境内的不动产，从税务机关或者扣缴义务人取得的代扣代缴税款的完税凭证上注明的增值税额。

⑥原增值税一般纳税人购进货物或者接受劳务，用于《销售服务、无形资产或者不动产注释》所列项目的，不属于《增值税暂行条例》第十条规定不得抵扣进项税额的项目。其进项税额准予从销项税额中抵扣。

⑦原增值税一般纳税人购进服务、无形资产或者不动产，取得的增值税专用发票上注明的增值税额为进项税额，准予从销项税额中抵扣。

⑧原增值税一般纳税人自用的应征消费税的摩托车、汽车、游艇，其进项税额准予从销项税额中抵扣。

纳税人购进货物、劳务、服务、无形资产、不动产，取得的增值税扣税凭证不符合法律、行政法规或者国务院税务主管部门有关规定的，其进项税额不得从销项税额中抵扣。

增值税扣税凭证，是指增值税专用发票、海关进口增值税专用缴款书、农产品收购发票、农产品销售发票、完税凭证和符合规定的国内旅客运输发票。

纳税人凭完税凭证抵扣进项税额的，应当具备书面合同、付款证明和境外单位的对账单或者发票。资料不全的其进项税额不得从销项税额中抵扣。

（2）不得从销项税额中抵扣的进项税额。

①用于简易计税方法计税项目、免征增值税项目、集体福利或者个人消费的购进货物、劳务、服务、无形资产和不动产。其中涉及的固定资产、无形资产、不动产，仅指专用于上述项目的固定资产、无形资产（不包括其他权益性无形资产）、不动产。

如果是既用于上述不允许抵扣项目又用于抵扣项目的，该进项税额准予全部抵扣。

②非正常损失的购进货物，以及相关的劳务和交通运输服务。

③非正常损失的在产品、产成品所耗用的购进货物（不包括固定资产）、劳务和交通运输服务。

④非正常损失的不动产，以及该不动产所耗用的购进货物、设计服务和建筑服务。

⑤非正常损失的不动产在建工程所耗用的购进货物、设计服务和建筑服务。

⑥购进的贷款服务、餐饮服务、居民日常服务和娱乐服务。

⑦纳税人接受贷款服务向贷款方支付的与该笔贷款直接相关的投融资顾问费、手续费、咨询费等费用，其进项税额不得从销项税额中抵扣。

⑧财政部和国家税务总局规定的其他情形。

非正常损失，是指因管理不善造成货物被盗、丢失、霉烂变质，以及因违反法律法规造成货物或者不动产被依法没收、销毁、拆除的情形。

5. 特殊纳税人应纳税额的计算

有下列情形之一者，应当按照销售额和增值税税率计算应纳税额。不得抵扣进项税额，也不得使用增值税专用发票：

（1）一般纳税人会计核算不健全，或者不能够提供准确税务资料的。

（2）应当办理一般纳税人资格登记而未办理的。

【例题4-1】 某银行为增值税一般纳税人，2022年第三季度发生的有关经济业务如下：

（1）购进5台自助存取款机，取得增值税专用发票注明的金额为40万元，增值税为5.2万元；

（2）租入一处底商作为营业部，租金总额为105万元，取得增值税专用发票注明的金额为100万元，增值税为5万元；

（3）办理公司业务、收取结算手续费（含税）31.8万元，收取账户管理费（含税）26.5万元；

（4）办理贷款业务，取得利息收入（含税）1.06亿元；

（5）吸收存款8亿元。

已知该银行取得增值税专用发票均符合抵扣规定；提供金融服务适用的增值税税率为6%。计算该银行第三季度应纳增值税税额。

【解析】 根据《营业税改征增值税试点实施办法》及相关规定：

（1）购进自助存取款机的进项税额允许抵扣；

（2）租入办公用房的进项税额允许抵扣；

（3）办理公司业务、收取的手续费和账户管理费属于直接收费金融服务，应缴纳增值税；

（4）办理贷款业务收取利息收入，属于贷款服务，应缴纳增值税；

（5）吸收存款不属于增值税征税范围。

计算过程如下：

（1）进项税额 = 5.2 + 5 = 10.2（万元）；

（2）销项税额 = 31.8 ÷ (1 + 6%) × 6% + 26.5 ÷ (1 + 6%) × 6% + 1.06 ÷ (1 + 6%) × 6% × 10 000 = 1.8 + 1.5 + 600 = 603.3（万元）；

(3) 应纳增值税税额 = 603.3 - 10.2 = 593.1 (万元)。

(二) 简易计税方法应纳税额的计算

1. 小规模纳税人采用简易计税方法

小规模纳税人发生应税销售行为采用简易计税方法计税，应按照销售额和征收率计算应纳增值税税额，不得抵扣进项税额。其计算公式为：

$$应纳税额 = 销售额 \times 征收率$$

简易计税方法的销售额不包括其应纳税额，纳税人采用销售额和应纳税额合并定价方法的，按照下列公式计算销售额：

$$销售额 = 含税销售额 \div (1 + 征收率)$$

纳税人适用简易计税方法计税的，因销售折让、中止或者退回而退还给购买方的销售额，应当从当期销售额中扣减。扣减当期销售额后仍有余额造成多缴的税款，可以从以后的应纳税额中扣减。

2. 一般纳税人选择简易计税方法

一般纳税人发生下列应税行为可以选择适用简易计税方法计税，不允许抵扣进项税额。

(1) 公共交通运输服务，包括轮客渡、公交客运、地铁、城市轻轨、出租车、长途客运、班车。

(2) 经认定的动漫企业为开发动漫产品提供的动漫脚本编撰、形象设计、背景设计、动画设计、分镜、动画制作、摄制、描线、上色、画面合成、配音、配乐、音效合成、剪辑、字幕制作、压缩转码 (面向网络动漫、手机动漫格式适配) 服务，以及在境内转让动漫版权 (包括动漫品牌、形象或者内容的授权及再授权)。

(3) 电影放映服务、仓储服务、装卸搬运服务、收派服务和文化体育服务。

(4) 以纳入"营改增"试点之日前取得的有形动产为标的物提供的经营租赁服务。

(5) 在纳入"营改增"试点之日前签订的尚未执行完毕的有形动产租赁合同。

一般纳税人发生财政部和国家税务总局规定的特定应税行为，可以选择适用简易计税方法计税，但一经选择，36 个月内不得变更。

【例题 4 - 2】某企业为增值税小规模纳税人，专门从事商业咨询服务。2022 年 10 月发生以下业务：

(1) 15 日，向某一般纳税人企业提供资讯信息服务，取得含增值税销售额 50.5 万元。

(2) 20 日，向某小规模纳税人提供注册信息服务，取得含增值税销售额 1.01 万元。

(3) 25 日，购进办公用品，支付价款 2.05 万元，并取得增值税普通发票。已知增值税征收率为 1%，计算该企业当月应纳增值税税额。

【解析】小规模纳税人提供应税服务，采用简易计税方法计税，销售额中含有增值税款的，应换算为不含税销售额，购进货物支付的增值税款不允许抵扣。

销售额 = (50.5 + 1.01) ÷ (1 + 1%) = 51 (万元)；

应纳增值税税额 = 51 × 1% = 0.51 (万元)。

（三）进口货物应纳税额的计算

1. 进口货物应纳税额的计算公式

纳税人进口货物，无论是一般纳税人还是小规模纳税人，均应按照组成计税价格和规定的税率计算应纳税额，不允许抵扣发生在境外的任何税金。其计算公式为：

$$应纳税额 = 组成计税价格 × 税率$$

组成计税价格的构成分以下两种情况：

（1）不征消费税时组成计税价格的计算公式。如果进口货物不征收消费税，则上述公式中组成计税价格的计算公式为：

$$组成计税价格 = 关税完税价格 + 关税$$

（2）征收消费税时组成计税价格的计算公式。如果进口货物征收消费税，则上述公式中组成计税价格的计算公式为：

$$组成计税价格 = 关税完税价格 + 关税 + 消费税$$

2. 关税完税价格的确定

一般贸易下进口货物的关税完税价格以海关审定的成交价格为基础的到岸价格作为完税价格。所谓成交价格，是一般贸易项下进口货物的买方为购买该项货物向卖方实际支付或应当支付的价格；到岸价格，包括货价，加上货物运抵我国关境内输入地点起卸前的包装费、运费、保险费和其他劳务费等费用构成的一种价格。

【例题 4 - 3】某公司为增值税一般纳税人。2022 年 10 月从国外进口一批高档化妆品，海关核定的关税完税价格为 300 万元，已纳关税 40 万元。已知该公司适用的消费税税率为 15%，增值税税率为 13%。

计算该公司进口环节应纳增值税税额。

【解析】根据增值税法律制度的规定，进口货物如果缴纳消费税，则计算增值税应纳税额时，组成的计税价格中含有消费税税款。

（1）进口环节应纳消费税税额 = （300 + 40）÷（1 - 15%）× 15% = 400 × 15% = 60（万元）。

（2）组成计税价格 = 300 + 40 + 60 = 400（万元）。

（3）进口环节应纳增值税税额 = 400 × 13% = 52（万元）。

（四）应扣缴税额的计算

境外单位或者个人在境内发生应税销售行为，在境内未设有经营机构的，扣缴义务人按照下列公式计算应扣缴税额：

$$应扣缴税额 = 购买方支付的价款 ÷（1 + 税率）× 税率$$

五、增值税税收优惠

（一）增值税免税项目

（1）农业生产者销售的自产农产品。

（2）避孕药品和用具。

（3）古旧图书。古旧图书，是指向社会收购的古书和旧书。

（4）直接用于科学研究、科学试验和教学的进口仪器、设备。

（5）外国政府、国际组织无偿援助的进口物资和设备。

（6）由残疾人的组织直接进口供残疾人专用的物品。

（7）销售自己使用过的物品。自己使用过的物品，是指其他个人自己使用过的物品。

（二）"营改增"试点税收优惠

1. 免征增值税项目

（1）托儿所、幼儿园提供的保育和教育服务。

（2）养老机构提供的养老服务。

（3）残疾人福利机构提供的育养服务。

（4）婚姻介绍服务。

（5）殡葬服务。

（6）残疾人员本人为社会提供的服务。

（7）医疗机构提供的医疗服务。

（8）从事学历教育的学校提供的教育服务。

（9）学生勤工俭学提供的服务。

（10）农业机耕、排灌、病虫害防治、植物保护、农牧保险以及相关技术培训业务，家禽、牲畜、水生动物的配种和疾病防治。

（11）纪念馆、博物馆、文化馆、文物保护单位管理机构、美术馆、展览馆、书画院、图书馆在自己的场所提供文化体育服务取得的第一道门票收入。

（12）寺院、宫观、清真寺和教堂举办文化、宗教活动的门票收入。

（13）行政单位之外的其他单位收取的符合《营业税改征增值税试点实施办法》第十条规定条件的政府性基金和行政事业性收费。

（14）个人转让著作权。

（15）个人销售自建自用住房。

（16）台湾航运公司、航空公司从事海峡两岸海上直航、空中直航业务在大陆取得的运输收入。

（17）纳税人提供的直接或者间接国际货物运输代理服务。

（18）符合规定条件的贷款、债券利息收入。

（19）被撤销金融机构以货物、不动产、无形资产、有价证券、票据等财产清偿债务。

（20）保险公司开办的一年期以上人身保险产品取得的保费收入。

（21）符合规定条件的金融商品转让收入。

（22）金融同业往来利息收入。

（23）同时符合规定条件的担保机构从事中小企业信用担保或者再担保业务取得的收入（不含信用评级、咨询、培训等收入）3 年内免征增值税。

（24）国家商品储备管理单位及其直属企业承担商品储备任务，从中央或者地方财政取得的利息补贴收入和价差补贴收入。

（25）纳税人提供技术转让、技术开发和与之相关的技术咨询、技术服务。

（26）同时符合规定条件的合同能源管理服务。

（27）政府举办的从事学历教育的高等、中等和初等学校（不含下属单位），举办进修班、培训班取得的全部归该学校所有的收入。

（28）政府举办的职业学校设立的主要为在校学生提供实习场所并由学校出资自办、由学校负责经营管理、经营收入归学校所有的企业，从事《销售服务、无形资产或者不动产注释》中"现代服务"（不含融资租赁服务、广告服务和其他现代服务）、"生活服务"（不含文化体育服务、其他生活服务和桑拿、氧吧）业务活动取得的收入。

（29）家政服务企业由员工制家政服务员提供家政服务取得的收入。

（30）福利彩票、体育彩票的发行收入。

（31）军队空余房产租赁收入。

（32）为了配合国家住房制度改革，企业、行政事业单位按房改成本价、标准价出售住房取得的收入。

（33）将土地使用权转让给农业生产者用于农业生产。

（34）涉及家庭财产分割的个人无偿转让不动产、土地使用权。

（35）土地所有者出让土地使用权和土地使用者将土地使用权归还给土地所有者。

（36）县级以上地方人民政府或自然资源行政主管部门出让、转让或收回自然资源使用权（不含土地使用权）。

（37）随军家属就业。

（38）军队转业干部就业。

（39）提供社区养老、托育、家政等服务取得的收入。

2. 增值税即征即退

（1）一般纳税人提供管道运输服务，对其增值税实际税负超过3%的部分实行增值税即征即退政策。

（2）经人民银行、银（保）监会或者商务部批准从事融资租赁业务的试点纳税人中的一般纳税人，提供有形动产融资租赁服务和有形动产融资性售后回租服务，对其增值税实际税负超过3%的部分实行增值税即征即退政策。

（3）增值税实际税负，是指纳税人当期提供应税服务实际缴纳的增值税额占纳税人当期提供应税服务取得的全部价款和价外费用的比例。

（三）跨境行为免征增值税的政策规定

境内的单位和个人销售的下列服务和无形资产免征增值税，但财政部和国家税务总局规定适用增值税零税率的除外：

1. 跨境服务

（1）工程项目在境外的建筑服务。

（2）工程项目在境外的工程监理服务。

（3）工程、矿产资源在境外的工程勘察勘探服务。

（4）会议展览地点在境外的会议展览服务。

（5）存储地点在境外的仓储服务。

（6）标的物在境外使用的有形动产租赁服务。

（7）在境外提供的广播影视节目（作品）的播映服务。

（8）在境外提供的文化体育服务、教育医疗服务、旅游服务。

2. 为出口货物提供的邮政服务、收派服务、保险服务

为出口货物提供的保险服务，包括出口货物保险和出口信用保险。

3. 向境外单位提供的完全在境外消费的服务和无形资产

（1）电信服务。

（2）知识产权服务。

（3）物流辅助服务（仓储服务、收派服务除外）。

（4）鉴证咨询服务。

（5）专业技术服务。

（6）商务辅助服务。

（7）广告投放地在境外的广告服务。

（8）无形资产。

4. 以无运输工具承运方式提供的国际运输服务

5. 为境外单位之间的货币资金融通及其他金融业务提供的直接收费金融服务，且该服务与境内的货物、无形资产和不动产无关

6. 财政部和国家税务总局规定的其他服务

（四）起征点

纳税人发生应税销售行为的销售额未达到增值税起征点的，免征增值税；达到起征点的，全额计算缴纳增值税。

增值税起征点的适用范围限于个人，且不适用于登记为一般纳税人的个体工商户。

起征点的幅度规定如下：

（1）按期纳税的，为月销售额 5 000～20 000 元（含本数）。

（2）按次纳税的，为每次（日）销售额 300～500 元（含本数）。

起征点的调整由财政部和国家税务总局规定。省、自治区、直辖市财政厅（局）和税务局应当在规定的幅度内，根据实际情况确定本地区适用的起征点，并报财政部和国家税务总局备案。

（五）小规模纳税人免税规定

（1）自 2021 年 4 月 1 日至 2022 年 12 月 31 日，增值税小规模纳税人发生增值税应税销售行为，合计月销售额未超过 15 万元的，免征增值税。其中，以 1 个季度为纳税期限的增值税小规模纳税人，季度销售额未超过45万元的，免征增值税。

小规模纳税人发生增值税应税销售行为，合计月销售额超过15万元，但扣除本期发生的销售不动产的销售额后未超过15万元的，其销售货物、劳务、服务、无形资产取得的销售额免征增值税。

（2）其他个人采取一次性收取租金形式出租不动产，取得的租金收入，可在租金对应的租赁期内平均分摊，分摊后的月租金收入不超过15万元的，免征增值税。

（3）按照现行规定应当预缴增值税税款的小规模纳税人，凡在预缴地实现的月销售额未超过15万元的，当期无须预缴税款。

（六）其他减免税规定

（1）纳税人兼营免税、减税项目的，应当分别核算免税、减税项目的销售额；未分别核算销售额的，不得免税、减税。

（2）纳税人发生应税销售行为适用免税规定的，可以放弃免税，依照《增值税暂行条例》或者《营业税改征增值税试点实施办法》的规定缴纳增值税。放弃免税后，36个月内不得申请免税。

（3）纳税人发生应税销售行为同时适用免税和零税率规定的，纳税人可以选择适用免税或者零税率。

课程思政：完善税收制度，助力制造业企业更好发展

制造业是立国之本、强国之基。党的十八大以来，党中央、国务院牢牢把握推动制造业转型升级、助力实体经济发展这一重点，推出退税减税降费政策措施。税务部门迅速落实，有效缓解了制造业经营压力，助力制造业发展壮大。

随着营改增试点全面推开，制造业企业可抵扣进项税额的范围扩大。

自2018年起，在增值税税率"四并三"基础上，分两步将制造业适用的标准税率从17%降至13%。2019年，陆续对医药、专用设备、仪器仪表等9个先进制造业的纳税人放宽留抵退税条件，对其增量留抵税额按月全额退还；此外，企业所得税方面，将固定资产加速折旧优惠政策扩大至全部制造业领域。2021年，将制造业企业研发费用加计扣除比例提高至100%。2021年第四季度以来，针对经济运行中出现的新情况新挑战，特别是大宗商品价格上涨、生产成本上升、用电紧缺等冲击影响，对制造业中小微企业实施阶段性税费缓缴政策。

据统计，2013—2021年，制造业新增减税降费累计超过2.5万亿元，是受益最多的行业。制造业的稳健发展，对稳定宏观经济大盘、保持经济运行在合理区间起到了"稳定器"作用，为决胜全面建成小康社会提供了坚实基础。

六、增值税征收管理

（一）纳税义务发生时间

（1）纳税人发生应税销售行为，为收讫销售款项或者取得索取销售款项凭据的当天；

先开具发票的，为开具发票的当天。具体为：

①采取直接收款方式销售货物，不论货物是否发出，均为收到销售款或者取得索取销售款凭据的当天。

纳税人生产经营活动中采取直接收款方式销售货物，已将货物移送对方并暂估销售收入入账，但既未取得销售款或取得索取销售款凭据也未开具销售发票的，其纳税义务发生时间为取得销售款或取得索取销售款凭据的当天；先开具发票的，为开具发票的当天。

②采取托收承付和委托银行收款方式销售货物，为发出货物并办妥托收手续的当天。

③采取赊销和分期收款方式销售货物，为书面合同约定的收款日期的当天；无书面合同的或者书面合同没有约定收款日期的，为货物发出的当天。

④采取预收货款方式销售货物，为货物发出的当天，但生产销售生产工期超过 12 个月的大型机械设备、船舶、飞机等货物，为收到预收款或者书面合同约定的收款日期的当天。

⑤委托其他纳税人代销货物，为收到代销单位的代销清单或者收到全部或部分货款的当天；未收到代销清单及货款的，为发出代销货物满 180 天的当天。

⑥纳税人提供租赁服务采取预收款方式的，其纳税义务发生时间为收到预收款的当天。

⑦纳税人从事金融商品转让的，为金融商品所有权转移的当天。

⑧纳税人发生视同销售货物行为的，为货物移送的当天。

⑨纳税人发生视同销售劳务、服务、无形资产、不动产情形的，其纳税义务发生时间为劳务、服务、无形资产转让完成的当天或者不动产权属变更的当天。

（2）纳税人进口货物，其纳税义务发生时间为报关进口的当天。

（3）增值税扣缴义务发生时间为纳税人增值税纳税义务发生的当天。

（二）纳税地点

（1）固定业户应当向其机构所在地的税务机关申报纳税。总机构和分支机构不在同一县（市）的，应当分别向各自所在地的税务机关申报纳税；经国务院财政、税务部门或者其授权的财政、税务机关批准，可以由总机构汇总向总机构所在地的税务机关申报纳税。

（2）固定业户到外县（市）销售货物或者劳务，应当向其机构所在地的税务机关报告外出经营事项，并向其机构所在地的税务机关申报纳税；未报告的，应当向销售地或者劳务发生地的税务机关申报纳税；未向销售地或者劳务发生地的税务机关申报纳税的，由其机构所在地的税务机关补征税款。

（3）非固定业户销售货物或者劳务，应当向销售地或者劳务发生地的税务机关申报纳税；未向销售地或者劳务发生地的税务机关申报纳税的，由其机构所在地或者居住地的税务机关补征税款。

（4）进口货物。应当向报关地海关申报纳税。

（5）其他个人提供建筑服务，销售或者租赁不动产，转让自然资源使用权，应向建筑服务发生地、不动产所在地、自然资源所在地税务机关申报纳税。

（6）扣缴义务人应当向其机构所在地或者居住地的税务机关申报缴纳其扣缴的税款。

（三）纳税期限

增值税的纳税期限分别为 1 日、3 日、5 日、10 日、15 日、1 个月或者 1 个季度。

纳税人的具体纳税期限，由税务机关根据纳税人应纳税额的大小分别核定；不能按照固定期限纳税的，可以按次纳税。以1个季度为纳税期限的规定适用于小规模纳税人、银行、财务公司、信托投资公司、信用社，以及财政部和国家税务总局规定的其他纳税人。

纳税人以1个月或者1个季度为1个纳税期的，自期满之日起15日内申报纳税；以1日、3日、5日、10日或者15日为1个纳税期的、自期满之日起5日内预缴税款，于次月1日起15日内申报纳税并结清上月应纳税款。

扣缴义务人解缴税款的期限，依照上述规定执行。

纳税人进口货物，应当自海关填发进口增值税专用缴款书之日起15日内缴纳税款。

七、增值税专用发票使用规定

（一）专用发票的概念

增值税专用发票，是增值税一般纳税人发生应税销售行为开具的发票，是购买方支付增值税税额并可按照增值税有关规定据以抵扣增值税进项税额的凭证。

一般纳税人应通过增值税防伪税控系统使用专用发票。使用，包括领购、开具、缴销、认证、稽核比对专用发票及其相应的数据电文。

（二）专用发票的联次及用途

专用发票由基本联次或者基本联次附加其他联次构成，基本联次为三联，分别为：

（1）发票联，作为购买方核算采购成本和增值税进项税额的记账凭证。

（2）抵扣联，作为购买方报送主管税务机关认证和留存备查的扣税凭证。

（3）记账联，作为销售方核算销售收入和增值税销项税额的记账凭证。

其他联次用途，由一般纳税人自行确定。自2014年8月1日起启用新版增值税纸质专用发票，如图4-1所示。

（三）专用发票的领购

一般纳税人领购专用设备后，凭最高开票限额申请表、发票领购簿到主管税务机关办理初始发行。初始发行，是指税务机关将一般纳税人的企业名称、纳税人识别号、开票限额、购票限量、购票人员姓名、密码、开票机数量、国家税务总局规定的其他信息等载入空白金税盘和IC卡的行为。一般纳税人凭发票领购簿上金税盘（或IC卡）和经办人身份证明领购专用发票。

一般纳税人有下列情形之一的，不得领购开具专用发票：

（1）会计核算不健全，不能向税务机关准确提供增值税销项税额、进项税额、应纳税额数据及其他有关增值税税务资料的。

（2）有《税收征管法》规定的税收违法行为，拒不接受税务机关处理的。

（3）有下列行为之一，经税务机关责令限期改正而仍未改正的：

①虚开增值税专用发票。

②私自印制专用发票。

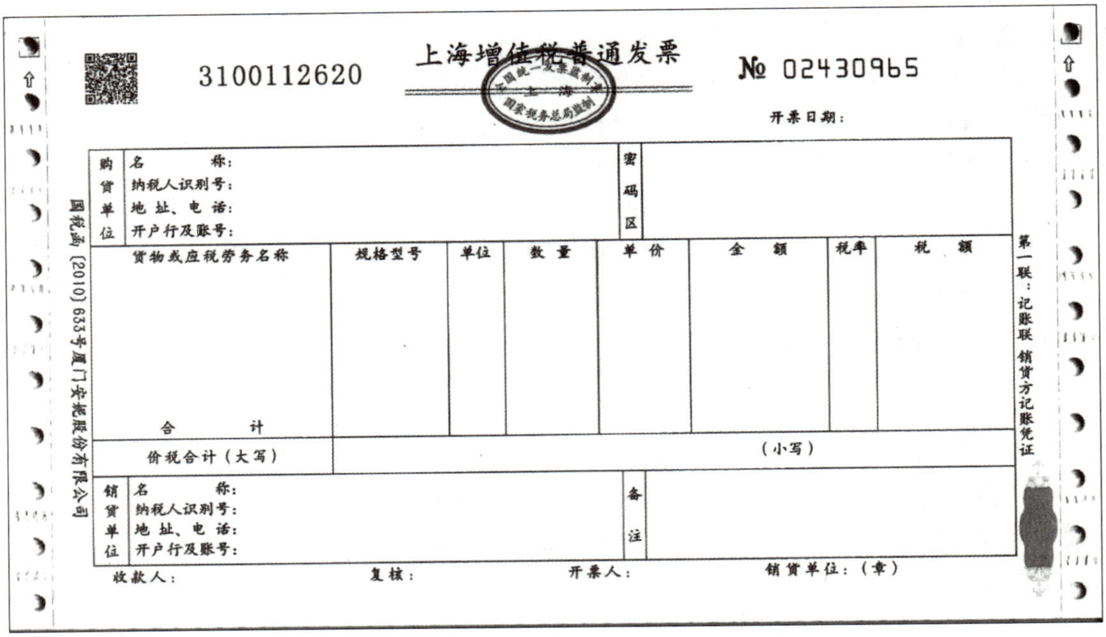

图 4 - 1 新版增值税纸质专用发票（票样）

③向税务机关以外的单位和个人买取专用发票。

④借用他人专用发票。

⑤未按规定开具专用发票。

⑥未按规定保管专用发票和专用设备。

⑦未按规定申请办理防伪税控系统变更发行。

⑧未按规定接受税务机关检查。

有上述情形的，如已领购专用发票，税务机关应暂扣其结存的专用发票和 IC 卡。

（四）专用发票的使用管理

1. 专用发票开票限额

专用发票实行最高开票限额管理。最高开票限额，是指单份专用发票开具的销售额合计数不得达到的上限额度。

最高开票限额由一般纳税人申请，区县税务机关依法审批。一般纳税人申请最高开票限额时，需填报增值税专用发票最高开票限额申请单。主管税务机关受理纳税人申请以后，根据需要进行实地查验，实地查验的范围和方法由各省税务机关确定。自 2014 年 5 月 1 日起，一般纳税人申请增值税专用发票最高开票限额不超过 10 万元的，主管税务机关不需要事前进行实地查验。

2. 专用发票开具范围

一般纳税人发生应税销售行为，应当向索取增值税专用发票的购买方开具专用发票。

属于下列情形之一的，不得开具增值税专用发票：

（1）商业企业一般纳税人零售烟、酒、食品、服装、鞋帽（不包括劳保专用部分）、化妆品等消费品的。

（2）应税销售行为的购买方为消费者个人的。

（3）发生应税销售行为适用免税规定的。

3. 专用发票开具要求

专用发票应按下列要求开具：

（1）项目齐全，与实际交易相符。

（2）字迹清楚，不得压线、错格。

（3）发票联和抵扣联加盖财务专用章或者发票专用章。

（4）按照增值税纳税义务的发生时间开具。

（五）新办纳税人实行增值税电子专用发票

（1）自2020年12月21日起，在天津、河北、上海、江苏、浙江、安徽、广东、重庆、四川、宁波和深圳等11个地区的新办纳税人中实行专票电子化，受票方范围为全国。其中，宁波、石家庄和杭州等3个地区已试点纳税人开具增值税电子专用发票（以下简称"电子专票"）的受票方范围扩至全国。

自2021年1月21日起，在北京、山西、内蒙古、辽宁、吉林、黑龙江、福建、江西、山东、河南、湖北、湖南、广西、海南、贵州、云南、西藏、陕西、甘肃、青海、宁夏、新疆、大连、厦门和青岛等25个地区的新办纳税人中实行专票电子化，受票方范围为全国。

（2）电子专票由各省税务局监制，采用电子签名代替发票专用章，属于增值税专用发票，其法律效力、基本用途、基本使用规定等与增值税纸质专用发票（以下简称"纸质专票"）相同。

（3）自各地专票电子化实行之日起，本地区需要开具增值税纸质普通发票、增值税电子普通发票、纸质专票、电子专票、纸质机动车销售统一发票和纸质二手车销售统一发票的新办纳税人，统一领取税务UKey（密钥）开具发票。税务机关向新办纳税人免费发放税务UKey，并依托增值税电子发票公共服务平台，为纳税人提供免费的电子专票开具服务。

（4）税务机关按照电子专票和纸质专票的合计数，为纳税人核定增值税专用发票领用数量。电子专票和纸质专票的增值税专用发票（增值税税控系统）最高开票限额应当相同。

（5）纳税人开具增值税专用发票时，既可以开具电子专票，也可以开具纸质专票。受票方索取纸质专票的，开票方应当开具纸质专票。

课后练习

一、单项选择题

1. 根据增值税法律制度的规定，下列各项中，应按"销售无形资产"缴纳增值税的是（　　）。

A. 转让在建的建筑物所有权　　　　　　B. 转让海域使用权

C. 转让建筑物有限产权   D. 转让建筑物永久使用权

2. 根据增值税法律制度的规定，下列关于销售额的表述中，正确的是（　　）。

A. 纳税人提供旅游服务，以取得的全部价款和价外费用为销售额

B. 金融商品转让，以卖出价扣除买入价后的余额为销售额

C. 纳税人提供建筑服务适用一般计税方法的，以取得的全部价款和价外费用扣除支付的分包款后的余额为销售额

D. 航空运输企业以取得的全部价款和价外费用加上代收的民航发展基金和代售其他航空运输企业客票而代收转付的价款为销售额

3. 某商业银行 2019 年第三季度销售一批金融商品，卖出价 2 713.6 万元，相关金融商品买入价 2 120 万元。已知第二季度金融商品转让出现负差 68.9 万元，金融服务适用增值税税率为 6%，计算该商业银行第三季度金融商品转让增值税销项税额的下列算式中，正确的是（　　）。

A. $2\ 713.6 \div (1 + 6\%) \times 6\% = 153.6$（万元）

B. $(2\ 713.6 - 2\ 120 - 68.9) \div (1 + 6\%) \times 6\% = 29.7$（万元）

C. $(2\ 713.6 - 68.9) \div (1 + 6\%) \times 6\% = 149.7$（万元）

D. $(2\ 713.6 - 2\ 120) \times 6\% = 35.62$（万元）

4. 某酒厂为增值税一般纳税人，3 月份向一小规模纳税人销售白酒，开具普通发票上注明含税金额为 90 400 元；同时收取包装物押金 2 000 元，已知增值税税率为 13%，此业务酒厂的销项税额是（　　）。

A. $90\ 400 \div (1 + 13\%) \times 13\% = 10\ 400$（元）

B. $(90\ 400 + 2\ 000) \div (1 + 13\%) \times 13\% = 10\ 630.09$（元）

C. $(90\ 400 + 2\ 000) \times 13\% = 12\ 012$（元）

D. $90\ 400 \div (1 + 13\%) \times 13\% + 2\ 000 \times 13\% = 10\ 660$（元）

5. 甲公司为增值税一般纳税人，本月采用以旧换新的方式零售冰箱 50 台，冰箱每台零售价 2 000 元，同时收到旧冰箱 50 台，每台折价 200 元，实际收到销售款 9 万元，已知甲公司适用的增值税税率为 13%，则甲公司本月销售冰箱的增值税销项税额的下列计算中，正确的是（　　）。

A. $90\ 000 \div (1 + 13\%) \times 13\% = 10\ 353.98$（元）

B. $2\ 000 \times 50 \div (1 + 13\%) \times 13\% = 11\ 504.42$（元）

C. $90\ 000 \times 13\% = 11\ 700$（元）

D. $2\ 000 \times 50 \times 13\% = 13\ 000$（元）

6. 甲商场为增值税一般纳税人，适用的增值税税率为 13%。2019 年 10 月出售 A 产品 100 件，收取含税价款 22 600 元；甲商场对单日消费金额达 500 元的顾客，赠送 B 产品 1 件，本月共计赠送 80 件，B 产品的零售价为 56.5 元/件。计算甲商场本月应确认的销项税额的下列算式中，正确的是（　　）。

A. $(22\ 600 + 80 \times 56.5) \div (1 + 13\%) \times 13\% = 3\ 120$（元）

B. $22\ 600 \div (1 + 13\%) \times 13\% = 2\ 600$（元）

C. $56.5 \times 80 \div (1 + 13\%) \times 13\% = 520$（元）

D. $[22\,600 \div (1 + 13\%) + 80 \times 56.5] \times 13\% = 3\,187.6$（元）

7. 某企业为增值税小规模纳税人。2019 年 10 月进口一批高档化妆品，关税完税价格 40 万元。已知高档化妆品关税税率为 20%、消费税税率为 15%、增值税税率为 13%、征收率为 3%。该企业进口化妆品应纳进口增值税税额为（   ）。

A. $40 \times (1 + 20\%) \div (1 + 15\%) \times 3\% = 1.25$（万元）

B. $40 \times (1 + 20\%) \div (1 + 15\%) \times 13\% = 5.43$（万元）

C. $40 \times (1 + 20\%) \div (1 - 15\%) \times 3\% = 1.69$（万元）

D. $40 \times (1 + 20\%) \div (1 - 15\%) \times 13\% = 7.34$（万元）

8. 某建材商店为增值税小规模纳税人，2019 年 3 月销售给某大型建材公司一批建材，收取全部现金为 131 200 元，税务机关代开专用发票；当月货物购进时取得增值税专用发票上注明税额为 1 000 元，已知增值税税率为 13%，征收率为 3%，则该建材商店本月应纳增值税税额为（   ）。

A. $131\,200 \div (1 + 13\%) \times 13\% = 15\,093.81$（元）

B. $131\,200 \div (1 + 3\%) \times 3\% - 1\,000 = 2\,821.36$（元）

C. $131\,200 \div (1 + 13\%) \times 13\% - 1\,000 = 14\,093.81$（元）

D. $131\,200 \div (1 + 3\%) \times 3\% = 3\,821.36$（元）

9. 李某户籍所在地在 Q 市，居住地在 L 市，工作单位在 M 市。2018 年 9 月李某将位于 N 市的住房出售，则出售该住房增值税的纳税地点是（   ）。

A. Q 市税务机关   B. L 市税务机关

C. M 市税务机关   D. N 市税务机关

10. 甲便利店为增值税小规模纳税人，2016 年第四季度零售商品取得收入 103 000 元，将一批外购商品无偿赠送给物业公司用于社区活动，该批商品的含税价格为 721 元。已知增值税征收率为 3%。计算甲便利店第四季度应缴纳增值税税额的下列算式中，正确的是（   ）。

A. $[103\,000 + 721 \div (1 + 3\%)] \times 3\% = 3\,111$（元）

B. $(103\,000 + 721) \times 3\% = 3\,111.63$（元）

C. $[103\,000 \div (1 + 3\%) + 721] \times 3\% = 3\,021.63$（元）

D. $(103\,000 + 721) \div (1 + 3\%) \times 3\% = 3\,021$（元）

11. 根据增值税法律制度的规定，下列各项中，允许开具增值税专用发票的是（   ）。

A. 一般纳税人向消费者个人提供增值税的加工劳务

B. 商业企业一般纳税人零售化妆品

C. 一般纳税人向小规模纳税人销售空调

D. 发行体育彩票

12. 根据增值税法律制度的规定，下列关于增值税纳税期限的表述中，不正确的是（   ）。

A. 纳税人进口货物，应自海关填发进口增值税专用缴款书之日起 15 日内缴纳税款

B. 以 1 个季度为纳税期限的规定适用于小规模纳税人

C. 纳税人不能按照固定期限纳税的，可以按次纳税

D. 纳税人以1个月或者1个季度为1个纳税期的，自期满之日起10日内申报纳税

13. 根据增值税法律制度的规定，下列关于起征点的表述中，不正确的是（　　）。

A. 增值税起征点的适用范围限于个人

B. 销售货物的，为月销售额5 000～20 000元

C. 销售应税劳务的，为月销售额5 000～10 000元

D. 按次纳税的，为每次（日）销售额300～500元

14. 根据增值税法律制度的规定，下列纳税人中，属于增值税一般纳税人的是（　　）。

A. 年销售额为450万元的从事货物生产的个体经营者

B. 年销售额为600万元的从事货物批发的企业

C. 年销售额为300万元的从事货物生产的企业

D. 年销售额为650万元的从事货物零售的其他个人

二、多项选择题

1. 根据增值税法律制度的规定，下列项目涉及的进项税额不得从销项税额中抵扣的有（　　）。

A. 用于适用简易计税方法计税项目的应税劳务

B. 非正常损失的购进货物及相关的交通运输服务

C. 接受的餐饮服务

D. 购进自用的应征消费税的摩托车、汽车、游艇

2. 根据增值税法律制度的规定，试点纳税人提供旅游服务，可以选择以取得的全部价款和价外费用，扣除一定费用后的余额为销售额，下列属于允许扣除费用的有（　　）。

A. 住宿费　　　　　B. 餐饮费　　　　　C. 门票费　　　　　D. 交通费

3. 根据增值税法律制度的规定，下列各项中执行9%税率的有（　　）。

A. 增值电信服务　　　　　　　　B. 建筑服务

C. 邮政服务　　　　　　　　　　D. 有形动产融资租赁

4. 根据增值税法律制度的规定，下列各项中，属于增值税混合销售行为的有（　　）。

A. 百货商店在销售商品的同时又提供送货服务

B. 餐饮公司提供餐饮服务的同时又销售烟酒

C. 互联网公司提供网盘存储服务的同时又开设线下实体超市销售食品

D. 歌舞厅在提供娱乐服务的同时销售食品

5. 根据增值税法律制度的规定，下列各项中，应视同销售货物行为征收增值税的有（　　）。

A. 将委托加工的货物对外投资　　　　B. 用自产货物换取生产资料

C. 销售代销的货物　　　　　　　　　D. 将自产产品对外投资

6. 根据增值税法律制度的规定，下列关于增值税纳税义务发生时间的说法中，正确的有（　　）。

A. 纳税人提供应税服务纳税义务发生时间为提供应税服务并收讫销售款项或者取得索取销售款项凭据的当天；先开具发票的，为开具发票的当天

B. 纳税人提供有形动产租赁服务采取预收款方式的，其纳税义务发生时间为收到预收

款的当天

C. 纳税人发生视同提供应税服务的，其纳税义务发生时间为应税服务完成的当天

D. 增值税扣缴义务发生时间为纳税人增值税纳税义务发生的当天

7. 下列各项中，属于增值税价外费用的有（　　）。

A. 销项税额

B. 违约金

C. 包装物租金

D. 受托加工应征消费税的消费品所代收代缴的消费税

8. 一般纳税人销售货物属于下列情形之一的，暂按简易办法依照 3% 征收率计算缴纳增值税的有（　　）。

A. 寄售商店代销寄售物品

B. 典当业销售死当物品

C. 纳税人销售旧货

D. 销售自己使用过的已抵扣进项税额的固定资产

9. 根据增值税法律制度的规定，下列选项中，可以免征增值税的有（　　）。

A. 寺院、宫观、清真寺和教堂举办文化、宗教活动的门票收入

B. 土地所有者出让土地使用权和土地使用者将土地使用权归还给土地所有者

C. 纳税人提供技术转让、技术开发和与之相关的技术咨询、技术服务

D. 银行向企业发放贷款取得的利息收入

10. 根据增值税法律制度的规定，下列属于混合销售行为基本特征的有（　　）。

A. 既涉及货物又涉及服务　　　　　　B. 发生在同一项销售行为中

C. 从一个购买方取得货款　　　　　　D. 从不同购买方收取货款

11. 根据增值税法律制度的规定，下列各项中说法错误的有（　　）。

A. 出租车公司向使用本公司自有出租车的出租车司机收取的管理费用，属于交通运输服务税目

B. 固定电话安装费属于电信服务税目

C. 融资性售后回租属于现代服务——租赁服务税目

D. 以货币投资收取固定利润或保底利润属于金融服务——贷款服务税目

三、判断题

1. 境内单位或个人向境内单位或个人销售完全在境外发生的服务，不缴纳增值税。

（　　）

2. 一般纳税人凭发票领购簿、金税盘（或 IC 卡）和经办人身份证明领购专用发票。

（　　）

3. 增值税纳税人进口货物，应当向机构所在地申报纳税。　　　　　　　　（　　）

4. 到岸价格是指包括货价，加上货物运抵我国关境内输入地点起卸后的包装费、运费、保险费和其他劳务费等费用构成的一种价格。　　　　　　　　　　　　　（　　）

5. 一般纳税人销售自产的以水泥为原料生产的水泥混凝土，可选择按照简易办法依照 3% 征收率计算缴纳增值税，选择简易办法计算缴纳增值税后，24 个月不得变更。（　　）

6. 纳税人转让不动产时一并转让其所占土地的使用权的，按照"销售不动产"缴纳增值税。（　　）

7. 某商业广场经营单位将该广场 1 号楼的外墙出租给一家广告公司用于发布公告，该经营业务取得的收入应按照"文化创意服务—广告服务"的税目缴纳增值税。（　　）

8. 单位和个人提供的国际运输服务、向境外单位提供的完全在境外消费的研发服务和设计服务以及财政部和国家税务总局规定的其他应税服务，增值税税率适用零税率。
（　　）

项目三　消费税法律制度

消费税是对特定的某些消费品和消费行为征收的一种间接税。消费税与增值税、城市维护建设税、关税等相配合，构成我国货物和劳务税体系。

一、消费税纳税人

在中华人民共和国境内生产、委托加工和进口《中华人民共和国消费税暂行条例》（以下简称《消费税暂行条例》）规定的消费品的单位和个人，以及国务院确定的销售《消费税暂行条例》规定的消费品的其他单位和个人，为消费税的纳税人。

在中华人民共和国境内，是指生产、委托加工和进口属于应当缴纳消费税的消费品的起运地或者所在地在境内。单位，是指企业、行政单位、事业单位、军事单位、社会团体及其他单位。个人，是指个体工商户及其他个人。由于消费税是在对所有货物普遍征收增值税的基础上选择部分消费品征收的，因此，消费税纳税人同时也是增值税纳税人。

二、消费税征税范围

（一）生产应税消费品

1. 生产销售应税消费品

纳税人生产的应税消费品，于纳税人销售时纳税。

2. 自产自用应税消费品

纳税人自产自用的应税消费品，用于连续生产应税消费品的，不纳税；用于其他方面的，于移送使用时纳税。用于连续生产应税消费品，是指纳税人将自产自用应税消费品作为直接材料生产最终应税消费品，自产自用应税消费品构成最终应税消费品的实体。

用于其他方面，是指纳税人将自产自用的应税消费品用于生产非应税消费品、在建工程、管理部门、非生产机构、提供劳务、馈赠、赞助、集资、广告、样品、职工福利、奖励等方面。

3. 视为生产销售应税消费品

工业企业以外的单位和个人的下列行为视为应税消费品的生产行为，按规定征收消费税：

（1）将外购的消费税非应税产品以消费税应税产品对外销售的。

（2）将外购的消费税低税率应税产品以高税率应税产品对外销售的。

（二）委托加工应税消费品

1. 委托加工应税消费品的含义

委托加工应税消费品，是指由委托方提供原料和主要材料，受托方只收取加工费和代垫部分辅助材料加工的应税消费品。对于由受托方提供原材料生产的应税消费品，或者受托方先将原材料卖给委托方，然后再接受加工的应税消费品，以及由受托方以委托方名义购进原材料生产的应税消费品，不论在财务上是否作为销售处理，都不得作为委托加工应税消费品，而应当按照销售自制应税消费品缴纳消费税。

2. 委托加工应税消费品的纳税人与扣缴义务人

委托加工应税消费品，除受托方为个人外，由受托方在向委托方交货时代收代缴消费税。委托个人加工的应税消费品，由委托方收回后缴纳消费税。

3. 委托加工应税消费品的纳税义务

委托加工应税消费品，委托方用于连续生产应税消费品的，所纳税款准予按规定抵扣。

委托方将收回的应税消费品，以不高于受托方的计税价格出售的，为直接出售，不再缴纳消费税；委托方以高于受托方的计税价格出售的，不属于直接出售，需按照规定申报缴纳消费税，在计税时准予扣除受托方已代收代缴的消费税。

（三）进口应税消费品

单位和个人进口应税消费品，于报关进口时缴纳消费税。为了减少征税成本，进口环节缴纳的消费税由海关代征。

（四）零售应税消费品

（1）商业零售金银首饰。

（2）零售超豪华小汽车。

（五）批发销售卷烟

自 2015 年 5 月 10 日起，将卷烟批发环节从价税税率由 5% 提高至 11%，并按 0.005 元/支加征从量税。

烟草批发企业将卷烟销售给其他烟草批发企业的，不缴纳消费税。

卷烟消费税改为在生产和批发两个环节征收后，批发企业在计算应纳税额时不得扣除已含的生产环节的消费税税款。

纳税人兼营卷烟批发和零售业务的，应当分别核算批发和零售环节的销售额、销售数量；未分别核算批发和零售环节销售额、销售数量的，按照全部销售额、销售数量计征批发环节消费税。

三、消费税税目

根据《消费税暂行条例》的规定，消费税税目共有15个，具体内容如下：

（一）烟

凡是以烟叶为原料加工生产的产品，不论使用何种辅料，均属于本税目的征收范围。具体包括3个子目，分别是：

1. 卷烟

卷烟，包括甲类卷烟和乙类卷烟。

（1）甲类卷烟

甲类卷烟，是指每标准条（200支）调拨价格在70元（不含增值税）以上（含70元）的卷烟。

（2）乙类卷烟

乙类卷烟，是指每标准条（200支）调拨价格在70元（不含增值税）以下的卷烟。

2. 雪茄烟

雪茄烟的征收范围包括各种规格、型号的雪茄烟。

3. 烟丝

烟丝的征收范围包括以烟叶为原料加工生产的不经卷制的散装烟。

（二）酒

酒，包括白酒、黄酒、啤酒和其他酒。对饮食业、商业、娱乐业举办的啤酒屋（啤酒坊）利用啤酒生产设备生产的啤酒，应当征收消费税。

（三）高档化妆品

本税目征收范围包括高档美容、修饰类化妆品、高档护肤类化妆品和成套化妆品。高档美容、修饰类化妆品和高档护肤类化妆品是指生产（进口）环节销售（完税）价格（不含增值税）在10元/毫升（克）或15元/片（张）及以上的美容、修饰类化妆品和护肤类化妆品。

舞台、戏剧、影视演员化妆用的上妆油、卸妆油、油彩，不属于本税目的征收范围。

（四）贵重首饰及珠宝玉石

本税目的征税范围包括各种金银珠宝首饰和经采掘、打磨、加工的各种珠宝玉石。

（五）鞭炮、焰火

本税目征收范围包括各种鞭炮、焰火，具体包括喷花类、旋转类、旋转升空类、火箭类、吐珠类、线香类、小礼花类、烟雾类、造型玩具类、炮竹类、摩擦炮类、组合烟花类、礼花弹类等。

体育上用的发令纸、鞭炮药引线，不按本税目征收。

（六）成品油

本税目包括汽油、柴油、石脑油、溶剂油、航空煤油、润滑油、燃料油 7 个子目。

（七）摩托车

本税目征税范围包括气缸容量为 250 毫升的摩托车和气缸容量在 250 毫升（不含）以上的摩托车两种。

对最大设计车速不超过 50 公里/小时，发动机气缸总工作容量不超过 50 毫升的三轮摩托车不征收消费税。

（八）小汽车

汽车是指由动力驱动，具有 4 个或 4 个以上车轮的非轨道承载的车辆。

本税目包括乘用车、中轻型商用客车和超豪华小汽车 3 个子目。

（九）高尔夫球及球具

本税目征税范围包括高尔夫球、高尔夫球杆及高尔夫球包（袋）及高尔夫球杆的杆头、杆身和握把。

（十）高档手表

高档手表是指销售价格（不含增值税）每只在 10 000 元（含）以上的各类手表。

本税目征收范围包括符合以上标准的各类手表。

（十一）游艇

游艇是指长度大于 8 米小于 90 米，船体由玻璃钢、钢、铝合金、塑料等多种材料制作，可以在水上移动的水上浮载体。按照动力划分，游艇分为无动力艇、帆艇和机动艇。

本税目征收范围包括艇身长度大于 8 米（含）小于 90 米（含），内置发动机，可以在水上移动，一般为私人或团体购置，主要用于水上运动和休闲娱乐等非牟利活动的各类机动艇。

（十二）木制一次性筷子

木制一次性筷子，又称卫生筷子，是指以木材为原料经过锯段、浸泡、旋切、刨切、烘干、筛选、打磨、倒角、包装等环节加工而成的各类一次性使用的筷子。

本税目征收范围包括各种规格的木制一次性筷子和未经打磨、倒角的木制一次性筷子。

（十三）实木地板

实木地板是指以木材为原料，经锯割、干燥、刨光、截断、开榫、涂漆等工序加工而成的块状或条状的地面装饰材料。

（十四）电池

电池，是一种将化学能、光能等直接转换为电能的装置，一般由电极、电解质、容器、极端，通常还有隔离层组成的基本功能单元，以及用一个或多个基本功能单元装配成的电池组。其范围包括原电池、蓄电池、燃料电池、太阳能电油和其他电池。

（十五）涂料

涂料是指涂于物体表面能形成具有保护、装饰或特殊性能的固态涂膜的一类液体或固体材料的总称。涂料由主要成膜物质、次要成膜物质等构成。

对施工状态下挥发性有机物（Volatile Organic Compounds，VOC）含量低于 420 克/升（含）的涂料免征消费税。

四、消费税税率

（一）消费税税率的形式

消费税税率采取比例税率和定额税率两种形式，以适应不同应税消费品的实际情况。

（二）消费税的具体税率

消费税根据不同的税目或子目确定相应的税率或单位税额。在一般情况下，对一种消费品只选择一种税率形式，但为了更好、更有效地保全消费税税基，对卷烟和白酒，则采取了比例税率和定额税率复合征收的形式。消费税税目税率如表 4 - 3 所示。

表 4 - 3　消费税税目税率

税目	税率
一、烟	
1. 卷烟	
（1）甲类卷烟［调拨价 70 元（不含增值税）/条以上（含 70 元）］	56% + 0.003 元/支
（2）乙类卷烟［调拨价 70 元（不含增值税）/条以下］	36% + 0.003 元/支
（3）商业批发	11% + 0.005 元/支
2. 雪茄烟	36%
3. 烟丝	30%
二、酒	
1. 白酒	20% + 0.5 元/500 克（或者 500 毫升）
2. 黄酒	240 元/吨
3. 啤酒	

续表

税目	税率
（1）甲类啤酒	250 元/吨
（2）乙类啤酒	220 元/吨
4. 其他酒	10%
三、高档化妆品	15%
四、贵重首饰及珠宝玉石	
1. 金银首饰、铂金首饰和钻石及钻石饰品	5%
2. 其他贵重首饰和珠宝玉石	10%
五、鞭炮、焰火	15%
六、成品油	
1. 汽油	
（1）含铅汽油	1.52 元/升
（2）无铅汽油	1.52 元/升
2. 柴油	1.20 元/升
3. 航空煤油	1.20 元/升
4. 石脑油	1.52 元/升
5. 溶剂油	1.52 元/升
6. 润滑油	1.52 元/升
7. 燃料油	1.20 元/升
七、摩托车	
1. 气缸容量（排气量，下同）在 250 毫升（含 250 毫升）以下的	3%
2. 气缸容量在 250 毫升以上的	10%
八、小汽车	
1. 乘用车	
（1）气缸容量（排气量，下同）在 1.0 升（含 1.0 升）以下的	1%
（2）气缸容量在 1.0 升以上至 1.5 升（含 1.5 升）的	3%
（3）气缸容量在 1.5 升以上至 2.0 升（含 2.0 升）的	5%
（4）气缸容量在 2.0 升以上至 2.5 升（含 2.5 升）的	9%
（5）气缸容量在 2.5 升以上至 3.0 升（含 3.0 升）的	12%
（6）气缸容量在 3.0 升以上至 4.0 升（含 4.0 升）的	25%
（7）气缸容量在 4.0 升以上的	40%

续表

税目	税率
2. 中轻型商用客车	5%
3. 超豪华小汽车	10%
九、高尔夫球及球具	10%
十、高档手表	20%
十一、游艇	10%
十二、木制一次性筷子	5%
十三、实木地板	5%
十四、电池	4%
十五、涂料	4%

（三）消费税具体适用税率的确定

消费税采取列举法按具体应税消费品设置税目税率，征税界限清楚，一般不易发生错用税率的情况。但是，存在下列情况时，纳税人应按照相关规定确定适用税率：

（1）纳税人兼营不同税率的应税消费品，应当分别核算不同税率应税消费品的销售额、销售数量。未分别核算销售额、销售数量，或者将不同税率的应税消费品组成成套消费品销售的，从高适用税率。

（2）配制酒适用税率的确定。配制酒（露酒）是指以发酵酒、蒸馏酒或食用酒精为酒基，加入可食用或药食两用的辅料或食品添加剂，进行调配、混合或再加工制成的并改变了其原酒基风格的饮料酒。

①以蒸馏酒或食用酒精为酒基，同时，符合以下条件的配制酒，按其他酒税率征收消费税：

a. 具有国家相关部门批准的国食健字或卫食健字文号；

b. 酒精度低于38度（含）。

②以发酵酒为酒基，酒精度低于20度（含）的配制酒，按其他酒税率征收消费税。

③其他配制酒，按白酒税率征收消费税。

（3）纳税人自产自用的卷烟应当按照纳税人生产的同牌号规格的卷烟销售价格确定征税类别和适用税率。

（4）卷烟由于接装过滤嘴、改变包装或其他原因提高销售价格后，应按照新的销售价格确定征税类别和适用税率。

（5）委托加工的卷烟按照受托方同牌号规格卷烟的征税类别和适用税率征税。没有同牌号规格卷烟的，一律按卷烟最高税率征税。

（6）残次品卷烟应当按照同牌号规格正品卷烟的征税类别确定适用税率。

（7）下列卷烟不分征税类别一律按照56%卷烟税率征税，并按照定额每标准箱150元计算征税：白包卷烟；手工卷烟；未经国务院批准纳入计划的企业和个人生产的卷烟。

五、消费税应纳税额的计算

（一）销售额的确定

消费税应纳税额的计算分为从价计征、从量计征和从价从量复合计征三种方法。以下分三种情况介绍销售额的确定：

1. 从价计征销售额的确定

（1）销售额的范围。

销售额，是指纳税人销售应税消费品向购买方收取的全部价款和价外费用，不包括应向购买方收取的增值税税款。价外费用，是指价外向购买方收取的手续费、补贴、基金、集资费、返还利润、奖励费、违约金、滞纳金、延期付款利息、赔偿金、代收款项、代垫款项、包装费、包装物租金、储备费、优质费、运输装卸费以及其他各种性质的价外收费。但下列项目不包括在销售额内：

①同时符合以下条件的代垫运输费用：承运部门的运输费用发票开具给购买方的；纳税人将该项发票转交给购买方的。

②同时符合以下条件代为收取的政府性基金或者行政事业性收费：由国务院或者财政部批准设立的政府性基金，由国务院或者省级人民政府及其财政、价格主管部门批准设立的行政事业性收费；收取时开具省级以上财政部门印制的财政票据；所收款项全额上缴财政。

（2）含增值税销售额的换算。

应税消费品在缴纳消费税的同时，与一般货物一样，还应缴纳增值税。应税消费品的销售额，不包括应向购货方收取的增值税税款。如果纳税人应税消费品的销售额中未扣除增值税税款或者因不得开具增值税专用发票而发生价款和增值税税款合并收取的，在计算消费税时，应将含增值税的销售额换算为不含增值税税款的销售额。其换算公式为：

$$应税消费品的销售额 = 含增值税的销售额 \div (1 + 增值税税率或征收率)$$

在使用换算公式时，应根据纳税人的具体情况分别使用增值税税率或征收率。如果消费税的纳税人同时又是增值税一般纳税人的，应适用13%的增值税税率；如果消费税的纳税人是增值税小规模纳税人的，应适用3%的征收率。

2. 从量计征销售数量的确定

（1）销售数量的具体规定。

销售数量，是指纳税人生产、加工和进口应税消费品的数量。具体规定为：

①销售应税消费品的，为应税消费品的销售数量。

②自产自用应税消费品的，为应税消费品的移送使用数量。

③委托加工应税消费品的，为纳税人收回的应税消费品数量。

④进口应税消费品的，为海关核定的应税消费品进口征税数量。

（2）计量单位的换算标准。

为了规范不同产品的计量单位，以准确计算应纳税额，《中华人民共和国消费税暂行条例实施细则》规定了吨与升两个计量单位的换算标准，具体标准如表4－4所示。

表 4－4　计量单位换算标准

序号	项目	换算标准
1	黄酒	1 吨 ＝962 升
2	啤酒	1 吨 ＝988 升
3	汽油	1 吨 ＝1 388 升
4	柴油	1 吨 ＝1 176 升
5	航空煤油	1 吨 ＝1 246 升
6	石脑油	1 吨 ＝1 385 升
7	溶剂油	1 吨 ＝1 282 升
8	润滑油	1 吨 ＝1 126 升
9	燃料油	1 吨 ＝1 015 升

3. 复合计征销售额和销售数量的确定

卷烟和白酒实行从价定率和从量定额相结合的复合计征办法征收消费税。

销售额为纳税人生产销售卷烟、白酒向购买方收取的全部价款和价外费用。销售数量为纳税人生产销售、进口、委托加工、自产自用卷烟、白酒的销售数量，海关核定数量，委托方收回数量和移送使用数量。

4. 特殊情形下销售额和销售数量的确定

（1）纳税人应税消费品的计税价格明显偏低并无正当理由的，由税务机关核定计税价格。其核定权限规定如下：

①卷烟、白酒和小汽车的计税价格由国家税务总局核定，送财政部备案。

②其他应税消费品的计税价格由省、自治区和直辖市税务局核定。

③进口的应税消费品的计税价格由海关核定。

（2）纳税人通过自设非独立核算门市部销售的自产应税消费品，应当按照门市部对外销售额或者销售数量征收消费税。

（3）纳税人用于换取生产资料和消费资料、投资入股和抵偿债务等方面的应税消费品，应当以纳税人同类应税消费品的最高销售价格作为计税依据计算消费税。

（4）白酒生产企业向商业销售单位收取的"品牌使用费"是随着应税白酒的销售而向购货方收取的，属于应税白酒销售价款的组成部分，因此，不论企业采取何种方式或以何种名义收取价款，均应并入白酒的销售额中缴纳消费税。

（5）实行从价计征办法征收消费税的应税消费品连同包装销售的，无论包装物是否单独计价以及在会计上如何核算，均应并入应税消费品的销售额中缴纳消费税。

如果包装物不作价随同产品销售，而是收取押金，此项押金则不应并入应税消费品的销售额中征税。但对因逾期未收回的包装物不再退还的或者已收取的时间超过 12 个月的押金，应并入应税消费品的销售额，缴纳消费税。

对包装物既作价随同应税消费品销售，又另外收取押金的包装物的押金，凡纳税人在规定的期限内没有退还的，均应并入应税消费品的销售额，按照应税消费品的适用税率缴纳消费税。

对酒类生产企业销售酒类产品而收取的包装物押金，无论押金是否返还及会计上如何核算，均应并入酒类产品销售额，征收消费税。

（6）纳税人采用以旧换新（含翻新改制）方式销售的金银首饰，应按实际收取的不含增值税的全部价款确定计税依据征收消费税。

【拓展阅读】

（7）纳税人销售的应税消费品，以人民币以外的货币结算销售额的，其销售额的人民币折合率可以选择销售额发生的当天或者当月 1 日的人民币汇率中间价。纳税人应在事先确定采取何种折合率，确定后 1 年内不得变更。

（二）应纳税额的计算

1. 生产销售应纳消费税的计算

（1）实行从价定率计征消费税的，其计算公式为：

$$应纳税额 = 销售额 \times 比例税率$$

（2）实行从量定额计征消费税的，其计算公式为：

$$应纳税额 = 销售数量 \times 定额税率$$

（3）实行从价定率和从量定额复合方法计征消费税的，其计算公式为：

$$应纳税额 = 销售额 \times 比例税率 + 销售数量 \times 定额税率$$

现行消费税的征税范围中，只有卷烟、白酒采用复合计算方法。

【例题 4－4】　某木地板厂为增值税一般纳税人。2022 年 9 月 15 日向某建材商场销售实木地板一批，取得含增值税销售额 113 万元。已知实木地板适用的增值税税率为 13%，消费税税率为 5%。计算该厂当月应纳消费税税额。

【解析】　根据消费税法律制度的规定，从价计征消费税的销售额中不包括向购货方收取的增值税款。所以，在计算消费税时，应将增值税款从计税依据中剔除。计算过程如下：

（1）不含增值税销售额 $= 113 \div (1 + 13\%) = 100$（万元）。

（2）应纳消费税税额 $= 100 \times 5\% = 5$（万元）。

【例题 4－5】　某卷烟生产企业为增值税一般纳税人，2022 年 10 月销售乙类卷烟 1 500 标准条，取得含增值税销售额 84 750 元。已知乙类卷烟消费税比例税率为 36%，定额税率为 0.003 元/支，每标准条有 200 支；增值税税率为 13%。计算该企业当月应纳消费税税额。

【解析】　根据消费税法律制度的规定，卷烟实行从价定率和从量定额复合方法计征消费税。计算过程如下：

（1）不含增值税销售额 $= 84\ 750 \div (1 + 13\%) = 75\ 000$（元）。

（2）从价定率应纳税额 $=75\ 000 \times 36\% = 27\ 000$（元）

（3）从量定额应纳税额 $=1\ 500 \times 200 \times 0.003 = 900$（元）。

（4）应纳消费税税额合计 $=27\ 000 + 900 = 27\ 900$（元）。

2. 自产自用应纳消费税的计算

纳税人自产自用的应税消费品，用于连续生产应税消费品的，不纳税；凡用于其他方面的，于移送使用时，按照纳税人生产的同类消费品的销售价格计算纳税；没有同类消费品销售价格的，按照组成计税价格计算纳税。

（1）实行从价定率办法计征消费税的，其计算公式为：

$$组成计税价格 = （成本 + 利润） \div （1 - 比例税率）$$
$$应纳税额 = 组成计税价格 \times 比例税率$$

（2）实行复合计税办法计征消费税的，其计算公式为：

$$组成计税价格 = （成本 + 利润 + 自产自用数量 \times 定额税率） \div （1 - 比例税率）$$
$$应纳税额 = 组成计税价格 \times 比例税率 + 自产自用数量 \times 定额税率$$

上述公式中所说的"成本"，是指应税消费品的产品生产成本。上述公式中所说的"利润"，是指根据应税消费品的全国平均成本利润率计算的利润。应税消费品全国平均成本利润率由国家税务总局确定，具体标准如表4-5所示。

表4-5　应税消费品全国平均成本利润率

项目	成本利润率	项目	成本利润率
1. 甲类卷烟	10%	11. 摩托车	6%
2. 乙类卷烟	5%	12. 乘用车	8%
3. 雪茄烟	5%	13. 中轻型商用客车	5%
4. 烟丝	5%	14. 高尔夫球及球具	10%
5. 粮食白酒	10%	15. 高档手表	20%
6. 薯类白酒	5%	16. 木制一次性筷子	5%
7. 其他酒	5%	17. 实木地板	5%
8. 高档化妆品	5%	18. 游艇	10%
9. 鞭炮、烟火	5%	19. 电池	4%
10. 贵重首饰及珠宝玉石	6%	20. 涂料	7%

同类消费品的销售价格是指纳税人或者代收代缴义务人当月销售的同类消费品的销售价格，如果当月同类消费品各期销售价格高低不同，应按销售数量加权平均计算。但销售的应税消费品有下列情况之一的，不得列入加权平均计算：

①销售价格明显偏低又无正当理由的。

②无销售价格的。

如果当月无销售或者当月未完结，应按照同类消费品上月或者最近月份的销售价格计算纳税。

【例题4-6】某白酒厂2022年春节前，将新研制的薯类白酒1吨作为过节福利发放给员工饮用，该薯类白酒无同类产品市场销售价格。已知该批薯类白酒生产成本20 000元，成本利润率为5%，白酒消费税比例税率为20%；定额税率为0.5元/500克。计算该批薯类白酒应纳消费税税额。

【解析】根据消费税法律制度的规定，纳税人自产自用的应税消费品，用于企业员工福利的，应按照同类消费品的销售价格计算缴纳消费税；没有同类消费品销售价格的，按照组成计税价格计算纳税。计算过程如下：

(1) 组成计税价格 $=[20\ 000\times(1+5\%)+(1\times2\ 000\times0.5)]\div(1-20\%)=(21\ 000+1\ 000)\div(1-20\%)=27\ 500$ （元）。

(2) 应纳消费税税额 $=27\ 500\times20\%+1\times2\ 000\times0.5=6\ 500$ （元）。

3. 委托加工应纳消费税的计算

委托加工的应税消费品，按照受托方的同类消费品的销售价格计算纳税，没有同类消费品销售价格的，按照组成计税价格计算纳税。

(1) 实行从价定率办法计征消费税的，其计算公式为：

$$组成计税价格 =（材料成本+加工费）\div（1-比例税率）$$

$$应纳税额 = 组成计税价格 \times 比例税率$$

(2) 实行复合计税办法计征消费税的，其计算公式为：

$$组成计税价格 =（材料成本+加工费+委托加工数量\times定额税率）\div（1-比例税率）$$

$$应纳税额 = 组成计税价格 \times 比例税率+委托加工数量\times定额税率$$

材料成本，是指委托方所提供加工材料的实际成本。委托加工应税消费品的纳税人，必须在委托加工合同上如实注明（或以其他方式提供）材料成本，凡未提供材料成本的，受托方税务机关有权核定其材料成本。

加工费，是指受托方加工应税消费品向委托方所收取的全部费用（包括代垫辅助材料的实际成本），不包括增值税税款。

【例题4-7】某化妆品企业2022年10月受托为某商场加工一批高档化妆品，收取不含增值税加工费13万元，商场提供的原材料金额为72万元。已知该化妆品企业无同类产品销售价格，消费税税率为15%。计算该化妆品企业应代收代缴的消费税。

【解析】根据消费税法律制度的规定，委托加工的应税消费品，应按照受托方的同类消费品的销售价格计算缴纳消费税，没有同类消费品销售价格的，按照组成计税价格计算纳税。计算过程如下：

(1) 组成计税价格 $=(72+13)\div(1-15\%)=100$ （万元）。

(2) 应代收代缴消费税 $=100\times15\%=15$ （万元）。

4. 进口环节应纳消费税的计算

纳税人进口应税消费品，按照组成计税价格和规定的税率计算应纳税额。

(1) 从价定率计征消费税的，其计算公式为：

$$组成计税价格 =（关税完税价格+关税）\div（1-消费税比例税率）$$

$$应纳税额 = 组成计税价格 \times 消费税比例税率$$

公式中所称"关税完税价格",是指海关核定的关税计税价格。

（2）实行复合计税办法计征消费税的,其计算公式为：

$$组成计税价格 =（关税完税价格 + 关税 + 进口数量 \times 定额税率）\div（1 - 消费税比例税率）$$

$$应纳税额 = 组成计税价格 \times 消费税比例税率 + 进口数量 \times 定额税率$$

进口环节消费税除国务院另有规定外,一律不得给予减税、免税。

【例题4-8】某汽车贸易公司2022年10月从国外进口小汽车50辆,海关核定的每辆小汽车关税完税价为28万元,已知小汽车关税税率为20%,消费税税率为25%。计算该公司进口小汽车应纳消费税税额。

【解析】根据消费税法律制度的规定,纳税人进口应税消费品,按照组成计税价格和规定的税率计算应纳税额。计算过程如下：

（1）应纳关税税额 $= 50 \times 28 \times 20\% = 280$（万元）。

（2）组成计税价格 $=（50 \times 28 + 280）\div（1 - 25\%）= 2\ 240$（万元）。

（3）应纳消费税税额 $= 2\ 240 \times 25\% = 560$（万元）。

（三）已纳消费税的扣除

为了避免重复征税,现行消费税规定,将外购应税消费品和委托加工收回的应税消费品继续生产应税消费品销售的,可以将外购应税消费品和委托加工收回应税消费品已缴纳的消费税给予扣除。

六、消费税征收管理

（一）纳税义务发生时间

（1）纳税人销售应税消费品的,按不同的销售结算方式确定,分别为：

①采取赊销和分期收款结算方式的,为书面合同约定的收款日期的当天,书面合同没有约定收款日期或者无书面合同的,为发出应税消费品的当天。

②采取预收货款结算方式的,为发出应税消费品的当天。

③采取托收承付和委托银行收款方式的,为发出应税消费品并办妥托收手续的当天。

④采取其他结算方式的,为收讫销售款或者取得索取销售款凭据的当天。

（2）纳税人自产自用应税消费品的,为移送使用的当天。

（3）纳税人委托加工应税消费品的,为纳税人提货的当天。

（4）纳税人进口应税消费品的,为报关进口的当天。

（二）纳税地点

（1）纳税人销售的应税消费品,以及自产自用的应税消费品,除国务院财政、税务主管部门另有规定外,应当向纳税人机构所在地或者居住地的税务机关申报纳税。

（2）委托加工的应税消费品,除受托方为个人外,由受托方向机构所在地或者居住地的税务机关解缴消费税税款。受托方为个人的,由委托方向机构所在地的税务机关申报纳税。

（3）进口的应税消费品，由进口人或者其代理人向报关地海关申报纳税。

（4）纳税人到外县（市）销售或者委托外县（市）代销自产应税消费品的，于应税消费品销售后，向机构所在地或者居住地税务机关申报纳税。

（5）纳税人的总机构与分支机构不在同一县（市）的，应当分别向各自机构所在地的税务机关申报纳税。

纳税人的总机构与分支机构不在同一县（市），但在同一省（自治区、直辖市）范围内，经省（自治区、直辖市）财政厅（局）、税务局审批同意，可以由总机构汇总向总机构所在地的税务机关申报缴纳消费税。省（自治区、直辖市）财政厅（局）、税务局应将审批同意的结果，上报财政部、国家税务总局备案。

（6）纳税人销售的应税消费品，如因质量等原因由购买者退回时，经机构所在地或者居住地税务机关审核批准后，可退还已缴纳的消费税税款。

（7）出口的应税消费品办理退税后，发生退关或者国外退货，进口时予以免税的，报关出口者必须及时向其机构所在地或者居住地税务机关申报补缴已退还的消费税税款。纳税人直接出口的应税消费品办理免税后，发生退关或者国外退货，进口时已予以免税的，经机构所在地或者居住地税务机关批准，可暂不办理补税，待其转为国内销售时，再申报补缴消费税。

（8）个人携带或者邮寄进境的应税消费品的消费税，连同关税一并计征，具体办法由国务院关税税则委员会会同有关部门制定。

（三）纳税期限

消费税的纳税期限分别为 1 日、3 日、5 日、10 日、15 日、1 个月或者 1 个季度；纳税人的具体纳税期限，由税务机关根据纳税人应纳税额的大小分别核定；不能按照固定期限纳税的，可以按次纳税。

纳税人以 1 个月或者 1 个季度为 1 个纳税期的，自期满之日起 15 日内申报纳税；以 1 日、3 日、5 日、10 日或者 15 日为 1 个纳税期的，自期满之日起 5 日内预缴税款，于次月 1 日起至 15 日内申报纳税并结清上月应纳税款。

纳税人进口应税消费品，应当自海关填发海关进口消费税专用缴款书之日起 15 日内缴纳税款。

课后练习

一、单项选择题

1. 某白酒进口公司 2022 年 10 月从 M 国购进一批 2 000 公斤的白酒，已知该批白酒的关税完税价格为 50 400 元，消费税比例税率为 20%，定额税率为 0.5 元/斤，关税税率为 10%。该批白酒进口环节应缴纳消费税税额的下列计算公式中，正确的是（　　）。

A. $50\ 400 \times (1 + 10\%) \div (1 - 10\%) \times 10\% + 2\ 000 \times 0.5 \times 2 = 8\ 160$（元）

B. $[50\ 400 \times (1 + 10\%) + 2\ 000 \times 0.5 \times 2] \div (1 - 10\%) \times 10\% + 2\ 000 \times 0.5 \times 2 = 8\ 382.22$（元）

C. $50\,400 \times (1 + 10\%) \div (1 - 20\%) \times 20\% + 2\,000 \times 0.5 \times 2 = 15\,860$（元）

D. $[50\,400 \times (1 + 10\%) + 2\,000 \times 0.5 \times 2] \div (1 - 20\%) \times 20\% + 2\,000 \times 0.5 \times 2 = 16\,360$（元）

2. 某烟厂4月初烟丝库存为零，当月外购烟丝，取得增值税专用发票上注明不含税价款为58万元，本月末生产领用本月库存烟丝80%用于继续生产卷烟，已知烟丝消费税税率为30%。该企业本月应纳消费税中可扣除的消费税是（   ）。

A. $58 \times 30\% \times 80\% = 13.92$（万元）

B. $58 \div (1 + 13\%) \times 30\% \times 80\% = 12.32$（万元）

C. $58 \div (1 + 13\%) \times 30\% = 15.4$（万元）

D. $58 \times 30\% = 17.4$（万元）

3. 某木地板厂为增值税一般纳税人。2022年5月15日向某建材商场销售实木地板一批，取得含增值税销售额101.7万元。已知实木地板适用的增值税税率为13%，消费税税率为5%。该厂当月应纳消费税税额为（   ）。

A. $101.7 \times 5\% = 5.085$（万元）

B. $101.7 \div (1 - 13\%) \times 5\% = 5.84$（万元）

C. $101.7 \div (1 + 13\%) \times 5\% = 4.5$（万元）

D. $101.7 \div (1 - 5\%) \times 5\% = 5.35$（万元）

4. 某公司为增值税一般纳税人，2022年12月从国外进口一批高档化妆品，海关核定的关税完税价格为100万元。已知进口关税税率为26%，消费税税率为15%，增值税税率为13%。则该公司进口环节应缴纳的增值税和消费税合计为（   ）。

A. $(100 \times 26\% + 100) \div (1 + 15\%) \times (13\% + 15\%) = 30.68$（万元）

B. $(100 \times 26\% + 100) \times (13\% + 15\%) = 35.28$（万元）

C. $100 \times 13\% = 13$（万元）

D. $(100 \times 26\% + 100) \div (1 - 15\%) \times (13\% + 15\%) = 41.51$（万元）

5. 根据消费税法律制度的规定，下列各项中，不应当征收消费税的是（   ）。

A. 某白酒厂将自产的白酒用于赠送客户

B. 某卷烟厂将自产的烟丝用于连续生产卷烟

C. 某地板厂将自产的实木地板用于装修办公楼

D. 某化妆品厂将自产的高档保湿化妆品精华移送生产普通化妆品

6. 根据消费税法律制度的规定，纳税人以1个月或者1个季度为1个纳税期的，自期满之日起一定时间内申报缴纳消费税，该时间为（   ）。

A. 7日　　　　　　B. 10日　　　　　　C. 15日　　　　　　D. 30日

7. 根据消费税法律制度的规定，下列关于消费税纳税地点的表述中，不正确的是（   ）。

A. 单位自产自用的应税消费品，一般应向机构所在地的税务机关申报纳税

B. 个人委托外县纳税人代销自产应税消费品的，于应税消费品销售后，向居住地税务机关申报纳税

C. 个人销售的应税消费品，如因质量原因由购买者退回时，经机构所在地税务机关审

核批准后，可退还已缴纳的消费税税款

D. 个人携带或者邮寄进境的应税消费品，免征消费税

8. 根据消费税法律制度的规定，纳税人外购下列已税消费品用于生产应税消费品的，已纳消费税可以扣除的是（　　）。

A. 外购已税卷烟贴商标、包装生产出售的卷烟

B. 外购已税手表生产的高档手表

C. 外购已税白酒勾兑生产的白酒

D. 外购已税润滑油连续生产的润滑油

9. 下述关于自产自用或委托加工应税消费品销售额的陈述中，不正确的是（　　）。

A. 纳税人自产自用的应税消费品，按照纳税人生产的同类消费品的销售价格计算纳税

B. 纳税人自产自用的应税消费品，没有同类消费品销售价格的，按照组成计税价格计算纳税

C. 组成计税价格计算公式：组成计税价格 =（成本 + 利润）÷（1 + 消费税税率）

D. 委托加工的应税消费品，按照受托方的同类消费品的销售价格计算纳税

10. A 化妆品厂 3 月份委托 B 化妆品厂加工一批高档化妆品，提供原料的成本为 57 000 元，一次性支付加工费 9 500 元（均不含增值税）。已知 A 化妆品厂同类产品不含增值税的销售价格为 100 000 元，B 化妆品厂无同类产品售价；高档化妆品适用的消费税税率为 15%。则加工该批高档化妆品的 A 化妆品厂应缴纳消费税的下列计算公式中，正确的是（　　）。

A.（57 000 + 9 500）× 15% = 9 975（元）

B.（57 000 + 9 500）÷（1 - 15%）× 15% = 11 735.29（元）

C. 100 000 ÷（1 - 15%）× 15% = 17 647.06（元）

D. 100 000 × 15% = 15 000（元）

11. 某卷烟批发企业 2015 年 8 月兼营卷烟批发和零售业务，批发卷烟 30 箱，销售额 150 万元（不含税），零售卷烟 15 箱，销售额 80 万元（不含税）。计算该卷烟批发企业当月应缴纳消费税的下列公式中，正确的是（　　）。（已知 1 箱 = 50 000 支，卷烟消费税税率为 11% 加 0.005 元/支）

A.（150 + 80）× 11% + 45 × 50 000 × 0.005 ÷ 10 000 = 26.43（万元）

B. 150 × 11% + 30 × 50 000 × 0.005 ÷ 10 000 = 17.25（万元）

C. 80 × 11% + 15 × 50 000 × 0.005 ÷ 10 000 = 9.18（万元）

D. 150 × 11% = 16.5（万元）

12. 根据消费税法律制度的规定，下列关于从量计征销售数量的确定的说法中，不正确的是（　　）。

A. 销售应税消费品的，为应税消费品的销售数量

B. 自产自用应税消费品的，为应税消费品的移送使用数量

C. 委托加工应税消费品的，为纳税人收回应税消费品后的销售数量

D. 进口的应税消费品，为海关核定的应税消费品进口征税数量

13. 根据消费税法律制度的规定，下列关于消费税征收范围的表述中，不正确的是

（   ）。

A. 纳税人自产自用的应税消费品，用于连续生产应税消费品的，不缴纳消费税

B. 纳税人将自产自用的应税消费品用于馈赠、赞助的，缴纳消费税

C. 委托加工的应税消费品，受托方在交货时已代收代缴消费税，委托方收回后直接销售的，再缴纳一道消费税

D. 卷烟在生产和批发两个环节均征收消费税

二、多项选择题

1. 根据消费税法律制度的规定，下列各项中，应缴纳消费税的有（   ）。

A. 进口小汽车　　　　　　　　　　B. 零售超豪华小汽车

C. 委托加工金银首饰　　　　　　　D. 进口卷烟

2. 根据消费税法律制度的规定，下列情形中，应缴纳消费税的有（   ）。

A. 首饰店零售金银首饰　　　　　　B. 电池厂销售自产电池

C. 筷子厂销售自产竹制一次性筷子　D. 珠宝店进口钻石饰品

3. 根据消费税法律制度的规定，下列有关卷烟批发环节消费税的表述中，正确的有（   ）。

A. 卷烟批发环节消费税目前采用复合计税办法计征

B. 烟草批发企业将卷烟销售给其他烟草批发企业的，不缴纳消费税

C. 卷烟批发企业在计算应纳税额时可以扣除已含的生产环节的消费税税款

D. 烟草批发企业兼营卷烟批发和零售业务，但未分别核算批发和零售环节的销售额、销售数量的，按全部销售额、销售数量计征批发环节消费税

4. 下列关于消费税纳税义务发生时间的表述中，正确的有（   ）。

A. 纳税人采取托收承付和委托银行收款方式的，为发出应税消费品并办妥托收手续的当天

B. 纳税人自产自用应税消费品的，为移送使用的当天

C. 纳税人委托加工应税消费品的，为纳税人提货的当天

D. 纳税人进口应税消费品的，为报关进口的当天

5. 白酒生产企业生产销售白酒取得的下列款项中，应并入销售额计征消费税的有（   ）。

A. 优质费

B. 品牌使用费

C. 滞纳金

D. 代垫运费（承运部门的运费发票开具给购买方，并且该企业将该项发票转交给购买方）

6. 根据消费税法律制度的规定，下列应税消费品中，实行从量定额计征消费税的有（   ）。

A. 涂料　　　　B. 柴油　　　　C. 电池　　　　D. 黄酒

7. 根据消费税法律制度的规定，下列关于卷烟税率的表述中，正确的有（   ）。

A. 纳税人自产自用的卷烟应当按照纳税人生产的同牌号规格的卷烟销售价格确定征税

类别和适用税率

  B. 卷烟由于接装过滤嘴、改变包装或其他原因提高销售价格后，应按照新的销售价格确定征税类别和适用税率

  C. 委托加工的卷烟按照受托方同牌号规格卷烟的征税类别和适用税率征税；没有同牌号规格卷烟的，一律按卷烟最高税率征税

  D. 残次品卷烟应当按照同牌号规格正品卷烟的征税类别确定适用税率

8. 根据消费税法律制度的规定，下列货物销售应征收消费税的有（　　　　）。

  A. 汽车销售公司代销小汽车　　　　　B. 汽车修理厂销售汽车轮胎

  C. 金店零售金银首饰　　　　　　　　D. 手表厂生产销售高档手表

9. 根据消费税法律制度的规定，下列各项中，纳税人自产自用的应税消费品应当征收消费税的有（　　　　）。

  A. 用于本企业连续生产应税消费品的应税消费品

  B. 用于奖励代理商销售业绩的应税消费品

  C. 用于本企业生产性基建工程的应税消费品

  D. 用于广告样品的应税消费品

10. 根据消费税法律制度的规定，下列各项中，不属于消费税征税范围的有（　　　　）。

  A. 调味料酒

  B. 高档护肤类化妆品与普通修饰类化妆品组成的礼品套装

  C. 植物性润滑油

  D. 体育上用的发令纸

三、判断题

1. 如果纳税人当月无销售或者当月未完结，应按照同类消费品上月或者最近月份的销售价格计算纳税。　　　　　　　　　　　　　　　　　　　　　　（　　　）

2. 甲企业 3 月委托加工一批烟丝，已交付和支付受托方材料及加工费，该烟丝计划于 4 月 10 日加工完成并交付。则甲企业消费税纳税义务发生时间为 4 月 15 日。　（　　　）

3. 卷烟消费税改为在生产和批发两个环节征收后，批发企业在计算应纳税额时可以扣除已含的生产环节的消费税税款。　　　　　　　　　　　　　　　　　（　　　）

4. 对于由受托方提供原材料生产的应税消费品，或者受托方先将原材料卖给委托方，然后再接受加工的应税消费品，不论在财务上是否作为销售处理，都不得作为委托加工应税消费品，而应当按照销售自制应税消费品缴纳消费税。　　　　　　　　　　（　　　）

5. 企业购进货车或厢式货车改装生产的商务车，应按规定征收消费税。　（　　　）

6. 在中华人民共和国境内，是指生产、委托加工和进口属于应当缴纳消费税的消费品的起运地或者所在地在境内。　　　　　　　　　　　　　　　　　　　（　　　）

项目四　城市维护建设税和教育费附加法律制度

  城市维护建设税是以纳税人依法实际缴纳的增值税、消费税税额为计税依据所征收的一种税，主要目的是筹集城镇设施建设和维护资金。

教育费附加是以各单位和个人实际缴纳的增值税、消费税的税额为计征依据而征收的一种费用，其目的是加快发展教育事业，扩大教育经费资金来源。

一、城市维护建设税

（一）城市维护建设税纳税人

在中华人民共和国境内缴纳增值税、消费税的单位和个人，为城市维护建设税的纳税人，应当依照《中华人民共和国城市维护建设税法》的规定缴纳城市维护建设税。单位，是指各类企业（含外商投资企业、外国企业）、行政单位、事业单位、军事单位、社会团体及其他单位。个人，是指个体工商户和其他个人（含外籍个人）。

城市维护建设税扣缴义务人为负有增值税、消费税扣缴义务的单位和个人，在扣缴增值税、消费税的同时扣缴城市维护建设税。

（二）城市维护建设税税率

1. 税率的具体规定

城市维护建设税实行差别比例税率。按照纳税人所在地区的不同，设置了3档比例税率，即：

（1）纳税人所在地在市区的，税率为7%；

（2）纳税人所在地在县城、镇的，税率为5%；

（3）纳税人所在地不在市区、县城或者镇的，税率为1%。

纳税人所在地，是指纳税人住所地或者与纳税人生产经营活动相关的其他地点，具体地点由省、自治区、直辖市确定。

2. 适用税率的确定

由受托方代扣代缴、代收代缴增值税、消费税的单位和个人，其代扣代缴、代收代缴的城市维护建设税按受托方所在地适用税率执行。

流动经营等无固定纳税地点的单位和个人，在经营地缴纳增值税、消费税的，其城市维护建设税的缴纳按经营地适用税率执行。

（三）城市维护建设税计税依据

城市维护建设税的计税依据为纳税人实际缴纳的增值税、消费税税额。在计算计税依据时，应当按照规定扣除期末留抵退税退还的增值税税额。

（四）城市维护建设税应纳税额的计算

城市维护建设税的应纳税额按照纳税人实际缴纳的增值税、消费税税额乘以适用税率计算。其计算公式为：

应纳税额 = 纳税人实际缴纳的增值税、消费税税额 × 适用税率

对实行增值税期末留抵退税的纳税人，允许其从城市维护建设税的计税依据中扣除退还

的增值税税额。

【例题4-9】 甲公司为国有企业，位于某市东城区，2022年9月应缴增值税90 000元，实际缴纳增值税80 000元；应缴消费税70 000元，实际缴纳消费税60 000元。已知适用的城市维护建设税税率为7%，计算该公司当月应纳城市维护建设税税额。

【解析】 根据城市维护建设税法律制度规定，城市维护建设税以纳税人实际缴纳的增值税、消费税税额为计税依据。计算过程如下：

应纳城市维护建设税税额 =（80 000 + 60 000）×7% = 140 000 ×7% = 9 800（元）。

（五）城市维护建设税税收优惠

城市维护建设税属于增值税、消费税的一种附加税，原则上不单独规定税收减免条款。如果税法规定减免增值税、消费税，也就相应地减免了城市维护建设税。现行城市维护建设税的减免规定主要有以下方面：

（1）对进口货物或者境外单位和个人向境内销售劳务、服务、无形资产缴纳的增值税、消费税税额，不征收城市维护建设税。

（2）对出口货物、劳务和跨境销售服务、无形资产以及因优惠政策退还增值税、消费税的，不退还已缴纳的城市维护建设税。

（3）对增值税、消费税实行先征后返、先征后退、即征即退办法的，除另有规定外，对随增值税、消费税附征的城市维护建设税，一律不予退（返）还。

（4）根据国民经济和社会发展的需要，国务院对重大公共基础设施建设、特殊产业和群体以及重大突发事件应对等情形可以规定减征或者免征城市维护建设税，报全国人民代表大会常务委员会备案。

（六）城市维护建设税征收管理

1. 纳税义务发生时间

城市维护建设税纳税义务发生时间与缴纳增值税、消费税的纳税义务发生时间一致，分别与增值税、消费税同时缴纳。

2. 纳税地点

城市维护建设税纳税地点为实际缴纳增值税、消费税的地点。扣缴义务人应当向其机构所在地或者居住地的主管税务机关申报缴纳其扣缴的税款。有特殊情况的，按下列原则和办法确定纳税地点：

代扣代缴、代收代缴增值税、消费税的单位和个人，同时也是城市维护建设税的代扣代缴、代收代缴义务人，其纳税地点为代扣代收地。

对流动经营等无固定纳税地点的单位和个人，应随同增值税、消费税在经营地纳税。

3. 纳税期限

城市维护建设税的纳税期限与增值税、消费税的纳税期限一致。根据增值税法和消费税法规定，增值税、消费税的纳税期限分别为1日、3日、5日、10日、15日、1个月或者1个季度；纳税人的具体纳税期限，由税务机关根据纳税人应纳税额的大小分别核定；不能按按照固定期限纳税的，可以按次纳税。

二、教育费附加

（一）教育费附加征收范围

教育费附加的征收范围为税法规定征收增值税、消费税的单位和个人，包括外商投资企业、外国企业及外籍个人。

（二）教育费附加计征依据

教育费附加以纳税人实际缴纳的增值税、消费税税额之和为计征依据。

（三）教育费附加征收比率

现行教育费附加征收比率为3%。

（四）教育费附加计算与缴纳

1. 计算公式

应纳教育费附加 = 实际缴纳增值税、消费税税额之和 × 征收比率

【例题4-10】某大型国有商场2022年12月应缴纳增值税260 000元，实际缴纳增值税200 000元；实际缴纳消费税100 000元。计算该商场当月应纳教育费附加。

应纳教育费附加 =（200 000 + 100 000）× 3% = 300 000 × 3% = 9 000（元）。

2. 费用缴纳

教育费附加分别与增值税、消费税税款同时缴纳。

（五）教育费附加减免规定

教育费附加的减免，原则上比照增值税、消费税的减免规定。如果税法规定增值税、消费税减免，则教育费附加也就相应地减免。主要的减免规定有以下方面：

（1）对海关进口产品征收的增值税、消费税，不征收教育费附加。

（2）对由于减免增值税、消费税而发生退税的，可同时退还已征收的教育费附加。但对出口产品退还增值税、消费税的，不退还已征的教育费附加。

课后练习

一、单项选择题

1. 下列关于城市维护建设税的征收管理的表述中，不正确的是（　　）。

A. 城市维护建设税分别与增值税、消费税同时缴纳

B. 对流动经营等无固定纳税地点的单位和个人，应随同增值税、消费税在经营地纳税

C. 城市维护建设税只能按固定期限纳税

D. 城市维护建设税的纳税期限与增值税、消费税的纳税期限一致

2. 根据城市维护建设税法律制度的规定，下列关于城市维护建设税税收优惠的表述中，不正确的是（　　）。

A. 对增值税实行先征后返办法的，除另有规定外，可以退还随增值税附征的城市维护建设税

B. 海关对进口产品代征的增值税，不征收城市维护建设税

C. 对增值税实行先征后退办法的，除另有规定外，不予退还随增值税附征的城市维护建设税

D. 对增值税实行即征即退办法的，除另有规定外，不予退还随增值税附征的城市维护建设税

3. 2022年6月甲公司向税务机关实际缴纳增值税10.3万元，实际缴纳消费税20.6万元，已知教育费附加征收比率为3%，计算甲公司当月应缴纳教育费附加的下列算式中，正确的是（　　）。

A. （10.3 + 20.6）× 3% = 0.927（万元）

B. 10.3 × 3% = 0.309（万元）

C. 10.3 ÷（1 + 3%）× 3% = 0.3（万元）

D. （10.3 + 20.6）÷（1 + 3%）× 3% = 0.9（万元）

二、多项选择题

1. 根据教育费附加的相关规定，下列关于教育费附加的表述中，正确的有（　　）。

A. 对海关进口产品征收的增值税，同时需征收教育费附加

B. 教育费附加以纳税人实际缴纳的增值税、消费税税额之和为计征依据

C. 对外商投资企业征收教育费附加

D. 教育费附加征收比率为3%

2. 下列关于城市维护建设税的说法中，正确的有（　　）。

A. 由受托方代征、代扣增值税、消费税的单位和个人，其代征、代扣的城市维护建设税适用受托方所在地的税率

B. 流动经营等无固定纳税地点的单位和个人，在经营地缴纳增值税、消费税的，其城市维护建设税的缴纳按经营地使用税率执行

C. 对出口产品退还增值税、消费税的，应同时退还已缴纳的城市维护建设税

D. 对由于减免增值税、消费税而发生退税的，不予退还已征收的城市维护建设税

三、判断题

1. 纳税人缴纳城市维护建设税的地点为实际缴纳增值税、消费税的地点。　　　　　　（　　）

2. 对出口产品退还增值税、消费税的，退还已缴纳的城市维护建设税。海关对进口产品代征的增值税、消费税，不征收城市维护建设税。　　　　　　（　　）

3. 流动经营等无固定纳税地点的单位和个人，在经营地缴纳增值税、消费税的，其城市维护建设税的缴纳按经营地适用税率执行。　　　　　　（　　）

项目五　企业所得税法律制度

企业所得税是对企业和其他取得收入的组织的生产经营所得和其他所得征收的一种税。

一、企业所得税纳税人

在中华人民共和国境内，企业和其他取得收入的组织（以下统称"企业"）为企业所得税的纳税人，依照《中华人民共和国企业所得税法》（以下简称《企业所得税法》）的规定缴纳企业所得税。企业所得税纳税人包括各类企业、事业单位、社会团体、民办非企业单位和从事经营活动的其他组织。依照中国法律、行政法规成立的个人独资企业、合伙企业，不属于企业所得税纳税人，不缴纳企业所得税。

企业所得税采取收入来源地管辖权和居民管辖权相结合的双重管辖权，把企业分为居民企业和非居民企业，分别确定不同的纳税义务。

（一）居民企业

居民企业，是指依法在中国境内成立，或者依照外国（地区）法律成立但实际管理机构在中国境内的企业。实际管理机构，是指对企业的生产经营、人员、账务、财产等实施实质性全面管理和控制的机构。

（二）非居民企业

非居民企业，是指依照外国（地区）法律成立且实际管理机构不在中国境内，但在中国境内设立机构、场所的，或者在中国境内未设立机构、场所，但有来源于中国境内所得的企业。

非居民企业委托营业代理人在中国境内从事生产经营活动的，包括委托单位或者个人经常代其签订合同，或者储存、交付货物等，该营业代理人视为非居民企业在中国境内设立的机构、场所。

二、企业所得税征税对象

（一）居民企业的征税对象

居民企业应当就其来源于中国境内、境外的所得缴纳企业所得税，具体包括销售货物所得、提供劳务所得、转让财产所得、股息红利等权益性投资所得、利息所得、租金所得、特许权使用费所得、接受捐赠所得和其他所得。

（二）非居民企业的征税对象

非居民企业在中国境内设立机构、场所的，应当就其所设机构、场所取得的来源于中国境内的所得，以及发生在中国境外但与其所设机构、场所有实际联系的所得，缴纳企业所得税。

（三）来源于中国境内、境外所得的确定原则

来源于中国境内、境外的所得，按照以下原则确定：

（1）销售货物所得，按照交易活动发生地确定。

（2）提供劳务所得，按照劳务发生地确定。

（3）转让财产所得，不动产转让所得按照不动产所在地确定，动产转让所得按照转让动产的企业或者机构、场所所在地确定，权益性投资资产转让所得按照被投资企业所在地确定。

（4）股息、红利等权益性投资所得，按照分配所得的企业所在地确定。

（5）利息所得、租金所得、特许权使用费所得，按照负担、支付所得的企业或者机构、场所所在地确定，或者按照负担、支付所得的个人的住所地确定。

（6）其他所得，由国务院财政、税务主管部门确定。

三、企业所得税税率

企业所得税实行比例税率。

居民企业以及在中国境内设立机构、场所且取得的所得与其所设机构、场所有实际联系的非居民企业，应当就其来源于中国境内、境外的所得缴纳企业所得税，适用税率为25%。

非居民企业在中国境内未设立机构、场所的，或者虽设立机构、场所但取得的所得与其所设机构、场所没有实际联系的，应当就其来源于中国境内的所得缴纳企业所得税，适用税率为20%。

四、企业所得税应纳税所得额的计算

（一）企业所得税应纳税所得额的计算公式与原则

企业所得税的计税依据是应纳税所得额，即企业每一纳税年度的收入总额，减除不征税收入、免税收入、各项扣除以及允许弥补的以前年度亏损后的余额。计算公式如下：

$$应纳税所得额 = 收入总额 - 不征税收入 - 免税收入 - 各项扣除 -$$
$$允许弥补的以前年度亏损$$

企业应纳税所得额的计算，以权责发生制为原则，属于当期的收入和费用，不论款项是否收付，均作为当期的收入和费用；不属于当期的收入和费用，即使款项已经在当期收付，均不作为当期的收入和费用。在计算应纳税所得额时，企业财务、会计处理办法与税收法律法规的规定不一致的，应当依照税收法律法规的规定计算。

（二）收入总额

1. 收入总额的定义和形式

企业收入总额是指以货币形式和非货币形式从各种来源取得的收入。

企业取得收入的货币形式，包括现金、存款、应收账款、应收票据、准备持有至到期的债券投资以及债务的豁免等。企业取得收入的非货币形式，包括固定资产、生物资产、无形

资产、股权投资、存货、不准备持有至到期的债券投资、劳务以及有关权益等。非货币形式收入应当按照公允价值确定收入额。

企业取得的收入包括销售货物收入，提供劳务收入，转让财产收入，股息、红利等权益性投资收益，利息收入，租金收入，特许权使用费收入，接受捐赠收入，其他收入。

2. 销售货物收入

销售货物收入，是指企业销售商品、产品、原材料、包装物、低值易耗品以及其他存货取得的收入。除法律法规另有规定外，企业销售货物收入的确认，必须遵循权责发生制原则和实质重于形式原则。

（1）符合收入确认条件，采取下列商品销售方式的，应按以下规定确认收入实现时间：

①销售商品采用托收承付方式的，在办妥托收手续时确认收入。

②销售商品采用预收款方式的，在发出商品时确认收入。

③销售商品需要安装和检验的，在购买方接受商品以及安装和检验完毕时确认收入。如果安装程序比较简单，可在发出商品时确认收入。

④销售商品采用支付手续费方式委托代销的，在收到代销清单时确认收入。

（2）采用售后回购方式销售商品的，销售的商品按售价确认收入，回购的商品作为购进商品处理。

（3）销售商品以旧换新的，销售商品应当按照销售商品收入确认条件确认收入，回收的商品作为购进商品处理。

（4）企业为促进商品销售而在商品价格上给予的价格扣除属于商业折扣，商品销售涉及商业折扣的，应当按照扣除商业折扣后的金额确定销售商品收入金额。

企业因售出商品的质量不合格等原因而在售价上给予的减让属于销售折让；企业因售出商品质量、品种不符合要求等原因而发生的退货属于销售退回。企业已经确认销售收入的售出商品发生销售折让和销售退回，应当在发生当期冲减当期销售商品收入。

3. 提供劳务收入

企业在各个纳税期末，提供劳务交易的结果能够可靠估计的，应采用完工进度（百分比）法确认提供劳务收入。

企业应按照从接受劳务方已收或应收的合同或协议价款确定劳务收入总额、根据纳税期末提供劳务收入总额乘以完工进度扣除以前纳税年度累计已确认提供劳务收入后的金额，确认为当期劳务收入；同时，按照提供劳务估计总成本乘以完工进度扣除以前纳税期间累计已确认劳务成本后的金额，结转为当期劳务成本。

4. 转让财产收入

转让财产收入，是指企业转让固定资产、生物资产、无形资产、股权、债权等财产取得的收入。转让财产收入应当按照从财产受让方已收或应收的合同或协议价款确认收入。

5. 股息、红利等权益性投资收益

股息、红利等权益性投资收益，是指企业因权益性投资从被投资方取得的收入。股息、红利等权益性投资收益，除国务院财政、税务主管部门另有规定外，按照被投资方作出利润分配决定的日期确认收入的实现。

6. 利息收入

利息收入，是指企业将资金提供他人使用但不构成权益性投资，或者因他人占用本企业资金取得的收入，包括存款利息、贷款利息、债券利息、欠款利息等收入。利息收入，按照合同约定的债务人应付利息的日期确认收入的实现。

7. 租金收入

租金收入，是指企业提供固定资产、包装物或者其他有形资产的使用权取得的收入。租金收入，按照合同约定的承租人应付租金的日期确认收入的实现。如果交易合同或协议中规定租赁期限跨年度，且租金提前一次性支付的，出租人可对上述已确认的收入，在租赁期内，分期均匀计入相关年度收入。

8. 特许权使用费收入

特许权使用费收入，按照合同约定的特许权使用人应付特许权使用费的日期确认收入的实现。

9. 接受捐赠收入

接受捐赠收入，按照实际收到捐赠资产的日期确认收入的实现。

10. 其他收入

其他收入包括企业资产溢余收入、逾期未退包装物押金收入、确实无法偿付的应付款项、已作坏账损失处理后又收回的应收款项、债务重组收入、补贴收入、违约金收入、汇兑收益等。

11. 特殊收入的确认

（1）以分期收款方式销售货物的，按照合同约定的收款日期确认收入的实现。

（2）企业受托加工制造大型机械设备、船舶、飞机，以及从事建筑、安装、装配工程业务或者提供其他劳务等，持续时间超过 12 个月的，按照纳税年度内完工进度或者完成的工作量确认收入的实现。

（3）采取产品分成方式取得收入的，按照企业分得产品的日期确认收入的实现，其收入额按照产品的公允价值确定。

（4）企业发生非货币性资产交换，以及将货物、财产、劳务用于捐赠、偿债、赞助、集资、广告、样品、职工福利或者利润分配等用途的，应当视同销售货物、转让财产或者提供劳务，但国务院财政、税务主管部门另有规定的除外。

（5）企业以买一赠一等方式组合销售本企业商品的，不属于捐赠，应将总的销售金额按各项商品的公允价值的比例来分摊确认各项销售收入。

（三）不征税收入

下列收入为不征税收入：

（1）财政拨款。

（2）依法收取并纳入财政管理的行政事业性收费、政府性基金。

（3）国务院规定的其他不征税收入。

（四）税前扣除项目

企业实际发生的与取得收入有关的、合理的支出，包括成本、费用、税金、损失和其他支出，准予在计算应纳税所得额时扣除。合理的支出，是指符合生产经营活动常规，应当计入当期损益或者有关资产成本的必要和正常的支出。

（1）成本，是指企业在生产经营活动中发生的销售成本、销货成本、业务支出以及其他耗费。

（2）费用，是指企业在生产经营活动中发生的销售费用、管理费用和财务费用。已经计入成本的有关费用除外。

（3）税金，即纳税人按照规定缴纳的消费税、资源税、土地增值税、关税、城市维护建设税、教育费附加及房产税、车船税、城镇土地使用税、印花税等。企业缴纳的增值税属于价外税，不计入企业收入总额。

（4）损失，是指企业在生产经营活动中发生的固定资产和存货的盘亏、毁损、报废损失，转让财产损失，呆账损失，坏账损失，自然灾害等不可抗力因素造成的损失以及其他损失。

企业发生的损失，减除责任人赔偿和保险赔款后的余额，可以按规定扣除。企业已经作为损失处理的资产，在以后纳税年度又全部收回或者部分收回时，应当计入当期收入。

（5）其他支出，是指除成本、费用、税金、损失外，企业在生产经营活动中发生的与生产经营活动有关的、合理的支出。

（五）税前扣除标准

1. 工资、薪金支出

企业发生的合理的工资、薪金支出，准予扣除。工资、薪金，是指企业每一纳税年度支付给在本企业任职或者受雇的员工的所有现金形式或者非现金形式的劳动报酬，包括基本工资、奖金、津贴、补贴、年终加薪、加班工资，以及与员工任职或者受雇有关的其他支出。

2. 职工福利费、工会经费、职工教育经费

企业发生的职工福利费、工会经费、职工教育经费按标准扣除。未超过标准的按实际发生数额扣除，超过扣除标准的只能按标准扣除。

（1）企业发生的职工福利费支出，不超过工资薪金总额14%的部分，准予扣除。

（2）企业拨缴的工会经费，不超过工资薪金总额2%的部分，准予扣除。

（3）企业发生的职工教育经费支出，不超过工资薪金总额8%的部分，准予在计算企业所得税应纳税所得额时扣除；超过部分，准予在以后纳税年度结转扣除。

3. 社会保险费

（1）企业依照国务院有关主管部门或者省级人民政府规定的范围和标准为职工缴纳的基本养老保险费、基本医疗保险费、失业保险费、工伤保险费等基本社会保险费和住房公积金，准予扣除。

（2）企业根据国家有关政策规定，为在本企业任职或者受雇的全体员工支付的补充养

老保险费、补充医疗保险费，分别在不超过职工工资总额5%标准内的部分，在计算应纳税所得额时准予扣除；超过的部分，不予扣除。

4. 借款费用

（1）企业在生产经营活动中发生的合理的不需要资本化的借款费用，准予扣除。

（2）企业为购置、建造固定资产、无形资产和经过12个月以上的建造才能达到预定可销售状态的存货发生借款的，在有关资产购置、建造期间发生的合理的借款费用，应当作为资本性支出计入有关资产的成本，并依照《中华人民共和国企业所得税法实施条例》的有关规定扣除。

5. 利息费用

企业在生产经营活动中发生的下列利息支出，准予扣除：

（1）非金融企业向金融企业借款的利息支出、金融企业的各项存款利息支出和同业拆借利息支出、企业经批准发行债券的利息支出可据实扣除。

（2）非金融企业向非金融企业借款的利息支出，不超过按照金融企业同期同类贷款利率计算的数额的部分可据实扣除，超过部分不许扣除。

（3）凡企业投资者在规定期限内未缴足其应缴资本额的，该企业对外借款所发生的利息，相当于投资者实缴资本额与在规定期限内应缴资本额的差额应计付的利息，不属于企业合理的支出，应由企业投资者负担，不得在计算企业应纳税所得额时扣除。

（4）企业向股东或其他与企业有关联关系的自然人借款的利息支出，应根据《企业所得税法》及《财政部　国家税务总局关于企业关联方利息支出税前扣除标准有关税收政策问题的通知》（财税〔2008〕121号）规定的条件，计算企业所得税扣除额。

6. 汇兑损失

企业在货币交易中，以及纳税年度终了时将人民币以外的货币性资产、负债按照期末即期人民币汇率中间价折算为人民币时产生的汇兑损失，除已经计入有关资产成本以及与向所有者进行利润分配相关的部分外，准予扣除。

7. 公益性捐赠

公益性捐赠，是指企业通过公益性社会组织或者县级以上人民政府及其部门，用于符合法律规定的慈善活动、公益事业的捐赠。

企业当年发生以及以前年度结转的公益性捐赠支出，不超过年度利润总额12%的部分，在计算应纳税所得额时准予扣除；超过年度利润总额12%的部分，准予结转以后3年内在计算应纳税所得额时扣除。企业在对公益性捐赠支出计算扣除时，应先扣除以前年度结转的捐赠支出，再扣除当年发生的捐赠支出。

年度利润总额，是指企业依照国家统一会计制度的规定计算的年度会计利润。

公益性捐赠具体范围包括以下方面：

（1）救助灾害、救济贫困、扶助残疾人等困难的社会群体和个人的活动。

（2）教育、科学、文化、卫生、体育事业。

（3）环境保护、社会公共设施建设。

（4）促进社会发展和进步的其他社会公共和福利事业。

【拓展阅读】

8. 业务招待费

企业发生的与生产经营活动有关的业务招待费支出，按照发生额的60%扣除，但最高不得超过当年销售（营业）收入的5‰。

企业在筹建期间，发生的与筹办活动有关的业务招待费支出，可按实际发生额的60%计入企业筹办费，并按有关规定在税前扣除。

9. 广告费和业务宣传费

企业发生的符合条件的广告费和业务宣传费支出，除国务院财政、税务主管部门另有规定外，不超过当年销售（营业）收入15%的部分，准予扣除；超过部分，准予在以后纳税年度结转扣除。企业在筹建期间，发生的广告费和业务宣传费，可按实际发生额计入企业筹办费，并按有关规定在税前扣除。

自2021年1月1日至2025年12月31日，对化妆品制造或销售、医药制造和饮料制造（不含酒类制造）企业发生的广告费和业务宣传费支出，不超过当年销售（营业）收入30%的部分，准予扣除；超过部分，准予在以后纳税年度结转扣除。

烟草企业的烟草广告费和业务宣传费支出，一律不得在计算应纳税所得额时扣除。

10. 环境保护专项资金

企业依照法律、行政法规有关规定提取的用于环境保护、生态恢复等方面的专项资金，准予扣除。上述专项资金提取后改变用途的，不得扣除。

11. 保险费

（1）企业参加财产保险，按照规定缴纳的保险费，准予扣除。

（2）除企业依照国家有关规定为特殊工种职工支付的人身安全保险费和国务院财政、税务主管部门规定可以扣除的其他商业保险费外，企业为投资者或职工支付的商业保险费，不得扣除。

（3）企业参加雇主责任险、公众责任险等责任保险，按照规定缴纳的保险费，准予在企业所得税税前扣除。

（4）企业职工因公出差乘坐交通工具发生的人身意外保险费支出，准予企业在计算应纳税所得额时扣除。

12. 租赁费

企业根据生产经营活动的需要租入固定资产支付的租赁费，按照以下方法扣除：

（1）以经营租赁方式租入固定资产发生的租赁费支出，按照租赁期限均匀扣除。经营性租赁是指所有权不转移的租赁。

（2）以融资租赁方式租入固定资产发生的租赁费支出，按照规定构成融资租入固定资产价值的部分应当提取折旧费用分期扣除。融资租赁是指在实质上转移与一项资产所有权有关的全部风险和报酬的一种租赁。

13. 劳动保护支出

企业发生的合理的劳动保护支出，准予扣除。

14. 有关资产的费用

企业转让各类固定资产发生的费用，允许扣除。企业按规定计算的固定资产折旧费、无形资产和递延资产的摊销费，准予扣除。

15. 总机构分摊的费用

非居民企业在中国境内设立的机构、场所，就其中国境外总机构发生的与该机构、场所生产经营有关的费用，能够提供总机构出具的费用汇集范围、定额、分配依据和方法等证明文件，并合理分摊的，准予扣除。

16. 手续费及佣金支出

（1）自 2019 年 1 月 1 日起，保险企业发生与其经营活动有关的手续费及佣金支出，不超过当年全部保费收入扣除退保金等后余额的 18%（含本数）的部分，在计算应纳税所得额时准予扣除；超过部分，允许结转以后年度扣除。

（2）其他企业按与具有合法经营资格的中介服务机构或个人（不含交易双方及其雇员、代理人和代表人等）所签订服务协议或合同确认的收入金额的 5% 计算限额。

（3）从事代理服务、主营业务收入为手续费、佣金的企业（如证券、期货、保险代理等企业），为取得该类收入而实际发生的营业成本（包括手续费及佣金支出），准予在企业所得税前据实扣除。

17. 党组织工作经费

国有企业（包括国有独资、全资和国有资本绝对控股、相对控股企业）纳入管理费用的党组织工作经费，实际支出不超过职工年度工资薪金总额 1% 的部分，可以据实在企业所得税前扣除。非公有制企业党组织工作经费纳入企业管理费列支，不超过职工年度工资薪金总额 1% 的部分，可以据实在企业所得税前扣除。

18. 其他支出项目

依照有关法律、行政法规和国家有关税法规定准予扣除的其他项目，如会员费、合理的会议费、差旅费、违约金、诉讼费用等。

（六）不得税前扣除项目

在计算应纳税所得额时，下列支出不得扣除：

（1）向投资者支付的股息、红利等权益性投资收益款项。

（2）企业所得税税款。

（3）税收滞纳金。具体是指纳税人违反税收法规，被税务机关处以的滞纳金。

（4）罚金、罚款和被没收财物的损失。是指纳税人违反国家有关法律、法规规定，被有关部门处以的罚款，以及被司法机关处以的罚金和被没收的财物。

（5）超过规定标准的捐赠支出。

（6）赞助支出。具体是指企业发生的与生产经营活动无关的各种非广告性质支出。

（7）未经核定的准备金支出。具体是指不符合国务院财政、税务主管部门规定的各项资产减值准备、风险准备等准备金支出。

（8）企业之间支付的管理费、企业内营业机构之间支付的租金和特许权使用费，以及非银行企业内营业机构之间支付的利息。

（9）与取得收入无关的其他支出。

（七）亏损弥补

亏损，是指企业将每一纳税年度的收入总额减除不征税收入、免税收入和各项扣除后小于零的数额。税法规定，企业某一纳税年度发生的亏损可以用下一年度的所得弥补，下一年度的所得不足以弥补的，可以逐年延续弥补，但最长不得超过 5 年。企业在汇总计算缴纳企业所得税时，其境外营业机构的亏损不得抵减境内营业机构的盈利。

自 2018 年 1 月 1 日起，当年具备高新技术企业或科技型中小企业资格的企业，其具备资格年度之前 5 个年度发生的尚未弥补完的亏损，准予结转以后年度弥补，最长结转年限由 5 年延长至 10 年。

（八）非居民企业应纳税所得额的计算

在中国境内未设立机构、场所的，或者虽设立机构、场所但取得的所得与其所设机构、场所没有实际联系的非居民企业，其取得的来源于中国境内的所得，按照下列方法计算其应纳税所得额：

（1）股息、红利等权益性投资收益和利息、租金、特许权使用费所得，以收入全额为应纳税所得额。

（2）转让财产所得，以收入全额减除财产净值后的余额为应纳税所得额。财产净值，是指有关资产、财产的计税基础减除已经按照规定扣除的折旧、折耗、摊销、准备金等后的余额。

（3）其他所得，参照前两项规定的方法计算应纳税所得额。

五、企业所得税应纳税额的计算

企业所得税应纳税额的计算公式为：

$$应纳税额 = 应纳税所得额 \times 适用税率 - 减免税额 - 抵免税额$$

其中的减免税额和抵免税额，是指依照《企业所得税法》和国务院的税收优惠规定减征、免征和抵免的应纳税额。

六、企业所得税税收优惠

我国企业所得税的税收优惠包括免税收入、所得减免、减低税率、民族自治地方的减免税、加计扣除、抵扣应纳税所得额、加速折旧、减计收入、税额抵免和其他专项优惠政策。企业同时从事适用不同企业所得税待遇的项目的，其优惠项目应当单独计算所得，并合理分摊企业的期间费用；没有单独计算的，不得享受企业所得税优惠。

七、企业所得税征收管理

（一）纳税地点

1. 居民企业的纳税地点

除税收法律、行政法规另有规定外，居民企业以企业登记注册地为纳税地点；但登记注册地在境外的，以实际管理机构所在地为纳税地点。

居民企业在中国境内设立不具有法人资格的营业机构的，应当汇总计算并缴纳企业所得税。除国务院另有规定外，企业之间不得合并缴纳企业所得税。

2. 非居民企业的纳税地点

非居民企业在中国境内设立机构、场所的，以机构、场所所在地为纳税地点。非居民企业在中国境内设立 2 个或者 2 个以上机构、场所的，符合国务院税务主管部门规定条件的，可以选择由其主要机构、场所汇总缴纳企业所得税。

在中国境内未设立机构、场所的，或者虽设立机构、场所但取得的所得与其所设机构、场所没有实际联系的非居民企业，以扣缴义务人所在地为纳税地点。

（二）按年计征与分期预缴

企业所得税按年计征，分月或者分季预缴，年终汇算清缴，多退少补。纳税年度自公历 1 月 1 日起至 12 月 31 日止。

企业在一个纳税年度中间开业，或者终止经营活动，使该纳税年度的实际经营期不足 12 个月的，应当以其实际经营期为一个纳税年度。企业依法清算时，应当以清算期间作为一个纳税年度。

（三）汇算清缴期限

企业应当自年度终了之日起 5 个月内，向税务机关报送年度企业所得税纳税申报表，并汇算清缴，结清应缴应退税款。

企业在年度中间终止经营活动的，应当自实际经营终止之日起 60 日内，向税务机关办理当期企业所得税汇算清缴。

（四）纳税申报

按月或按季预缴的，应当自月份或者季度终了之日起 15 日内，向税务机关报送预缴企业所得税纳税申报表，预缴税款。企业在报送企业所得税纳税申报表时，应当按照规定附送财务会计报告和其他有关资料。

企业应当在办理注销登记前，就其清算所得向税务机关申报并依法缴纳企业所得税。企业分月或者分季预缴企业所得税时，应当按照月度或者季度的实际利润额预缴；按照月度或者季度的实际利润额预缴有困难的，可以按照上一纳税年度应纳税所得额的月度或者季度平均额预缴，或者按照经税务机关认可的其他方法预缴。预缴方法一经确定，该纳税年度内不得随意变更。

企业在纳税年度内无论盈利或者亏损，都应当依照规定期限，向税务机关报送预缴企业所得税纳税申报表、年度企业所得税纳税申报表、财务会计报告和税务机关规定应当报送的其他有关资料。

课后练习

一、单项选择题

1. 2022 年，某企业实现的利润总额为 500 万元，其中包含国债利息收入 10 万元，税收滞纳金支出 5 万元。该企业适用的所得税税率为 25%。不考虑其他因素，2020 年该企业确认的应纳税额为（　　）。

A. 123.75 万元　　　　B. 126.25 万元　　　　C. 125 万元　　　　D. 122.5 万元

2. 2022 年 12 月甲公司发生大型生产设备的大修理支出。该设备原折旧年限 10 年，大修理前已使用 5 年；大修理后使用年限延长 4 年，尚可使用年限 9 年。关于甲公司该笔大修理支出企业所得税税务处理的下列表述中，正确的是（　　）。

A. 按 5 年分期摊销扣除　　　　　　　　B. 按 9 年分期摊销扣除
C. 按 4 年分期摊销扣除　　　　　　　　D. 按 10 年分期摊销扣除

3. 企业从事下列项目取得的所得中，减半征收企业所得税的是（　　）。

A. 饲养家禽　　　　B. 远洋捕捞　　　　C. 海水养殖　　　　D. 种植中药材

4. 甲公司 2022 年年度利润总额 1 300 万元，通过县政府向目标脱贫地区的扶贫捐赠 180 万元，通过县民政部门向残疾人扶助项目捐赠 30 万元，已知公益性捐赠支出在年度利润总额的 12% 以内准予扣除，计算甲公司 2022 年度企业所得税应纳税额的下列算式中，正确的是（　　）。

A. 1 300×25%=325（万元）

B. （1 300+54）×25%=338.5（万元）

C. （1 300+24）×25%=331（万元）

D. （1 300+30）×25%=332.5（万元）

5. 某设备生产企业 2022 年营业收入为 1 500 万元，广告费支出为 52 万元。2021 年超标广告费 90 万元。已知广告费和业务宣传费不超过当年销售（营业）收入 15% 的部分，准予扣除，则 2022 年税前准予扣除的广告费是（　　）。

A. 52 万元　　　　B. 142 万元　　　　C. 135 万元　　　　D. 225 万元

6. 根据企业所得税法律制度的规定，下列各项费用中，超过税法规定的扣除标准后，准予在以后纳税年度结转扣除的是（　　）。

A. 职工教育经费　　B. 工会经费　　　　C. 职工福利费　　　　D. 业务招待费

7. 根据企业所得税法律制度的规定，在中国境内未设立机构、场所的非居民企业取得的来源于中国境内的下列所得中，以收入全额减除财产净值后的余额为应纳税所得额的是（　　）。

A. 转让财产所得　　　　　　　　B. 特许权使用费所得

C. 股息所得　　　　　　　　　　D. 租金所得

8. 2020 年 4 月 1 日，甲创业投资企业采取股权投资方式向未上市的取得高新技术企业资格的乙公司（该公司属于中小企业）投资 120 万元，股权持有至 2022 年 6 月 1 日，甲创业投资企业 2022 年度计算应纳税所得额时，下列对乙公司的投资额可以抵免的数额的计算中，正确的是（　　　）。

A. 0　　　　　　　　　　　　　　B. 120×70% =84（万元）

C. 120×80% =96（万元）　　　　D. 120×90% =108（万元）

9. 根据企业所得税法律制度的规定，下列各项中，最低折旧年限为 5 年的固定资产是（　　　）。

A. 房屋　　　　　　　　　　　　B. 飞机

C. 与生产经营活动有关的器具　　D. 电子设备

10. 某国有企业 2018 年度发生亏损，根据《企业所得税法》的规定，该亏损额可以用以后纳税年度的所得逐年弥补，但延续弥补的期限最长不得超过的是（　　　）。

A. 2018 年　　　B. 2019 年　　　C. 2020 年　　　　D. 2021 年

11. 根据企业所得税法律制度的规定，企业发生的下列税金中，在计算企业所得税应纳税所得额时不得扣除的是（　　　）。

A. 印花税　　　　　　　　　　　B. 车船税

C. 城镇土地使用税　　　　　　　D. 允许抵扣的增值税

12. 根据企业所得税法律制度的规定，下列各项中，不属于不征税收入的是（　　　）。

A. 财政拨款

B. 依法收取并纳入财政管理的行政事业性收费

C. 国债利息收入

D. 依法收取并纳入财政管理的政府性基金

13. 根据企业所得税法律制度的规定，下列各项中，属于不征税收入的是（　　　）。

A. 财产转让收入

B. 接受捐赠收入

C. 依法收取并纳入财政管理的政府性基金

D. 国债利息收入

14. 根据企业所得税法律制度的规定，关于确认收入实现时间的下列表述中，正确的是（　　　）。

A. 接受捐赠收入，按照合同约定的捐赠日期确认收入的实现

B. 利息收入，按照合同约定的债务人应付利息的日期确认收入的实现

C. 租金收入，按照出租人实际收到租金的日期确认收入的实现

D. 权益性投资收益，按照投资方实际收到利润的日期确认收入的实现

15. 根据企业所得税法律制度的规定，下列关于企业所得来源地的说法中，错误的是（　　　）。

A. 特许权使用费所得，按照负担、支付所得的企业所在地确定

B. 销售货物，按照支付所得的企业所在地确定

C. 股息、红利所得，按照分配所得的企业所在地确定

D. 不动产转让所得，按照不动产所在地确定

16. 根据企业所得税法律制度的规定，下列各项中，不属于企业所得税纳税人的是（   ）。

A. 在中国境内成立且实际管理机构在中国境内的企业

B. 在中国境内成立的外商独资企业

C. 在中国境内成立的合伙企业

D. 有经营所得的非营利组织

二、多项选择题

1. 根据企业所得税法律制度的规定，下列各项中，属于生产性生物资产的有（   ）。

A. 产畜　　　　　B. 经济林　　　　　C. 役畜　　　　　D. 薪炭林

2. 根据企业所得税法律制度的规定，下列关于利息费用的扣除标准，表述正确的有（   ）。

A. 非金融企业向金融企业借款的利息支出准予据实扣除

B. 金融企业之间的同业拆借利息支出准予据实扣除

C. 非金融企业向非金融企业借款的利息支出，准予据实扣除

D. 企业在生产经营活动中发生的合理的不需要资本化的借款费用，准予扣除

3. 根据企业所得税法律制度的规定，下列各项中，属于企业所得税纳税人的有（   ）。

A. 外国公司在中国境内的分公司

B. 在中国境内注册成立的社会团体

C. 在中国境内注册成立的一人有限责任公司

D. 在中国境内注册成立的个人独资企业

4. 根据企业所得税法律制度的规定，下列各项中，应视同销售货物的有（   ）。

A. 将货物用于捐赠　　　　　　　B. 将货物用于偿债

C. 将货物用于广告　　　　　　　D. 将货物用于赞助

5. 根据企业所得税法律制度的有关规定，下列关于企业所得税相关税收优惠的说法中，正确的有（   ）。

A. 创业投资企业采取股权投资方式投资于未上市的中小高新技术企业2年以上的，可按其投资额的10%在股权持有满2年的当年抵扣该创业投资企业的应纳税额

B. 创业投资企业采取股权投资方式投资于未上市的中小高新技术企业2年以上的，可按其投资额的70%在股权持有满2年的当年抵扣该创业投资企业的应纳税所得额

C. 企业购置并实际使用规定的环境保护、节能节水、安全生产等专用设备的，该专用设备的投资额的10%可以从企业当年的应纳税额中抵免

D. 企业购置并实际使用规定的环境保护、节能节水、安全生产等专用设备的，该专用设备的投资额的70%可以从企业当年的应纳税所得额中抵免

6. 下列各项中，属于企业所得税规定的免税收入的有（   ）。

A. 符合条件的非营利组织的收入

B. 符合条件的居民企业之间的股息、红利等权益性投资收益

C. 财政拨款

D. 国债转让收益

7. 根据企业所得税法律制度的规定，企业的下列资产或支出项目中，按规定不得计提折旧扣除的情形有（   ）。

A. 未投入使用的机器设备

B. 单独估价作为固定资产入账的土地

C. 以经营租赁方式租入的固定资产

D. 已足额提取折旧仍继续使用的固定资产

8. 根据企业所得税法律制度的规定，下列各项支出中，在计算企业所得税应纳税所得额时不得扣除的有（   ）。

A. 向投资者支付的红利　　　　　B. 企业内营业机构之间支付的租金

C. 税收滞纳金　　　　　　　　　D. 未经核定的准备金支出

三、判断题

1. 非居民企业之间的股息、红利等权益性投资收益免征企业所得税。　　　（　　）

2. 在中国境内未设立机构、场所的非居民企业适用 10% 的企业所得税税率。　（　　）

3. 企业超过规定标准的捐赠支出，在计算企业所得税应纳税所得额时，不得扣除。

（　　）

4. 企业发生的职工福利费、工会经费、职工教育经费，未超过标准的按实际发生数额扣除，超过扣除标准的只能按标准扣除。　　　　　　　　　　　　　（　　）

5. 根据企业所得税法律制度的规定，甲餐饮公司为保证其菜品的质量，可对购入的食材采用后进先出法进行核算。　　　　　　　　　　　　　　　　　　（　　）

6. 企业在一个纳税年度中间开业或者终止营业活动，使该纳税年度的实际经营期不足12 个月的，应当以实际经营期为 1 个纳税年度。　　　　　　　　　　　（　　）

7. 除税收法律、行政法规另有规定外，居民企业以企业登记注册地为纳税地点；但登记注册地在境外的，以实际管理机构所在地为纳税地点。　　　　　　　　（　　）

8. 在中国境内虽设立机构、场所，但取得的所得与其机构、场所没有实际联系的非居民企业，以机构场所所在地为纳税地点。　　　　　　　　　　　　　（　　）

项目六　个人所得税法律制度

个人所得税是对个人（即自然人）取得的各项应税所得征收的一种税。

一、个人所得税纳税人及其纳税义务

（一）个人所得税纳税人

个人所得税纳税人，包括中国公民、个体工商户、个人独资企业投资人和合伙企业的个

人合伙人等。个人所得税纳税人依据住所和居住时间两个标准，分为居民个人和非居民个人。

1. 居民个人

在中国境内有住所，或者无住所而一个纳税年度内在中国境内居住累计满 183 天的个人，为居民个人。

2. 非居民个人

在中国境内无住所又不居住，或者无住所而一个纳税年度内在中国境内居住累计不满 183 天的个人，为非居民个人。

（二）个人所得税纳税人的纳税义务

1. 居民个人的纳税义务

居民个人从中国境内和境外取得的所得，依照法律规定缴纳个人所得税。

从中国境内和境外取得的所得，分别是指来源于中国境内的所得和来源于中国境外的所得。

2. 非居民个人的纳税义务

非居民个人从中国境内取得的所得，依照法律规定缴纳个人所得税。在中国境内无住所的个人，在一个纳税年度内在中国境内居住累计不超过 90 天的，其来源于中国境内的所得，由境外雇主支付并且不由该雇主在中国境内的机构、场所负担的部分，免予缴纳个人所得税。

二、个人所得税应税所得项目

按应纳税所得的来源划分，现行个人所得税共分为 9 个应税项目。

（一）工资、薪金所得

工资、薪金所得，是指个人因任职或者受雇而取得的工资、薪金、奖金、年终加薪、劳动分红、津贴、补贴以及与任职或者受雇有关的其他所得。

下列项目不属于工资、薪金性质的补贴、津贴，不予征收个人所得税。这些项目包括：独生子女补贴；执行公务员工资制度未纳入基本工资总额的补贴、津贴差额和家属成员的副食补贴；托儿补助费；差旅费津贴、误餐补助。误餐补助是指按照财政部规定，个人因公在城区、郊区工作，不能在工作单位或返回就餐的，根据实际误餐顿数，按规定的标准领取的误餐费。单位以误餐补助名义发给职工的补助、津贴不包括在内，应当并入当月工资、薪金所得计征个人所得税。

（二）劳务报酬所得

劳务报酬所得，是指个人从事劳务取得的所得，包括从事设计、装潢、安装、制图、化验、测试、医疗、法律、会计、咨询、讲学、翻译、审稿、书画、雕刻、影视、录音、录像、演出、表演、广告、展览、技术服务、介绍服务、经纪服务、代办服务以及其他劳务取得的所得。

（三）稿酬所得

稿酬所得，是指个人因其作品以图书、报刊形式出版、发表而取得的所得。作品包括文学作品、书画作品、摄影作品，以及其他作品。作者去世后，财产继承人取得的遗作稿酬，也应按"稿酬所得"征收个人所得税。

（四）特许权使用费所得

特许权使用费所得，是指个人提供专利权、商标权、著作权、非专利技术以及其他特许权的使用权取得的所得；提供著作权的使用权取得的所得，不包括稿酬所得。

（1）作者将自己的文字作品手稿原件或复印件拍卖取得的所得，按照"特许权使用费所得"项目缴纳个人所得税。

（2）个人取得专利赔偿所得，应按"特许权使用费所得"项目缴纳个人所得税。

（3）对于剧本作者从电影、电视剧的制作单位取得的剧本使用费，不再区分剧本的使用方是否为其任职单位，统一按"特许权使用费所得"项目计征个人所得税。

（五）经营所得

经营所得，是指：

（1）个体工商户从事生产、经营活动取得的所得，个人独资企业投资人、合伙企业的个人合伙人来源于境内注册的个人独资企业、合伙企业生产、经营的所得。

（2）个人依法从事办学、医疗、咨询以及其他有偿服务活动取得的所得。

（3）个人对企业、事业单位承包经营、承租经营以及转包、转租取得的所得。

（4）个人从事其他生产、经营活动取得的所得。

（六）利息、股息、红利所得

利息、股息、红利所得，是指个人拥有债权、股权而取得的利息、股息、红利所得。

（七）财产租赁所得

财产租赁所得，是指个人出租不动产、机器设备、车船以及其他财产取得的所得。

（1）个人取得的房屋转租收入，属于"财产租赁所得"项目。

（2）房地产开发企业与商店购买者个人签订协议，以优惠价格出售其商店给购买者个人，购买者个人在一定期限内必须将购买的商店无偿提供给房地产开发企业对外出租使用。

（八）财产转让所得

财产转让所得，是指个人转让有价证券、股权、合伙企业中的财产份额、不动产、机器设备、车船以及其他财产取得的所得。

（九）偶然所得

偶然所得，是指个人得奖、中奖、中彩以及其他偶然性质的所得。得奖是指参加各种有奖竞赛活动，取得名次得到的奖金；中奖、中彩是指参加各种有奖活动，如有奖储蓄、购买彩票，经过规定程序，抽中、摇中号码而取得的奖金。

个人取得的所得，难以界定应纳税所得项目的，由国务院税务主管部门确定。

居民个人取得上述（一）至（四）项所得（综合所得），按纳税年度合并计算个人所得税；非居民个人取得上述（一）至（四）项所得，按月或者按次分项计算个人所得税。纳税人取得上述（五）至（九）项所得，依照法律规定分别计算个人所得税。

三、个人所得税税率

（一）综合所得适用的税率

居民个人每一纳税年度内取得的综合所得包括：工资、薪金所得；劳务报酬所得；稿酬所得；特许权使用费所得。综合所得适用 3% ~ 45% 的超额累进税率。具体税率如表 4 - 6 所示。

表 4 - 6　个人所得税税率
（综合所得适用）

级数	全年应纳税所得额	税率/%	速算扣除数/元
1	不超过 36 000 元的部分	3	0
2	超过 36 000 元至 144 000 元的部分	10	2 520
3	超过 144 000 元至 300 000 元的部分	20	16 920
4	超过 300 000 元至 420 000 元的部分	25	31 920
5	超过 420 000 元至 660 000 元的部分	30	52 920
6	超过 660 000 元至 960 000 元的部分	35	85 920
7	超过 960 000 元的部分	45	181 920

注：①本表所称全年应纳税所得额是指依照法律规定，居民个人取得综合所得以每一纳税年度收入额减除费用 6 万元以及专项扣除、专项附加扣除和依法确定的其他扣除后的余额。

②非居民个人取得工资、薪金所得、劳务报酬所得、稿酬所得和特许权使用费所得，依照本表按月换算后计算应纳税额。

（二）经营所得适用的税率

经营所得适用 5% ~ 35% 的超额累进税率。具体税率如表 4 - 7 所示。

表 4 - 7　个人所得税税率
（经营所得适用）

级数	全年应纳税所得额	税率/%	速算扣除数/元
1	不超过 30 000 元的部分	5	0
2	超过 30 000 元至 90 000 元的部分	10	1 500
3	超过 90 000 元至 300 000 元的部分	20	10 500

续表

级数	全年应纳税所得额	税率/%	速算扣除数/元
4	超过 300 000 元至 500 000 元的部分	30	40 500
5	超过 500 000 元的部分	35	65 500

注：本表所称全年应纳税所得额是指依照法律规定，以每一纳税年度的收入总额减除成本、费用以及损失后的余额。

（三）其他所得适用的税率

利息、股息、红利所得，财产租赁所得，财产转让所得和偶然所得适用比例税率，税率为 20%。

自 2001 年 1 月 1 日起，对个人出租住房取得的所得暂减按 10% 的税率征收个人所得税。

四、个人所得税应纳税所得额的确定

个人所得税的计税依据是纳税人取得的应纳税所得额。应纳税所得额为个人取得的各项收入减去税法规定的费用扣除金额和减免税收入后的余额。由于个人所得税的应税项目不同，扣除费用标准也各不相同。需要按不同应税项目分项计算。

（一）个人所得的形式

个人所得的形式，包括现金、实物、有价证券和其他形式的经济利益；所得为实物的，应当按照取得的凭证上所注明的价格计算应纳税所得额，无凭证的实物或者凭证上所注明的价格明显偏低的，参照市场价格核定应纳税所得额；所得为有价证券的，根据票面价格和市场价格核定应纳税所得额；所得为其他形式的经济利益的，参照市场价格核定应纳税所得额。

（二）居民个人综合所得应纳税所得额的确定

1. 应纳税所得额的计算

居民个人的综合所得，以每一纳税年度的收入额减除费用 6 万元以及专项扣除、专项附加扣除和依法确定的其他扣除后的余额，为应纳税所得额。

综合所得，包括工资、薪金所得，劳务报酬所得，稿酬所得，特许权使用费所得四项。劳务报酬所得、稿酬所得、特许权使用费所得以收入减除 20% 的费用后的余额为收入额。稿酬所得的收入额减按 70% 计算。

2. 专项扣除

专项扣除，包括居民个人按照国家规定的范围和标准缴纳的基本养老保险、基本医疗保险、失业保险等社会保险费和住房公积金等。

3. 专项附加扣除

专项附加扣除，包括子女教育、继续教育、大病医疗、住房贷款利息或者住房租金、专项赡养老人等支出。

【拓展阅读】

4. 其他扣除

其他扣除，包括个人缴付符合国家规定的企业年金、职业年金，个人购买符合国家规定的商业健康保险、税收递延型商业养老保险的支出，以及国务院规定可以扣除的其他项目。

（三）非居民个人应纳税所得额的确定

非居民个人的工资、薪金所得，以每月收入额减除费用5 000元后的余额为应纳税所得额；劳务报酬所得、稿酬所得、特许权使用费所得，以每次收入额为应纳税所得额。

（四）经营所得应纳税所得额的确定

1. 经营所得应纳税所得额的计算

经营所得，以每一纳税年度的收入总额减除成本、费用以及损失后的余额，为应纳税所得额。成本、费用，是指生产、经营活动中发生的各项直接支出和分配计入成本的间接费用以及销售费用、管理费用、财务费用；损失，是指生产、经营活动中发生的固定资产和存货的盘亏、毁损、报废损失，转让财产损失，坏账损失，自然灾害等不可抗力因素造成的损失以及其他损失。

取得经营所得的个人，没有综合所得的，计算其每一纳税年度的应纳税所得额时，应当减除费用6万元、专项扣除、专项附加扣除以及依法确定的其他扣除。专项附加扣除在办理汇算清缴时减除。

从事生产、经营活动，未提供完整、准确的纳税资料，不能正确计算应纳税所得额的，由主管税务机关核定应纳税所得额或者应纳税额。

2. 个体工商户经营所得应纳税所得额计算的具体规定

（1）基本计算规定。

个体工商户的生产、经营所得，以每一纳税年度的收入总额，减除成本、费用、税金、损失、其他支出以及允许弥补的以前年度亏损后的余额，为应纳税所得额。

（2）不得扣除的支出。

个体工商户下列支出不得扣除：

①个人所得税税款。

②税收滞纳金。

③罚金、罚款和被没收财物的损失。

④不符合扣除规定的捐赠支出。

⑤赞助支出。

⑥用于个人和家庭的支出。

⑦与取得生产经营收入无关的其他支出。

⑧个体工商户代其从业人员或者他人负担的税款。

⑨国家税务总局规定不准扣除的支出。

（3）业主及从业人员相关支出的扣除。

①个体工商户实际支付给从业人员的、合理的工资薪金支出，准予扣除。个体工商户业主的工资薪金支出不得税前扣除。

②个体工商户按照国务院有关主管部门或者省级人民政府规定的范围和标准为其业主和从业人员缴纳的基本养老保险费、基本医疗保险费、失业保险费、工伤保险费和住房公积金，准予扣除。

③个体工商户为从业人员缴纳的补充养老保险费、补充医疗保险费，分别在不超过从业人员工资总额5%标准内的部分据实扣除；超过部分，不得扣除。

④个体工商户业主本人缴纳的补充养老保险费、补充医疗保险费，以当地（地级市）上年度社会平均工资的3倍为计算基数，分别在不超过该计算基数5%标准内的部分据实扣除；超过部分，不得扣除。

⑤除个体工商户依照国家有关规定为特殊工种从业人员支付的人身安全保险费和财政部、国家税务总局规定可以扣除的其他商业保险费外，个体工商户业主本人或者为从业人员支付的商业保险费，不得扣除。

⑥个体工商户向当地工会组织拨缴的工会经费、实际发生的职工福利费支出、职工教育经费支出分别在工资薪金总额的2%、14%、2.5%的标准内据实扣除。

⑦个体工商户发生的合理的劳动保护支出，准予扣除。

（4）借款费用与利息支出的扣除。

个体工商户在生产经营活动中发生的合理的不需要资本化的借款费用，准予扣除。

个体工商户在生产经营活动中发生的下列利息支出，准予扣除：

①向金融企业借款的利息支出。

②向非金融企业和个人借款的利息支出，不超过按照金融企业同期同类贷款利率计算的数额的部分。

（5）业务招待费与广宣费支出的扣除。

①个体工商户发生的与生产经营活动有关的业务招待费，按照实际发生额的60%扣除，但最高不得超过当年销售（营业）收入的5‰。业主自申请营业执照之日起至开始生产经营之日止所发生的业务招待费，按照实际发生额的60%计入个体工商户的开办费。

②个体工商户每一纳税年度发生的与其生产经营活动直接相关的广告费和业务宣传费不超过当年销售（营业）收入15%的部分，可以据实扣除；超过部分，准予在以后纳税年度结转扣除。

（6）开办费及研发费支出的扣除。

①个体工商户自申请营业执照之日起至开始生产经营之日止所发生的符合规定的费用，除为取得固定资产、无形资产的支出，以及应计入资产价值的汇兑损益、利息支出外，作为开办费，个体工商户可以选择在开始生产经营的当年一次性扣除，也可以自生产经营月份起

在不短于 3 年期限内摊销扣除。但一经选定，不得改变。开始生产经营之日为个体工商户取得第 1 笔销售（营业）收入的日期。

②个体工商户研究开发新产品、新技术、新工艺所发生的开发费用，以及研究开发新产品、新技术而购置单台价值在 10 万元以下的测试仪器和试验性装置的购置费准予直接扣除；单台价值在 10 万元以上（含 10 万元）的测试仪器和试验性装置，按固定资产管理，不得在当期直接扣除。

（7）公益性捐赠的扣除。

①个体工商户通过公益性社会团体或者县级以上人民政府及其部门，用于《中华人民共和国公益事业捐赠法》规定的公益事业的捐赠，捐赠额不超过其应纳税所得额 30% 的部分可以据实扣除。

②财政部、国家税务总局规定可以全额在税前扣除的捐赠支出项目，按有关规定执行。

③个体工商户直接对受益人的捐赠不得扣除。

（8）其他支出的扣除。

①个体工商户按照规定缴纳的摊位费、行政性收费、协会会费等，按实际发生数额扣除。

②个体工商户参加财产保险，按照规定缴纳的保险费，准予扣除。

③个体工商户生产经营活动中，应当分别核算生产经营费用和个人、家庭费用。对于生产经营与个人、家庭生活混用难以分清的费用，其 40% 视为与生产经营有关的费用，准予扣除。

（9）亏损结转。

个体工商户纳税年度发生的亏损，准予向以后年度结转，用以后年度的生产经营所得弥补，但结转年限最长不得超过 5 年。

（五）其他所得应纳税所得额的确定

1. 财产租赁所得

财产租赁所得，每次收入不超过 4 000 元的，减除费用 800 元；4 000 元以上的，减除 20% 的费用，其余额为应纳税所得额。

2. 财产转让所得

财产转让所得，以转让财产的收入额减除财产原值和合理费用后的余额，为应纳税所得额。

3. 利息、股息、红利所得和偶然所得

利息、股息、红利所得和偶然所得，以每次收入额为应纳税所得额。

（六）公益性捐赠的扣除

（1）个人将其所得对教育、扶贫、济困等公益慈善事业进行捐赠，捐赠额未超过纳税人申报的应纳税所得额 30% 的部分，可以从其应纳税所得额中扣除；国务院规定对公益慈善事业捐赠实行全额税前扣除的，从其规定。

（2）个人通过非营利性的社会团体和国家机关向红十字事业的捐赠，在计算缴纳个人所得税时，准予在税前的所得额中全额扣除。

（3）个人通过境内非营利性的社会团体、国家机关向教育事业的捐赠，准予在个人所得税前全部扣除。

（4）个人通过非营利性的社会团体和国家机关向农村义务教育的捐赠，在计算缴纳个人所得税时，准予在税前的所得额中全额扣除。

（5）个人通过非营利性的社会团体和国家机关对公益性青少年活动场所（其中包括新建）的捐赠，在计算缴纳个人所得税时，准予在税前的所得额中全额扣除。

（6）根据财政部、国家税务总局有关规定，个人通过宋庆龄基金会等 6 家单位、中国医药卫生事业发展基金会、中国教育发展基金会、中国老龄事业发展基金会等 8 家单位、中华健康快车基金会等 5 家单位用于公益救济性的捐赠，符合相关条件的，准予在缴纳个人所得税前全额扣除。

（7）根据财政部、国家税务总局有关规定，个人通过非营利性的社会团体和政府部门向福利性、非营利性老年服务机构捐赠，符合相关条件的，准予在缴纳个人所得税前全额扣除。

（七）每次收入的确定

（1）财产租赁所得，以 1 个月内取得的收入为 1 次。

（2）利息、股息、红利所得，以支付利息、股息、红利时取得的收入为 1 次。

（3）偶然所得，以每次取得该项收入为 1 次。

（4）非居民个人取得的劳务报酬所得、稿酬所得、特许权使用费所得，属于一次性收入的，以取得该项收入为 1 次；属于同一项目连续性收入的，以 1 个月内取得的收入为 1 次。

五、个人所得税应纳税额的计算

（一）个人所得税应纳税额计算的一般规定

1. 综合所得应纳税额的计算

综合所得应纳税额的计算公式为：

$$应纳税额 = 应纳税所得额 × 适用税率 - 速算扣除数$$
$$= （每一纳税年度的收入额 - 费用 6 万元 - 专项扣除 - 专项$$
$$附加扣除 - 依法确定的其他扣除）× 适用税率 - 速算扣除数$$

2. 综合所得预扣预缴税款的计算

（1）扣缴义务人向居民个人支付工资、薪金所得时，应当按照累计预扣法计算预扣税款，并按月办理全员全额扣缴申报。累计预扣法，是指扣缴义务人在一个纳税年度内预扣预缴税款时，以纳税人在本单位截至当前月份工资、薪金所得累计收入减除累计免税收入、累计减除费用、累计专项扣除、累计专项附加扣除和累计依法确定的其他扣除后的余额为累计预扣预缴应纳税所得额，计算累计应预扣预缴税额，再减除累计减免税额和累计已预扣预缴税额，其余额为本期应预扣预缴税额，其余额为负值时，暂不退税。纳税年度终了后余额仍为负值时，由纳税人通过办理综合所得年度汇算清缴，税款多退少补。

具体计算公式如下：

本期应预扣预缴税额 =（累计预扣预缴应纳税所得额 × 预扣率 - 速算扣除数）-
累计减免税额 - 累计已预扣预缴税额

累计预扣预缴应纳税所得额 = 累计收入 - 累计免税收入 - 累计减除费用 - 累计专项扣除 -
累计专项附加扣除 - 累计依法确定的其他扣除

其中：累计减除费用，按照 5 000 元/月乘以纳税人当年截至本月在本单位的任职受雇月份数计算。

上述公式中，计算居民个人工资、薪金所得预扣预缴税额的预扣率、速算扣除数，按个人所得税预扣率（居民个人工资、薪金所得预扣预缴适用）（见表 4-8）执行。

表 4-8　个人所得税预扣率
（居民个人工资、薪金所得预扣预缴适用）

级数	累计预扣预缴应纳税所得额	预扣率/%	速算扣除数/元
1	不超过 36 000 元的部分	3	0
2	超过 36 000 元至 144 000 元的部分	10	2 520
3	超过 144 000 元至 300 000 元的部分	20	16 920
4	超过 300 000 元至 420 000 元的部分	25	31 920
5	超过 420 000 元至 660 000 元的部分	30	52 920
6	超过 660 000 元至 960 000 元的部分	35	85 920
7	超过 960 000 元的部分	45	181 920

【拓展阅读】

（2）扣缴义务人向居民个人支付劳务报酬所得、稿酬所得、特许权使用费所得，按次或者按月预扣预缴个人所得税。劳务报酬所得、稿酬所得、特许权使用费所得，属于一次性收入的，以取得该项收入为 1 次；属于同一项目连续性收入的，以 1 个月内取得的收入为 1次。具体预扣预缴方法如下：

劳务报酬所得、稿酬所得、特许权使用费所得以收入减除费用后的余额为收入额。其中，稿酬所得的收入额减按 70% 计算。

减除费用：劳务报酬所得、稿酬所得、特许权使用费所得每次收入不超过 4 000 元的，减除费用按 800 元计算；每次收入 4 000 元以上的，减除费用按 20% 计算。

应纳税所得额：劳务报酬所得、稿酬所得、特许权使用费所得，以每次收入额为预扣预缴应纳税所得额。

劳务报酬所得适用20%~40%的超额累进预扣率［见表4-9个人所得税预扣率（居民个人劳务报酬，所得预扣预缴适用）］，稿酬所得、特许权使用费所得适用20%的比例预扣率。相关计算公式如下：

劳务报酬所得应预扣预缴税额＝预扣预缴应纳税所得额×预扣率－速算扣除数

稿酬所得、特许权使用费所得应预扣预缴税额＝预扣预缴应纳税所得额×20%

自2020年7月1日起，正在接受全日制学历教育的学生因实习取得劳务报酬所得的，扣缴义务人预扣预缴个人所得税时，可按照累计预扣法计算并预扣预缴税款。

表4-9 个人所得税预扣率

（居民个人劳务报酬所得预扣预缴适用）

级数	累计预扣预缴应纳税所得额	预扣率/%	速算扣除数/元
1	不超过20 000元的部分	20	0
2	超过20 000元到50 000元的部分	30	2 000
3	超过50 000元的部分	40	7 000

3. 非居民个人扣缴个人所得税的计算

扣缴义务人向非居民个人支付工资、薪金所得，劳务报酬所得，稿酬所得和特许权使用费所得时，应当按以下方法按月或者按次代扣代缴个人所得税：

非居民个人的工资、薪金所得，以每月收入额减除费用5 000元后的余额为应纳税所得额；劳务报酬所得、稿酬所得、特许权使用费所得，以每次收入额为应纳税所得额，适用按月换算后的非居民个人月度税率表［见表4-10个人所得税税率表（非居民个人工资、薪金所得，劳务报酬所得，稿酬所得，特许权使用费所得适用）］计算应纳税额。其中，劳务报酬所得、稿酬所得、特许权使用费所得以收入减除20%的费用后的余额为收入额。稿酬所得的收入额减按70%计算。计算公式如下：

非居民个人工资、薪金所得，劳务报酬所得，稿酬所得，特许权使用费所得应纳税额

＝应纳税所得额×税率－速算扣除数

表4-10 个人所得税预扣率

（非居民个人工资、薪金所得，劳务报酬所得，稿酬所得，特许权使用费所得适用）

级数	累计预扣预缴应纳税所得额	预扣率/%	速算扣除数/元
1	不超过3 000元的部分	3	0
2	超过3 000元到12 000元的部分	10	210
3	超过12 000元到25 000元的部分	20	1 410
4	超过25 000元到35 000元的部分	25	2 660
5	超过35 000元到55 000元的部分	30	4 410
6	超过55 000元到80 000元的部分	35	7 160
7	超过80 000元的部分	45	15 160

4. 经营所得应纳税额的计算

个体工商户的生产、经营所得应纳税额的计算公式为：

$$应纳税额 = 应纳税所得额 \times 适用税率 - 速算扣除数$$
$$= （全年收入总额 - 成本、费用、税金、损失、其他支出及$$
$$以前年度亏损）\times 适用税率 - 速算扣除数$$

自 2021 年 1 月 1 日至 2022 年 12 月 31 日，对个体工商户经营所得年应纳税所得额不超过 100 万元的部分，在现行优惠政策基础上，再减半征收个人所得税。个体工商户不区分征收方式，均可享受。个体工商户在预缴税款时即可享受，其年应纳税所得额暂按截至本期申报所属期末的情况进行判断，并在年度汇算清缴时按年计算、多退少补。若个体商户从两处以上取得经营所得，需在办理年度汇总纳税申报时，合并个体工商户经营所得年应纳税所得额，重新计算减免税额，多退少补。

5. 利息、股息、红利所得应纳税额的计算

利息、股息、红利所得应纳税额的计算公式为：

$$应纳税额 = 应纳税所得额 \times 适用税率 = 每次收入额 \times 适用税率$$

6. 财产租赁所得应纳税额的计算

财产租赁所得应纳税额的计算公式为：

（1）每次（月）收入不超过 4 000 元的：

$$应纳税额 = ［每次（月）收入额 - 财产租赁过程中缴纳的税费 - 由纳税人负担的$$
$$租赁财产实际开支的修缮费用（800 元为限）- 800 元］\times 20\%$$

（2）每次（月）收入超过 4 000 元的：

$$应纳税额 = ［每次（月）收入额 - 财产租赁过程中缴纳的税费 - 由纳税人负担的$$
$$租赁财产实际开支的修缮费用（800 元为限）］\times（1 - 20\%）\times 20\%$$

个人出租房屋的个人所得税应税收入不含增值税，计算房屋出租所得可扣除的税费不包括本次出租缴纳的增值税。个人转租房屋的，其向房屋出租方支付的租金及增值税额，在计算转租所得时予以扣除。

7. 财产转让所得应纳税额的计算

财产转让所得应按照一次转让财产的收入额减除财产原值和合理费用后的余额计算纳税。

财产转让所得应纳税额的计算公式为：

$$应纳税额 = 应纳税所得额 \times 适用税率$$
$$= （收入总额 - 财产原值 - 合理费用）\times 20\%$$

个人转让房屋的个人所得税应税收入不含增值税，其取得房屋时所支付价款中包含的增值税计入财产原值，计算转让所得时可扣除的税费不包括本次转让缴纳的增值税。

受赠人转让受赠房屋的，以其转让受赠房屋的收入减除原捐赠人取得该房屋的实际购置成本以及赠与和转让过程中受赠人支付的相关税费后的余额，为受赠人的应纳税所得额，依法计征个人所得税。受赠人转让受赠房屋价格明显偏低且无正当理由的，税务机关可以依据该房屋的市场评估价格或其他合理方式确定的价格核定其转让收入。

8. 偶然所得应纳税额的计算

偶然所得应纳税额的计算公式为：

$$应纳税额 = 应纳税所得额 \times 适用税率 = 每次收入额 \times 20\%$$

【例题 4-11】某公司职员李某 2022 年 1—3 月每月取得工资、薪金收入均为 10 000 元。当地规定的社会保险和住房公积金个人缴存比例为：基本养老保险 8%、基本医疗保险 2%、失业保险 0.5%、住房公积金 12%，社保部门核定的李某 2022 年社会保险费的缴费工资基数为 8 000 元。李某 1—2 月累计已预扣预缴个人所得税税额为 192 元。计算李某 3 月应预扣预缴的个人所得税税额。

【解析】（1）累计收入 = 10 000 × 3 = 30 000（元）。

（2）累计减除费用 = 5 000 × 3 = 15 000（元）。

（3）累计专项扣除 = 8 000 × (8% + 2% + 0.5% - 12%) × 3 = 5 400（元）。

（4）累计预扣预缴应纳税所得额 = 30 000 - 15 000 - 5 400 = 9 600（元）。

（5）应预扣预缴税额 = 9 600 × 3% - 192 = 96（元）。

【例题 4-12】2022 年 10 月张某所写的一部小说出版，取得稿酬所得 30 000 元。计算张某该笔稿酬所得应预扣预缴的个人所得税税额。

【解析】稿酬所得每次收入不超过 4 000 元的，减除费用按 800 元计算；每次收入 4 000 元以上的，减除费用按 20% 计算。稿酬所得的收入额减按 70% 计算，预扣率为 20%。

应预扣预缴的个人所得税税额 = 30 000 × (1 - 20%) × 70% × 20% = 3 360（元）

六、个人所得税税收优惠

（一）免税项目

（1）省级人民政府、国务院部委和中国人民解放军以上单位，以及外国组织、国际组织颁发的科学、教育、技术、文化、卫生、体育、环境保护等方面的奖金。

（2）国债和国家发行的金融债券利息。其中，国债利息，是指个人持有中华人民共和国财政部发行的债券而取得的利息；国家发行的金融债券利息，是指个人持有经国务院批准发行的金融债券而取得的利息。

（3）按照国家统一规定发给的补贴、津贴，是指按照国务院规定发给的政府特殊津贴、院士津贴，以及国务院规定免纳个人所得税的其他补贴、津贴。

（4）福利费、抚恤金、救济金。其中，福利费，是指根据国家有关规定，从企业、事业单位、国家机关、社会组织提留的福利费或者工会经费中支付给个人的生活补助费；救济金，是指各级人民政府民政部门支付给个人的生活困难补助费。

（5）保险赔款。

（6）军人的转业费、复员费、退役金。

（7）按照国家统一规定发给干部、职工的安家费、退职费、基本养老金或者退休费、离休费、离休生活补助费。

（8）依照有关法律规定应予免税的各国驻华使馆、领事馆的外交代表、领事官员和其他人员的所得。该所得是指依照《中华人民共和国外交特权与豁免条例》和《中华人民共和国和国领事特权与豁免条例》规定免税的所得。

（9）中国政府参加的国际公约、签订的协议中规定免税的所得。

（10）国务院规定的其他免税所得。该项免税规定，由国务院报全国人大常委会备案。

（二）减税项目

（1）残疾、孤老人员和烈属的所得。

（2）因自然灾害造成重大损失的。

上述减税项目的减征幅度和期限，由省、自治区、直辖市人民政府规定，并报同级人民代表大会常务委员会备案。国务院可以规定其他减税情形，报全国人大常委会备案。

（三）其他免税和暂免征税项目

（1）下列所得，暂免征收个人所得税：

①外籍个人以非现金形式或实报实销形式取得的住房补贴、伙食补贴、搬迁费、洗衣费。

②外籍个人按合理标准取得的境内、外出差补贴。

③外籍个人取得的探亲费、语言训练费、子女教育费等，经当地税务机关审核批准为合理的部分。

④外籍个人从外商投资企业取得的股息、红利所得。

⑤凡符合下列条件之一的外籍专家取得的工资、薪金所得可免征个人所得税：

a. 根据世界银行专项贷款协议由世界银行直接派往我国工作的外国专家；

b. 联合国组织直接派往我国工作的专家；

c. 为联合国援助项目来华工作的专家；

d. 援助国派往我国专为该国无偿援助项目工作的专家；

e. 根据两国政府签订文化交流项目来华工作 2 年以内的文教专家，其工资、薪金所得由该国负担的；

f. 根据我国大专院校国际交流项目来华工作 2 年以内的文教专家，其工资、薪金所得由该国负担的；

g. 通过民间科研协定来华工作的专家，其工资、薪金所得由该国政府机构负担的。

自 2022 年 1 月 1 日起，外籍个人符合居民个人条件的，不再享受住房补贴、语言训练费、子女教育费津补贴免税优惠政策，应按规定享受专项附加扣除。

（2）对个人在上海证券交易所、深圳证券交易所转让从上市公司公开发行和转让市场取得的上市公司股票所得，继续免征个人所得税。

（3）自 2018 年 11 月 1 日起，对个人转让全国中小企业股份转让系统（新三板）挂牌公司非原始股取得的所得，暂免征收个人所得税。非原始股是指个人在新三板挂牌公司挂牌后取得的股票，以及由上述股票孳生的送、转股。

（4）个人举报、协查各种违法、犯罪行为而获得的奖金暂免征收个人所得税。

（5）个人办理代扣代缴手续，按规定取得的扣缴手续费暂免征收个人所得税。

（6）个人转让自用达 5 年以上，并且是唯一的家庭生活用房取得的所得，暂免征收个人所得税。

（7）对个人购买福利彩票、体育彩票，一次中奖收入在 1 万元以下（含 1 万元）的暂免征收个人所得税，超过 1 万元的，全额征收个人所得税。

（8）个人取得单张有奖发票奖金所得不超过 800 元（含 800 元）的，暂免征收个人所得税。

（9）达到离休、退休年龄，但确因工作需要，适当延长离休、退休年龄的高级专家（指享受国家发放的政府特殊津贴的专家、学者），其在延长离休、退休期间的工资、薪金所得，视同离休、退休工资免征个人所得税。

（10）个人领取原提存的住房公积金、基本医疗保险金、基本养老保险金，以及失业保险金，免予征收个人所得税。

（11）对工伤职工及其近亲属按照《工伤保险条例》规定取得的工伤保险待遇，免征个人所得税。

（12）企事业单位按照国家或省（自治区、直辖市）人民政府规定的缴费比例或办法实际缴付的基本养老保险费、基本医疗保险费和失业保险费，免征个人所得税；个人按照国家或省（自治区、直辖市）人民政府规定的缴费比例或办法实际缴付的基本养老保险费、基本医疗保险费和失业保险费，允许在个人应纳税所得额中扣除。

（13）企业和事业单位根据国家有关政策规定的办法和标准，为在本单位任职或者受雇的全体职工缴付的企业年金或职业年金单位缴费部分，在计入个人账户时，个人暂不缴纳个人所得税。

个人根据国家有关政策规定缴付的年金个人缴费部分，在不超过本人缴费工资计税基数的 4% 标准内的部分，暂从个人当期的应纳税所得额中扣除。年金基金投资运营收益分配计入个人账户时个人暂不缴纳个人所得税。

（14）企业依照国家有关法律规定宣告破产，企业职工从该破产企业取得的一次性安置费收入，免征个人所得税。

（15）从 2008 年 10 月 9 日起，对储蓄存款利息所得暂免征收个人所得税。

（16）从 2015 年 9 月 8 日起，个人从公开发行和转让市场取得的上市公司股票，持股期限超过 1 年的，股息红利所得暂免征收个人所得税。

（17）2019 年 7 月 1 日至 2024 年 6 月 30 日，个人持有全国中小企业股份转让系统挂牌公司的股票，持股期限超过 1 年的，对股息红利所得暂免征收个人所得税。

（18）对被拆迁人按国家有关城镇房屋拆迁管理办法规定的标准取得的拆迁补偿款，免征个人所得税。

（19）以下情形的房屋产权无偿赠与的，对当事人双方不征收个人所得税：

①房屋产权所有人将房屋产权无偿赠与配偶、父母、子女、祖父母、外祖父母、孙子女、外孙子女、兄弟姐妹。

②房屋产权所有人将房屋产权无偿赠与对其承担直接抚养或者赡养义务的抚养人或者赡养人。

③房屋产权所有人死亡，依法取得房屋产权的法定继承人、遗嘱继承人或者受遗赠人。

（20）个体工商户、个人独资企业和合伙企业或个人从事种植业、养殖业、饲养业、捕捞业取得的所得，暂不征收个人所得税。

（21）企业在销售商品（产品）和提供服务过程中向个人赠送礼品，属于下列情形之一的，不征收个人所得税：

①企业通过价格折扣、折让方式向个人销售商品（产品）和提供服务。

②企业在向个人销售商品（产品）和提供服务的同时给予赠品，如通信企业对个人购买手机赠话费、入网费，或者购话费赠手机等。

③企业对累积消费达到一定额度的个人按消费积分反馈礼品。

税收法律、行政法规、部门规章和规范性文件中未明确规定纳税人享受减免税必须经税务机关审批，且纳税人取得的所得完全符合减免税条件的，无须经主管税务机关审核，纳税人可自行享受减免税。

税收法律、行政法规、部门规章和规范性文件中明确规定纳税人享受减免税必须经税务机关审批的，或者纳税人无法准确判断其取得的所得是否应享受个人所得税减免的，必须经主管税务机关按照有关规定审核或批准后，方可减免个人所得税。

七、个人所得税征收管理

（一）纳税申报

个人所得税以所得人为纳税人，以支付所得的单位或者个人为扣缴义务人。扣缴义务人向个人支付应税款项时，应当依照个人所得税法规定预扣或代扣税款，按时缴库并专项记载备查。支付，包括现金支付、汇拨支付、转账支付和以有价证券、实物以及其他形式的支付。

税务机关对扣缴义务人按照所扣缴的税款，付给2%的手续费。

扣缴义务人应当按照国家规定办理全员全额扣缴申报，并向纳税人提供其个人所得和已扣缴税款等信息。全员全额扣缴申报，是指扣缴义务人在代扣税款的次月15日内，向主管税务机关报送其支付所得的所有个人的有关信息、支付所得数额、扣除事项和数额、扣缴税款的具体数额和总额以及其他相关涉税信息资料。

（二）纳税期限

1. 居民个人的纳税期限

（1）居民个人取得综合所得，按年计算个人所得税；有扣缴义务人的，由扣缴义务人按月或者按次预扣预缴税款；需要办理汇算清缴的，应当在取得所得的次年3月1日至6月30日内办理汇算清缴。

（2）居民个人从中国境外取得所得的，应当在取得所得的次年3月1日至6月30日内申报纳税。

2. 非居民个人的纳税期限

（1）非居民个人取得工资、薪金所得，劳务报酬所得，稿酬所得和特许权使用费所得，有扣缴义务人的，由扣缴义务人按月或者按次代扣代缴税款，不办理汇算清缴。

（2）非居民个人在中国境内从两处以上取得工资、薪金所得的，应当在取得所得的次月 15 日内申报纳税。

┤ 扣缴义务人的纳税期限

扣缴义务人每月或者每次预扣、代扣的税款，应当在次月 15 日内缴入国库，并向税务机关报送扣缴个人所得税申报表。

课后练习

一 单项选择题

1. 大学教授张某取得的下列收入中，应按"稿酬所得"税目计缴个人所得税的是（　　）。

A. 作品参展收入 　　　　　　　B. 出版书画作品收入

C. 学术报告收入 　　　　　　　D. 审稿收入

2. 根据个人所得税法律制度的规定，下列各项中，属于个人所得税纳税人的是（　　）。

A. 个人独资企业投资人 　　　　B. 有限责任公司

C. 事业单位 　　　　　　　　　D. 合伙企业法人合伙人

3. 中国公民张某 2022 年 1 月取得工资 10 000 元，缴纳基本养老保险费、基本医疗保险费、失业保险费、住房公积金 2 000 元，支付首套住房贷款本息 2 500 元。已知，工资、薪金所得个人所得税预扣率为 3%，减除费用为 5 000 元/月，住房贷款利息专项附加扣除标准为 1 000 元/月，由张某按扣除标准的 100% 扣除。计算张某当月工资应预扣预缴个人所得税税额的下列算式中，正确的是（　　）。

A.（10 000 － 5 000 － 2 000 － 1 000）× 3% = 60（元）

B.（10 000 － 5 000 － 2 000 － 2 500）× 3% = 15（元）

C.（10 000 － 5 000 － 2 000）× 3% = 90（元）

D.（10 000 － 2 500）× 3% = 225（元）

4. 根据个人所得税法律制度的规定，居民个人从中国境外取得所得的，应当在取得所得的一定期限内向税务机关申报纳税，该期限是（　　）。

A. 次年 6 月 1 日至 6 月 30 日 　　B. 次年 1 月 1 日至 3 月 1 日

C. 次年 3 月 1 日至 6 月 30 日 　　D. 次年 1 月 1 日至 1 月 31 日

5. 2022 年 10 月，李某购买福利彩票，取得一次中奖收入 3 万元，购买彩票支出 400 元，已知偶然所得个人所得税税率为 20%，计算李某中奖收入应缴纳个人所得税税额的下列算式中，正确的是（　　）。

A. 30 000 ×（1 － 20%）× 20% = 4 800（元）

B.（30 000 － 400）× 20% = 5 920（元）

C. 30 000 × 20% = 6 000（元）

D.（30 000 － 400）×（1 － 20%）× 20% = 4 736（元）

6. 根据个人所得税法律制度的规定，下列所得中，"次"的使用错误的是（　　）。

A. 非居民纳税人为房地产企业设计图纸取得的收入，以每次提供劳务取得的收入作为 1 次

B. 利息所得，以一个月内取得的收入为 1 次

C. 租赁房屋，以一个月取得的收入作为 1 次

D. 偶然所得，以每次取得的收入作为 1 次

7. 2022 年 8 月，赵某购买彩票中奖 60 000 元，从中拿出 20 000 元通过国家机关捐赠给贫困地区。已知偶然所得适用的个人所得税税率为 20%，赵某中奖收入应缴纳的个人所得税税额的下列算式中，正确的是（ ）。

A. 60 000 × 20% = 12 000（元）

B. （60 000 − 60 000 × 30%）× 20% = 8 400（元）

C. （60 000 − 20 000）× 20% = 8 000（元）

D. 20 000 × 20% = 4 000（元）

8. 2022 年 12 月 9 日李某取得本月初购入的 A 上市公司股票红利 0.5 万元，该股票于本月 15 日转让。假定不考虑其他因素，下列有关李某取得的上市公司股利的表述中，正确的是（ ）。

A. 李某取得的上市公司股利免征个人所得税

B. 李某取得的上市公司股利应全额计入应纳税所得额

C. 李某取得的上市公司股利，暂减按 50% 计入应纳税所得额

D. 李某取得的上市公司股利，应按"财产转让所得"项目计征个人所得税

9. 根据个人所得税法律制度的规定，下列所得中，应缴纳个人所得税的是（ ）。

A. 加班工资

B. 独生子女补贴

C. 差旅费津贴

D. 国债利息收入

10. 根据个人所得税法律制度的规定，下列各项中，属于个人所得税免税项目的是（ ）。

A. 烈属所得

B. 外籍个人每季度一次的探亲费

C. 个人取得的拆迁补偿款

D. 个人取得的单张有奖发票奖金所得 1 000 元

11. 张某 2022 年购置一临街的商铺，财产原值 50 万元，2022 年 10 月，将其商铺转让，取得转让收入 90 万元。则张某取得的商铺转让收入应缴纳个人所得税税额的下列算式中，正确的是（ ）。

A. （90 − 50）× 20% = 8（万元）

B. 90 × 20% = 18（万元）

C. （90 − 50）×（1 − 20%）× 20% = 6.4（万元）

D. 90 ×（1 − 20%）× 20% = 14.4（万元）

12. 根据个人所得税法律制度的有关规定，个人将其所得通过中国境内非营利的社会团体向农村义务教育捐赠的，可以从其应纳税所得额中扣除一定数额后计算其应纳税额，该扣除的数额是（ ）。

A. 捐赠额不超过应纳税所得额的 30% 的部分

B. 捐赠额不超过应纳税所得额的 50% 的部分

C. 捐赠额不超过应纳税所得额的 60% 的部分

D. 可以全额扣除

13. 根据个人所得税法律制度的规定，综合所得采用的税率形式是（　　）。

A. 超额累进税率

B. 全额累进税率

C. 超率累进税率

D. 超倍累进税率

14. 根据个人所得税法律制度的规定，个人转让有价证券取得的所得，对应的征税项目是（　　）。

A. 劳务报酬所得

B. 特许权使用费所得

C. 股息红利所得

D. 财产转让所得

15. 根据个人所得税法律制度的规定，下列从事非雇佣劳动取得的收入中，应按"稿酬所得"税目缴纳个人所得税的是（　　）。

A. 审稿收入　　　　B. 翻译收入　　　　C. 题字收入　　　　D. 出版作品收入

二、多项选择题

1. 根据个人所得税法律制度的规定，个体工商户的下列支出中，在计算经营所得应纳税所得额时，不得扣除的有（　　）。

A. 税收滞纳金

B. 个人所得税税款

C. 赞助支出

D. 符合扣除规定的捐赠支出

2. 根据个人所得税法律制度的规定，下列各项支出中，属于居民个人综合所得中允许扣除的专项附加扣除的有（　　）。

A. 子女学前教育支出

B. 配偶大病医疗支出

C. 住房租金支出

D. 继续教育支出

3. 根据个人所得税法律制度的规定，下列各项中，视同财产转让所得缴纳个人所得税的有（　　）。

A. 赵某将一辆汽车无偿赠送给侯某

B. 侯某将赵某赠送的汽车用于投资设立公司

C. 高某以一栋住房抵偿欠侯某的债务

D. 侯某将高某抵债的住房与赵某换取一张名画

4. 根据个人所得税法律制度的规定，下列各项中，免征个人所得税的有（　　）。

A. 个人为非任职企业提供培训取得的报酬

B. 省级人民政府颁发的教育方面的奖金

C. 按国家统一规定发给职工的退休工资

D. 按国务院规定发给的政府特殊津贴

5. 根据个人所得税法律制度的规定，下列各项中，免征或暂免征收个人所得税的有（　　）。

A. 个人取得上市公司股息所得（从公开发行市场取得，持股期限超过一年）

B. 个人取得的保险赔款

C. 离退休人员从社保部门领取的养老金

D. 被拆迁人取得的拆迁补偿款

6. 根据个人所得税法律制度的规定，个人取得下列所得可以减免个人所得税的有（   ）。

A. 军人的转业安置费   B. 保险赔款

C. 离退休人员的养老金   D. 个人兼职取得收入

7. 2022年侯某通过境内非营利社会团体进行的下列捐赠中，在计算缴纳个人所得税时，准予税前全额扣除的有（   ）。

A. 将1月份工资捐赠给敬老院

B. 将2月份工资捐赠给农村义务教育

C. 将3月份工资捐赠给红十字会

D. 将4月份工资捐赠给公益性青少年活动场所

三、判断题

1. 个人转租房屋的，其向房屋出租方支付的租金及增值税额，在计算个人所得税财产租赁所得时，准予扣除。   （   ）

2. 个人取得福利彩票中奖收入计征个人所得税时，可以扣除领奖所发生的交通费和住宿费。   （   ）

3. 个人为单位或他人提供担保获得收入，按照"劳务报酬所得"项目计算缴纳个人所得税。   （   ）

4. 居民纳税人张某在甲企业累计消费达一定程度，通过额外抽奖的获奖所得，按照"偶然所得"项目计缴个人所得税。   （   ）

5. 个人取得实物所得的，应当按照取得的凭证上的价格计算应纳税所得额。 （   ）

6. 扣缴义务人代扣代缴个人所得税为其法定义务，税务机关无须为此支付任何报酬。   （   ）

7. 2022年11月，薛某将其自有的房屋无偿赠与其外孙女杨某，则杨某应按规定缴纳个人所得税。   （   ）

8. 企业按照国家有关法律规定宣告破产，企业职工从该破产企业取得的一次性安置收入，免于征收个人所得税。   （   ）

项目七　税收征收管理法

一、税收征收管理法的概念和适用范围

税收征收管理法，简称税收征管法，是调整征税机关在税款的征收和税务管理过程中所发生的社会关系的法律规范的总称。我国现行的税收征管法包括《中华人民共和国税收征收管理法》以及《中华人民共和国税收征收管理法实施细则》，另外还包括财政部、国家税务总局等部门所颁布的大量的部门规章和规范性法律文件。

凡依法由税务机关征收的各种税收的征收管理，均适用税收征管法。

二、税务管理

税务管理是税收征管程序中的基础性环节，主要包括三项制度：税务登记，账簿、凭证管理，纳税申报。

（一）税务登记

税务登记又称纳税登记，是指纳税人在开业、歇业前或其他生产经营期间发生重大变动时，在法定期间内向主管税务机关办理书面登记的一项制度。税务登记可分为开业登记、变更登记和注销登记。

【拓展阅读】

（二）账簿、凭证管理

（1）纳税人、扣缴义务人按照有关法律、行政法规和国务院财政、税务主管部门的规定设置账簿，根据合法、有效凭证记账，进行核算。

（2）从事生产、经营的纳税人的财务、会计制度或者财务、会计处理办法和会计核算软件，应当报送税务机关备案。纳税人、扣缴义务人的财务、会计制度或者财务、会计处理办法与国务院或者国务院财政、税务主管部门有关税收的规定抵触的，依照国务院或者国务院财政、税务主管部门有关税收的规定计算应纳税款、代扣代缴和代收代缴税款。

（3）税务机关是发票的主管机关，负责发票印制、领购、开具、取得、保管、缴销的管理和监督。单位、个人在购销商品、提供或者接受经营服务以及从事其他经营活动中，应当按照规定开具、使用、取得发票。发票的管理办法由国务院规定。

（4）增值税专用发票由国务院税务主管部门指定的企业印制；其他发票，按照国务院税务主管部门的规定，分别由省、自治区、直辖市国家税务局、地方税务局指定企业印制。未经前款规定的税务机关指定，不得印制发票。

（5）国家根据税收征收管理的需要，积极推广使用税控装置。纳税人应当按照规定安装、使用税控装置，不得损毁或者擅自改动税控装置。

（6）从事生产、经营的纳税人、扣缴义务人必须按照国务院财政、税务主管部门规定的保管期限保管账簿、记账凭证、完税凭证及其他有关资料。账簿、记账凭证、完税凭证及其他有关资料不得伪造、变造或者擅自损毁。

（三）纳税申报

纳税申报是指纳税人按照税法规定的期限和内容向税务机关提交有关纳税事项书面报告的法律行为，是纳税人履行纳税义务、承担法律责任的主要依据，是税务机关税收管理信息的主要来源和税务管理的一项重要制度。

三、税款征收

（一）税款征收方式

税款征收方式，是指税务机关根据各税种的不同特点、征纳双方的具体条件而确定的计算征收税款的方法和形式。税款征收的方式主要有查账征收、查定征收、查验征收、定期定额征收、委托代征税款、邮寄纳税及其他方式。

（二）税收保全措施

税收保全措施，是指税务机关在规定的纳税期之前，对有逃避纳税义务的纳税人，限制其处理可用作缴纳税款的存款、商品、货物等财产的一种行政强制措施，其目的是预防纳税人逃避税款缴纳义务，以保证国家税款的及时、足额入库。

由于执行对象不同，采取的手段也不相同。简易税收保全措施手段是：扣押纳税人的商品、货物。而另外两种税收保全措施包括冻结纳税人的存款和扣押纳税人的商品、货物或其他财产。

（三）税收强制执行

税收强制执行，是指税务机关在采取一般税收管理措施无效的情况下，为了维护税法的严肃性和国家征税的权利所采取的税收强制手段。这不仅是税收的无偿性和固定性的内在要求，也是税收强制性的具体表现。当今各国都在税收法律或行政法规中赋予了税务机关必要的税收强制执行权，以确保国家征税的有效行使。

【小案例】某托运站无证经营两年，未申报纳税，后经税务机关核查，责令该托运站限期缴清所欠税款，但托运站却逾期未缴清税款，税务机关遂依法定程序对其采用强制执行措施，扣押了其托运的部分货物，并查封了该托运站的一个仓库。托运站对此措施不服，以税务机关扣押的货物不属于托运站所有，且一个仓库的价值已超过其应缴纳的税款为由，向法院提出诉讼，要求撤销税务机关的不当执行措施。

思考：税务机关的强制执行措施有无不当？法院应如何处理？

（四）税款的退还、补缴和追征

1. 税款退还

纳税人超过应纳税额缴纳的税款，税务机关发现后应当立即退还；纳税人自结算应纳税款之日起3年内发现的，可以向税务机关要求退还多缴的税款并加算银行同期存款利息，税务机关及时查实后应当立即退还。

2. 税款补缴

因税务机关的责任，致使纳税人、扣缴义务人未缴或者少缴税款的，税务机关在3年内可以要求纳税人、扣缴义务人补缴税款，但是不得加收滞纳金。

3. 税款的追征

因纳税人、扣缴义务人计算错误等失误，未缴或者少缴的税款，税务机关在3年内可以追征税款、滞纳金；有特殊情况的，追征期可以延长到 5 年。

对偷税、抗税、骗税的，税务机关追征其未缴或者少缴的税款、滞纳金或者所骗取的税款，不受期限的限制。

四、税务检查

税务检查是税收征收管理的一个重要环节。它是指税务机关依法对纳税人履行缴纳税款义务和扣缴义务人履行代扣、代收税款义务的状况所进行的监督检查。纳税人、扣缴义务人必须接受税务机关依法进行的税务检查，如实反映情况，提供有关资料，不得拒绝、隐瞒。税务机关依法进行税务检查时，有关部门和单位应当支持、协助。

通过税务检查，既有利于全面贯彻国家的税收政策，严肃税收法纪，加强纳税监督，查处偷税、漏税和逃骗税等违法行为，确保税收收入足额入库，也有利于帮助纳税人端正经营方向，促使其加强经济核算，提高经济效益。

五、纳税人、扣缴义务人的法律责任

（一）违反税务管理的行为及处罚

（1）纳税人有下列行为之一的，由税务机关责令限期改正，可以处以 2 000 元以下的罚款；情节严重的，处以 2 000 元以上 1 万元以下的罚款：

①未按照规定的期限申报办理税务登记、变更或注销登记的。

②未按照规定设置、保管账簿或者保管记账凭证和有关资料的。

③未按照规定将财务、会计制度或财务会计处理方法和会计核算软件报送税务机关备案的。

④未按照规定将其全部银行账号向税务机关报告的。

⑤未按照规定安装、使用税控装置，或者损毁或者擅自改动税控装置的。

⑥纳税人未按照规定办理税务登记证件验证或者换证手续的。

（2）纳税人不办理税务登记的，由税务机关责令限期改正；逾期不改正的，税务机关提请工商行政管理机关吊销其营业执照。

纳税人未按照规定使用税务登记证件，或者转借、涂改、损毁、买卖、伪造税务登记证件的，处 2 000 元以上 1 万元以下的罚款；情节严重的，处 1 万元以上 5 万元以下的罚款。

（3）扣缴义务人未按规定设置、保管代扣代缴、代收代缴税款账簿或者保管代扣代缴、代收代缴税款记账凭证及有关资料的，由税务机关责令改正，可处以 2 000 元以下的罚款；情节严重的，处以 2 000 元以上 5 000 元以下的罚款。

（4）纳税人、扣缴义务人未按规定的期限办理纳税申报和报送纳税资料的，或者扣缴义务人未按规定的期限向税务机关报送代扣代缴、代收代缴税款报告表和有关资料的，由税务机关责令限期改正，可处以 2 000 元以下的罚款；情节严重的，可处以 2 000 元以上 1 万元以下的罚款。

（二）违反税款征收的法律责任

1. 欠税行为及处罚

欠税是指逾期未缴纳税款的行为。

（1）对纳税人的处罚：由税务机关追缴欠缴的税款、滞纳金，并处以欠缴税款50%以上5倍以下的罚款。

（2）对扣缴义务人的处罚：由税务机关向纳税人追缴税款，对扣缴义务人处应扣未扣、应收未收税款50%以上3倍以下罚款。

2. 偷税行为及处罚

纳税人的偷税行为包括：第一，伪造、变造、隐匿、擅自销毁账簿、记账凭证；第二，在账簿上多列支出或者不列、少列收入；第三，经税务机关通知申报而拒不申报或者进行虚假的纳税申报的，导致不缴或者少缴应纳税款。对纳税人偷税的，由税务机关追缴其不缴或少缴的税款、滞纳金，并处不缴或少缴的税款的50%以上5倍以下罚款；构成犯罪的，依法追究刑事责任。

3. 抗税行为及处罚

抗税是指以暴力威胁方法拒绝缴纳税款的行为。情节轻微、未构成犯罪的，由税务机关追缴税款、滞纳金并处以拒缴税款1倍以上5倍以下的罚款或罚金。构成犯罪的，处3年以下有期徒刑或者拘役，并处拒缴税款1倍以上5倍以下的罚金；情节严重的，处3年以上7年以下有期徒刑，并处拒缴税款1倍以上5倍以下的罚金。以暴力方法抗税，致人重伤或者死亡的，按伤害罪、杀人罪从重处罚，并处罚金。

4. 行贿行为及处罚

对犯行贿罪的，处5年以下有期徒刑或拘役；因行贿谋取不正当利益，情节严重的，或者使国家利益遭受重大损失的，处5年以上10年以下有期徒刑；情节特别严重的，处10年以上有期徒刑或者无期徒刑，可以并处没收财产。

5. 骗税行为及处罚

骗税是指纳税人用假报出口等虚构事实或隐瞒真相的方法，经过公开的合法程序，利用国家税收优惠政策，骗取减免税或者退税的行为。

对纳税人的骗税行为由税务机关追缴其骗取的出口退税款，并处骗取税款1倍以上5倍以下的罚款。构成犯罪的，处5年以下有期徒刑或者拘役，并处1倍以上5倍以下的罚金，数额巨大或者有其他严重情节的，处5年以上10年以下有期徒刑，并处骗取税款1倍以上5倍以下的罚金；数额特别巨大或者有其他特别严重情节的，处10年以上有期徒刑或者无期徒刑，并处1倍以上5倍以下的罚金或者没收财产。

【小案例】某大酒店在2019—2022年期间，设置了两套账簿，一套用来核算酒店的全部收支和经营成果，据此向主管部门报送会计报表；另一套账簿则隐匿了大部分的收入，仅记载其中的一部分，平时即根据此账簿所记收入来申报纳税。经查实，该酒店合计少交税款及附加费7万元。

思考：根据税法的有关规定，该酒店的行为是否违法？如果违法，应如何处理？

课后练习

一、单项选择题

1. 纳税人超过应纳税额缴纳的税款，税务机关发现后，应当自发现之日起一定期限内办理退还手续。该期限是（　　）。

A. 10 日　　　　　B. 15 日　　　　　C. 20 日　　　　　D. 7 日

2. 纳税人欠缴应纳税款，采取转移或者隐匿财产的手段，妨碍税务机关追缴欠缴税款，欠缴税款达到一定数额以上的，属于重大税收违法失信案件。该数额是（　　）。

A. 100 万元　　　　B. 50 万元　　　　C. 20 万元　　　　D. 10 万元

3. 纳税人采取欺骗、隐瞒手段进行虚假纳税申报或者不申报，逃避缴纳税款。该种行为在法律上称为（　　）。

A. 骗税行为　　　B. 欠税行为　　　C. 抗税行为　　　D. 逃税行为

二、多项选择题

1. 根据《税收征收管理法》的规定，下列情形中，税务机关有权核定纳税人应纳税额的有（　　）。

A. 有偷税、骗税前科的

B. 拒不提供纳税资料的

C. 按规定应设置账簿而未设置的

D. 虽设置账簿，但账目混乱，难以查账的

2. 根据税收征收管理法律制度的规定，纳税人发生逃税行为时，税务机关可以行使的权力有（　　）。

A. 追缴税款　　　B. 加收滞纳金　　　C. 处以罚款　　　D. 处以罚金

三、判断题

1. 纳税人拒绝或者阻止税务机关记录、录音、录像、照相和复制与案件有关的情况和资料的，由税务机关责令改正，可以处 1 万元以下的罚款；情节严重的，处 1 万元以上 5 万元以下的罚款。　　　　　　　　　　　　　　　　　　　（　　）

2. 税务机关有根据认为从事生产、经营的纳税人有逃避纳税义务行为，可在规定的纳税期过后 15 天内责令其限期缴纳应纳税款。　　　　　　　　　　　　（　　）

劳动合同与社会保障法律制度

📖 教学目标

1. 知识目标

（1）掌握劳动合同的订立、劳动合同的主要内容、劳动合同的解除和终止、基本养老保险、基本医疗保险、工伤保险、失业保险等知识。

（2）熟悉劳动合同的履行和变更、集体合同与劳务派遣、劳动争议的解决、社会保险费征缴与管理等知识。

（3）了解劳动关系与劳动合同、违反劳动合同法律制度的法律责任、社会保险、违反社会保险法律制度的法律责任等知识。

2. 素养目标

（1）培养学生浓厚的家国情怀，使学生体会到国家对劳动者的关心与保护。

（2）培养学生的民族自豪感，使学生体会到社会主义制度的优越性。

📝 先导案例

2022 年 8 月 7 日，小张应聘到江苏省徐州市东方设备公司，并与其签订了劳动协议。协议约定：小张应聘润滑油的销售工作，试用期为 3 个月，基本工资为每月 1 200 元，基本销售任务为每月销售 100 桶润滑油，奖金在公司所派任务完成的情况下每桶提取 10 元。如未完成销售任务，公司有权给予处罚或者不发试用期基本工资。小张称，他从合同签订之日起便开始上班，但是由于任职期间他未能完成推销任务，公司拒绝向其支付工资。9月 18 日，小张申请辞职。

思考：小张有权要求公司支付工资吗？试用劳动法相关规定对本案加以评析。

项目一 劳动合同法律制度

一、劳动法的概念

劳动法是调整劳动关系以及与劳动关系密切联系的其他社会关系的法律规范的总和。制定劳动法的目的是保护劳动者的合法权益，维护、发展和谐稳定的劳动关系，维护社会安定，促进经济发展和社会进步。

劳动法有广义和狭义之分：狭义上的劳动法仅指劳动法法律，是由国家最高立法机构制定颁布的全国性、综合性的法律规范，即《中华人民共和国劳动法》（以下简称《劳动法》）；广义上的劳动法，是指一个国家的劳动法法律以及与之实施相配套的一系列劳动法规和规章。

【小资料】劳动法产生的历史背景　　　　　　　　　微课：劳动合同法概述

二、劳动关系与劳动合同

（一）劳动关系与劳动合同的概念及特征

1. 劳动关系与劳动合同的概念

劳动关系是指劳动者与用人单位依法签订劳动合同而在劳动者与用人单位之间产生的法律关系。劳动者接受用人单位的管理，从事用人单位安排的工作，成为用人单位的成员，从用人单位领取劳动报酬并依法享受劳动保护。

2. 劳动关系的特征

与一般的民事关系不同，劳动关系有其自身独有的特征：

（1）劳动关系的主体具有特定性。劳动关系主体的一方是劳动者，另一方是用人单位。

（2）劳动关系的内容具有较强的法定性。劳动合同涉及财产和人身关系，劳动者在签订劳动合同后，就会隶属于用人单位，受到用人单位的管理。为保护处于弱势地位的劳动者的权益，法律规定了较多的强制性规范，当事人签订劳动合同不得违反强制性规定，否则无效。

（3）劳动者在签订和履行劳动合同时的地位是不同的。劳动者与用人单位在签订劳动合同时，遵循平等、自愿、协商一致的原则，双方法律地位是平等的；一旦双方签订了劳动合同，在履行劳动合同的过程中，用人单位和劳动者就具有了支配与被支配、管理与服从的从属关系。

（二）《劳动合同法》的适用范围

《中华人民共和国劳动合同法》（以下简称《劳动合同法》）是为了完善劳动合同制度，明确劳动合同双方当事人的权利和义务，保护劳动者的合法权益，构建和发展和谐稳定的劳动关系制定的。

1. 适用《劳动合同法》的劳动关系

中华人民共和国境内的企业、个体经济组织、民办非企业单位等组织（以下简称"用人单位"）与劳动者建立劳动关系，订立、履行、变更、解除或者终止劳动合同，适用《劳动合同法》。依法成立的会计师事务所、律师事务所等合伙组织和基金会，也属于《劳动合同法》规定的用人单位。

2. 依照《劳动合同法》执行的劳动关系

国家机关、事业单位、社会团体和与其建立劳动关系的劳动者，订立、履行、变更、解除或者终止劳动合同，依照《劳动合同法》执行。

3. 部分适用《劳动合同法》的劳动关系

地方各级人民政府及县级以上人民政府有关部门为安置就业困难人员提供的给予岗位补贴和社会保险补贴的公益性岗位，其劳动合同不适用《劳动合同法》有关无固定期限劳动合同的规定以及支付经济补偿的规定。

三、劳动合同的概念和种类

（一）劳动合同的概念

劳动合同，是劳动者与用人单位之间确立劳动关系，明确双方权利和义务的书面协议。劳动合同是确立劳动关系的普遍性法律形式，是用人单位与劳动者履行劳动权利、义务的法律依据。

（二）劳动合同的种类

1. 固定期限的劳动合同

固定期限的劳动合同，是指用人单位与劳动者约定合同终止时间的劳动合同。用人单位与劳动者协商一致，可以订立固定期限劳动合同。双方约定的劳动合同期满，双方无续订劳动合同的意思表示，劳动合同即告终止。如果双方有续订劳动合同的意思表示的，可以续订。

2. 无固定期限劳动合同

无固定期限劳动合同，是指用人单位与劳动者约定无确定终止时间的劳动合同。即双方当事人在合同书上只约定合同生效的起始日期，没有确定合同的终止日期。在不出现法律、法规规定的或当事人约定的变更、解除劳动合同的条件或法定终止情形时，无固定期限劳动合同可持续至劳动者法定退休年龄为止。

有下列情形之一的，劳动者提出或者同意续订、订立劳动合同的，除劳动者提出订立固定期限劳动合同外，用人单位应当与劳动者订立无固定期限劳动合同：

（1）劳动者在该用人单位连续工作满 10 年的。

（2）用人单位初次实行劳动合同制度或者国有企业改制重新订立劳动合同时，劳动者在该用人单位连续工作满 10 年且距法定退休年龄不足 10 年的。

（3）连续订立 2 次固定期限劳动合同，且劳动者没有《劳动合同法》第三十九条规定的过错性辞退和第四十条第一项、第二项规定的非过错性辞退情形，续订劳动合同的。为了使劳动合同制度平稳过渡，劳动合同法规定连续订立固定期限劳动合同的次数，自《劳动合同法》施行后续订固定期限劳动合同时开始计算。

（4）用人单位自用工之日起满 1 年不与劳动者订立书面劳动合同的，视为用人单位与劳动者已订立无固定期限劳动合同。

用人单位违反劳动合同法规定不与劳动者订立无固定期限劳动合同的，自应当订立无固定期限劳动合同之日起向劳动者每月支付 2 倍的工资。

3. 以完成一定工作任务为期限的劳动合同

以完成一定工作任务为期限的劳动合同，是指用人单位与劳动者约定以某项工作任务的完成时间为合同期限的劳动合同。当该项工作完成后，劳动合同即告终止。这种劳动合同没有明确约定合同有效时间的长短，而是把某项工作任务完成的时间作为劳动合同终止的时间，实际是固定期限劳动合同的转化。

劳动合同法对以完成一定工作任务为期限的劳动合同在签订上没有特殊或强制性的要求，用人单位与劳动者协商一致，可以订立以完成一定工作任务为期限的劳动合同。它适用于建筑业、临时性、季节性的工作，或者由于工作性质可以采取此种合同期限的工作。

【案例分析】

微课：劳动合同的类型

四、劳动合同的订立

（一）劳动合同订立的原则

《劳动合同法》第三条规定，订立劳动合同，应当遵循合法、公平、平等自愿、协商一致、诚实信用的原则。

（二）劳动合同订立的主体

1. 劳动合同订立主体的资格要求

（1）劳动者有劳动权利能力和行为能力。

《劳动法》规定，禁止用人单位招用未满 16 周岁的未成年人。文艺、体育和特种工艺单位招用未满 16 周岁的未成年人，必须遵守国家有关规定，并保障其接受义务教育的权利。劳动者就业，不因民族、种族、性别、宗教信仰不同而受歧视。妇女享有与男子平等的就业权利。在录用职工时，除国家规定的不适合妇女的工种或者岗位外，不得以性别为由拒绝录用妇女或者提高对妇女的录用标准。残疾人、少数民族人员、退出现役的军人的就业，法律、法规有特别规定的，从其规定。

（2）用人单位有用人权利能力和行为能力。

用人单位是指具有用人权利能力和用人行为能力，运用劳动力组织生产劳动，且向劳动者支付工资等劳动报酬的单位。

用人单位设立的分支机构，依法取得营业执照或者登记证书的，可以作为用人单位与劳动者订立劳动合同；未依法取得营业执照或者登记证书的，受用人单位委托可以与劳动者订立劳动合同。

2. 劳动合同订立主体的义务

（1）用人单位的义务和责任。

用人单位招用劳动者时，应当如实告知劳动者工作内容、工作条件、工作地点、职业危害、安全生产状况、劳动报酬，以及劳动者要求了解的其他情况。

用人单位招用劳动者，不得扣押劳动者的居民身份证和其他证件，不得要求劳动者提供担保或者以其他名义向劳动者收取财物。

用人单位违反《劳动合同法》规定，扣押劳动者居民身份证等证件的，由劳动行政部门责令限期退还劳动者本人，并依照有关法律规定给予处罚。用人单位以担保或者其他名义向劳动者收取财物的，由劳动行政部门责令限期退还劳动者本人，并以每人 500 元以上 2 000 元以下的标准处以罚款；给劳动者造成损害的，应当承担赔偿责任。

（2）劳动者的义务。

用人单位有权了解劳动者与劳动合同直接相关的基本情况，劳动者应当如实说明。

（三）劳动关系建立的时间

1. 用工之日

用人单位自用工之日起即与劳动者建立劳动关系。用人单位与劳动者在用工前订立劳动合同的，劳动关系自用工之日起建立。

2. 职工名册的建立

用人单位应当建立职工名册备查。职工名册应当包括劳动者姓名、性别、公民身份证号码、户籍地址及现住址、联系方式、用工形式、用工起始时间、劳动合同期限等内容。

（四）劳动合同订立的形式

1. 书面形式

建立劳动关系，应当订立书面劳动合同。已建立劳动关系，未同时订立书面劳动合同的，应当自用工之日起 1 个月内订立书面劳动合同。在实践中，有的用人单位和劳动者虽已建立劳动关系，但却迟迟未能订立书面劳动合同，这不利于劳动关系的法律保护。为此，《劳动合同法》《中华人民共和国劳动合同法实施条例》区分不同情况进行规范。

（1）劳动者不与用人单位订立书面劳动合同的处理。

自用工之日起 1 个月内，经用人单位书面通知后，劳动者不与用人单位订立书面劳动合同的，用人单位应当书面通知劳动者终止劳动关系，无须向劳动者支付经济补偿，但是应当依法向劳动者支付其实际工作时间的劳动报酬。

（2）用人单位超过 1 个月不满 1 年未与劳动者订立书面劳动合同的处理。

用人单位自用工之日起超过 1 个月不满 1 年未与劳动者订立书面劳动合同的，应当向劳动者每月支付 2 倍的工资，并与劳动者补订书面劳动合同；劳动者不与用人单位订立书面劳动合同的，用人单位应当书面通知劳动者终止劳动关系，并支付经济补偿。用人单位向劳动者每月支付 2 倍工资的起算时间为用工之日起满 1 个月的次日，截止时间为补订书面劳动合同的前一日。

（3）用人单位满 1 年未与劳动者订立书面劳动合同的处理。

用人单位自用工之日起满 1 年未与劳动者订立书面劳动合同的，自用工之日起满 1 个月的次日至满 1 年的前一日应当向劳动者每月支付 2 倍的工资，并视为自用工之日起满 1 年的当日已经与劳动者订立无固定期限劳动合同，应当立即与劳动者补订书面劳动合同。

2. 口头形式

（1）非全日制用工的概念。

非全日制用工双方当事人可以订立口头协议。非全日制用工，是指以小时计酬为主，劳动者在同一用人单位一般平均每日工作时间不超过 4 小时，每周工作时间累计不超过 24 小时的用工形式。

（2）非全日制用工双方权利义务的特殊规定。

从事非全日制用工的劳动者可以与一个或者一个以上用人单位订立劳动合同；但是，后订立的劳动合同不得影响先订立的劳动合同的履行。

非全日制用工双方当事人不得约定试用期。

非全日制用工双方当事人任何一方都可以随时通知对方终止用工。终止用工，用人单位不向劳动者支付经济补偿。

非全日制用工小时计酬标准不得低于用人单位所在地人民政府规定的最低小时工资标准。用人单位可以按小时、日或周为单位结算工资，但非全日制用工劳动报酬结算支付周期最长不得超过 15 日。

（五）劳动合同的效力

劳动合同依法成立，即双方当事人意思表示一致，合同内容符合国家法律法规的规定，合同从成立之日或者约定生效之日起生效。

劳动合同的无效是指当事人违反法律、法规订立的不具有法律效力的劳动合同。无效的劳动合同包括：

（1）以欺诈、胁迫的手段或者乘人之危，使对方在违背真实意思的情况下订立或者变更劳动合同的。

（2）用人单位免除自己的法定责任、排除劳动者权利的。

（3）违反法律、行政法规强制性规定的。对劳动合同的无效或者部分无效有争议的，由劳动争议仲裁机构或者人民法院确认。

劳动合同被劳动争议仲裁机构或者人民法院确认为无效的，劳动合同应当终止履行，劳动合同被确认无效，劳动者已付出劳动的，用人单位应当向劳动者支付劳动报酬。劳动报酬的数额，参照本单位相同或者相近岗位劳动者的劳动报酬确定。

劳动合同部分无效，不影响其他部分效力的，其他部分仍然有效。

【案例分析】

五、劳动合同的内容

（一）劳动合同必备条款

劳动合同必备条款是指劳动合同必须具备的内容。劳动合同应当具备以下条款：

1. 用人单位的名称、住所和法定代表人或者主要负责人

2. 劳动者的姓名、住址和居民身份证或者其他有效身份证件号码

3. 劳动合同期限

4. 工作内容和工作地点

工作内容包括劳动者从事劳动的工种、岗位和劳动定额、产品质量标准的要求等。这是劳动者判断自己是否胜任该工作、是否愿意从事该工作的关键信息。

工作地点是指劳动者可能从事工作的具体地理位置。工作地点决定着劳动者上下班所需时间，进而影响劳动者的生活，关系到劳动者的切身利益。这也是劳动者判断是否订立劳动合同必不可少的信息，是用人单位必须告知劳动者的内容。

5. 工作时间和休息、休假

（1）工作时间。

工作时间通常是指劳动者在一昼夜或一周内从事生产或工作的时间，换言之，是劳动者每天应工作的时数或每周应工作的天数。目前我国实行的工时制度主要有标准工时制、不定时工作制和综合计算工时制三种类型。

①标准工时制。

标准工时制，也称标准工作日，是指法律统一规定的劳动者从事工作或劳动的时间。国家实行劳动者每日工作 8 小时、每周工作 40 小时的标准工时制度。有些企业因工作性质和生产特点不能实行标准工时制度，应保证劳动者每天工作不超过 8 小时，每周工作不超过 40 小时，每周至少休息 1 天。

用人单位由于生产经营需要，经与工会和劳动者协商后可以延长工作时间，一般每日不得超过 1 小时；因特殊原因需要延长工作时间的，在保障劳动者身体健康的条件下延长工作时间，每日不得超过 3 小时，每月不得超过 36 小时。但对于发生自然灾害、事故或者因其他原因，威胁劳动者生命健康和财产安全，需要紧急处理的；生产设备、交通运输线路、公共设施发生故障，影响生产和公众利益，必须及时抢修的；以及法律、行政法规规定的其他情形，延长工作时间不受上述规定的限制。

【案例分析】

②不定时工作制。

不定时工作制，也称无定时工作制、不定时工作日，是指没有固定工作时间限制的工作制度，主要适用于一些因工作性质或工作条件不受标准工作时间限制的工作岗位。

③综合计算工时制。

综合计算工时制，也称综合计算工作日，是指用人单位根据生产和工作的特点，分别以周、月、季、年等为周期，综合计算劳动者工作时间，但其平均日工作时间和平均周工作时间仍与法定标准工作时间基本相同的一种工时形式。

对于因工作性质或生产特点的限制，实行不定时工作制或综合计算工时制等其他工作和休息办法的职工，企业应根据国家有关规定，在保障职工身体健康并充分听取职工意见的基础上，采取集中工作、集中休息、轮休调休、弹性工作时间等适当的工作和休息方式，确保职工的休息、休假权利和生产、工作任务的完成。

（2）休息、休假。

休息是指劳动者在任职期间，在国家规定的法定工作时间以外，无须履行劳动义务而自行支配的时间，包括工作日内的间歇时间、工作日之间的休息时间和公休假日（即周休息日，是职工工作满一个工作周以后的休息时间）。

休假是指劳动者无须履行劳动义务且一般有工资保障的法定休息时间，主要包括以下两类：

①法定假日，是指由法律统一规定的用以开展纪念、庆祝活动的休息时间，包括元旦、春节、清明节、劳动节、端午节、中秋节、国庆节等。

②年休假，是指职工工作满一定年限，每年可享有的保留工作岗位、带薪连续休息的时间。

【拓展阅读】

6. 劳动报酬

（1）劳动报酬与支付。

劳动报酬是指用人单位根据劳动者劳动的数量和质量，以货币形式支付给劳动者的工资。这是劳动者为用人单位提供劳动获得的直接回报，是劳动者提供劳动的直接目的，是劳动者的生活来源。

根据国家有关规定，工资应当以法定货币支付，不得以实物及有价证券替代货币支付。

工资必须在用人单位与劳动者约定的日期支付。如遇节假日或休息日，则应提前在最近的工作日支付。工资至少每月支付一次，实行周、日、小时工资制的可按周、日、小时支付工资。对完成一次性临时劳动或某项具体工作的劳动者，用人单位应按有关协议或合同规定在其完成劳动任务后即支付工资。

用人单位在劳动者完成劳动定额或规定的工作任务后，根据实际需要安排劳动者在法定标准工作时间以外工作的，应当按照下列标准支付高于劳动者正常工作时间工资的工资报酬：

①用人单位依法安排劳动者在日标准工作时间以外延长工作时间的，按照不低于劳动合同规定的劳动者本人小时工资标准的150%支付劳动者工资。

②用人单位依法安排劳动者在休息日工作，而又不能安排补休的，按照不低于劳动合同规定的劳动者本人日或小时工资标准的200%支付劳动者工资。

③用人单位依法安排劳动者在法定休假节日工作的，按照不低于劳动合同规定的劳动者本人日或小时工资标准的300%支付劳动者工资。

实行计件工资的劳动者，在完成计件定额任务后，由用人单位安排延长工作时间的，根据上述原则，分别按照不低于其本人法定工作时间计件单价的150%、200%、300%支付其工资。

用人单位安排加班不支付加班费的，由劳动行政部门责令限期支付加班费；逾期不支付的，责令用人单位按应付金额50%以上100%以下的标准向劳动者加付赔偿金。经劳动行政部门批准实行综合计算工时工作制的，其综合计算工作时间超过法定标准工作时间的部分，应视为延长工作时间，按上述规定支付劳动者延长工作时间的工资。

实行不定时工时制度的劳动者，不执行上述规定。

【案例分析】 王某的工作为标准工时制，日工资为160元。由于工作需要，单位安排他在2021年"五一"放假期间加班3天，其中占用法定劳动节假期1天，占用周末休息日2天，没有安排补休。请计算王某2021年5月可以得到多少加班工资。如果公司拒绝支付加班工资，王某可以获得什么救济？

【解析】 王某法定假日加班至少应获得3倍工资：$160 \times 3 \times 1 = 480$（元）；休息日加班，至少应获得2倍工资：$160 \times 2 \times 2 = 640$（元）；合计为 $480 + 640 = 1\ 120$（元）。

如果公司不同意支付，王某可向劳动行政部门反映，由劳动行政部门责令用人单位限期支付；公司逾期仍不支付的，由劳动行政部门责令公司支付，并按应付金额的50%以上100%以下的标准向王某支付赔偿金。

（2）最低工资制度。

《劳动法》规定，国家实行最低工资保障制度。最低工资的具体标准由省、自治区、直辖市人民政府规定，报国务院备案。用人单位支付劳动者的工资不得低于当地最低工资标准。

最低工资标准，是指劳动者在法定工作时间或依法签订的劳动合同约定的工作时间内提供了正常劳动的前提下，用人单位依法应支付的最低劳动报酬。最低工资不包括延长工作时间的工资报酬，以货币形式支付的住房补贴和用人单位支付的伙食补贴，中班、夜班、高温、低温、井下、有毒、有害等特殊工作环境和劳动条件下的津贴，国家法律、法规、规章规定的社会保险福利待遇。

因劳动者本人原因给用人单位造成经济损失的，用人单位可按照劳动合同的约定要求其赔偿经济损失。经济损失的赔偿，可从劳动者本人的工资中扣除。但每月扣除的部分不得超过劳动者当月工资的20%。若扣除后的剩余工资部分低于当地月最低工资标准，则按最低工资标准支付。

7. 社会保险

社会保险包括基本养老保险、基本医疗保险、失业保险、工伤保险和生育保险。参加社会保险、缴纳社会保险费是用人单位与劳动者的法定义务，双方都必须履行。

8. 劳动保护、劳动条件和职业危害防护

劳动保护是指用人单位保护劳动者在工作过程中不受伤害的具体措施。劳动条件是指用人单位为劳动者提供正常工作所必需的条件，包括劳动场所和劳动工具。职业危害防护是用人单位对工作过程中可能产生的影响劳动者身体健康的危害的防护措施。劳动保护、劳动条件和职业危害防护，是劳动合同中保护劳动者身体健康和安全的重要条款。

9. 法律、法规规定应当纳入劳动合同的其他事项

用人单位提供的劳动合同文本未载明《劳动合同法》规定的劳动合同必备条款或者用人单位未将劳动合同文本交付劳动者的，由劳动行政部门责令改正；给劳动者造成损害的，应当承担赔偿责任。

（二）劳动合同可备条款

可备条款，是指除劳动合同法定必备条款外，劳动合同当事人可以协商约定，也可以不约定的条款。

劳动合同的约定条款一般包括以下方面：

1. 试用期条款

依据《劳动合同法》，我国对试用期的规定如下：

（1）限制试用期的约定次数。同一用人单位与同一劳动者只能约定一次试用期。劳动者在同一用人单位调整或变更工作岗位，用人单位不得再次约定试用期。

（2）限制试用期的时间。劳动合同期限3个月以上不满1年的，试用期不得超过1个月；劳动合同期限1年以上3年以下的，试用期不得超过2个月；3年以上固定期限和无固定期限的劳动合同，试用期不得超过6个月。

（3）规定不得约定试用期的情形。以完成一定工作任务为期限的劳动合同或者劳动合同期限不满3个月的，不得约定试用期。非全日制用工不得约定试用期。

（4）规定试用期不成立的情形。试用期包含在劳动合同期限内。劳动合同仅约定试用期的，试用期不成立，该期限为劳动合同期限。

（5）保障试用期内劳动者的最低工资标准。劳动者在试用期的工资不得低于本单位相同岗位最低档工资或者劳动合同约定工资的80%，并不得低于用人单位所在地的最低工资标准。

（6）试用期内劳动者的各项劳动权利受法律保护。试用期内用人单位为试用者提供的

劳动条件不得低于劳动法律、法规规定的标准，用人单位应为试用者缴纳社会保险费。

（7）对在试用期中的劳动者，用人单位不得滥用解雇权。除有证据证明劳动者不符合录用条件、劳动者有违规违纪违法行为、不能胜任工作等情形外，用人单位不得解除劳动合同。用人单位在试用期解除劳动合同的，应当向劳动者说明理由。

（8）违反试用期规定应承担行政责任和赔偿责任。用人单位违反劳动合同法规定与劳动者约定的试用期无效，由劳动行政部门责令改正；违法约定的试用期已经履行的，由用人单位以劳动者试用期满月工资为标准，按已经履行的超过法定试用期的期限向劳动者支付赔偿金。

2. 保密和竞业限制条款

用人单位与劳动者可以在劳动合同中约定保守用人单位的商业秘密和与知识产权相关的保密事项。商业秘密，是指不为公众所知悉，能为权利人带来经济利益，具有实用性并经权利人采取保密措施的技术信息和经营信息。经营信息包括管理办法、产销策略、客户名单、货源情报等。技术信息包括生产配方、工艺流程、技术诀窍、设计图纸等。用人单位为了保护自己的商业秘密，可以与劳动者就商业秘密的范围、保密期限、保密义务、违约责任等内容进行约定。劳动者违反保密约定，应当向用人单位支付违约金；给用人单位造成损失的，还应当承担赔偿责任。

对于负有保密义务的劳动者，用人单位可以在劳动合同或者保密协议中与劳动者约定竞业限制条款。所谓竞业限制，是指用人单位限制劳动者在劳动合同期间以及劳动合同解除或终止后一段期间内自己经营或为他人经营与本单位相竞争的业务。约定竞业限制条款的目的主要在于防止不正当竞争。竞业限制的人员限于用人单位的高级管理人员、高级技术人员和其他负有保密义务的人员。竞业限制的范围、地域、期限由用人单位和劳动者约定，但约定的内容不得违反法律、法规的规定，而且，竞业限制的期限在解除或者终止劳动合同后不得超过2年。

3. 服务期条款

服务期是指劳动者因接受用人单位提供的专项培训待遇而承诺必须为用人单位服务的期限。服务期只对劳动者具有约束力。

4. 违约金条款

违约金是用人单位与劳动者在劳动合同中约定的不履行或不完全履行劳动合同约定义务时，由违约方支付给对方的一定金额的货币。

六、劳动合同的履行

（一）履行原则

《劳动合同法》第二十九条规定，用人单位与劳动者应当按照劳动合同的约定，全面履行各自的义务。依据此规定，劳动者必须遵循以下原则：

（1）亲自履行原则。

（2）全面履行合同义务原则。

（二）用人单位的履行义务

用人单位应当按照劳动合同的约定，全面履行义务。用人单位应当按照劳动合同约定和国家规定，向劳动者及时足额支付劳动报酬。用人单位拖欠或者未足额支付劳动报酬的，劳动者可以依法向当地人民法院申请支付令，人民法院应当依法发出支付令。

七、劳动合同的变更、解除与终止

（一）劳动合同的变更

劳动合同的变更，是指劳动合同依法订立后，在合同尚未履行或者尚未履行完毕之前，经用人单位和劳动者双方当事人协商同意，对劳动合同内容作部分修改、补充或者删减的法律行为。劳动合同的变更是原劳动合同的派生，是双方已存在的劳动权利义务关系的发展，原劳动合同未变更的部分仍然有效，变更后的内容就取代了原合同的相关内容，新达成的变更协议条款与原合同中其他条款具有同等法律效力，对双方当事人都有约束力。

（二）劳动合同的解除

劳动合同的解除，是指劳动合同当事人在劳动合同期限届满之前依法提前终止劳动合同关系的法律行为。劳动合同的解除可分为协商解除、劳动者单方解除、用人单位单方解除等。

1. 双方协商解除劳动合同

用人单位与劳动者协商一致，可以解除劳动合同。我国劳动法对双方协商解除劳动合同没有规定实体、程序上的限定条件，只要双方达成一致，内容、形式、程序没有违反法律禁止性、强制性规定，该解除行为有效。

2. 劳动者单方解除劳动合同

（1）即时解除。即时解除，是指劳动者无须事先告知用人单位，当法定情形出现时，劳动者可立即单方解除与用人单位之间的劳动关系。

（2）通知解除。通知解除，是指劳动者要解除与用人单位之间的劳动合同，必须履行提前告知用人单位的法定义务，否则不能解除劳动合同。

3. 用人单位单方解除劳动合同

在具备法律规定的条件时，无须双方协商达成一致意见，用人单位享有单方解除劳动合同的权利。用人单位单方解除劳动合同，应当事先将理由通知工会。用人单位违反法律、行政法规规定或者劳动合同约定的，工会有权要求用人单位纠正。用人单位应当研究工会的意见，并将处理结果书面通知工会。

用人单位单方解除劳动合同有以下三种情况：

（1）即时解除。

劳动者有下列情形之一的，用人单位可以解除劳动合同：

①在试用期间被证明不符合录用条件的。

②严重违反用人单位的规章制度的。

③严重失职，营私舞弊，给用人单位造成重大损害的。

④劳动者同时与其他用人单位建立劳动关系，对完成本单位的工作任务造成严重影响，或者经用人单位提出，拒不改正的。

（2）通知解除。

有下列情形之一的，用人单位提前30日以书面形式通知劳动者本人或者额外支付劳动者1个月工资后，可以解除劳动合同：

①劳动者患病或者非因工负伤，在规定的医疗期满后不能从事原工作，也不能从事由用人单位另行安排的工作的。

②劳动者不能胜任工作，经过培训或者调整工作岗位，仍不能胜任工作的。

③劳动合同订立时所依据的客观情况发生重大变化，致使劳动合同无法履行，经用人单位与劳动者协商，未能就变更劳动合同内容达成协议的。

（3）因经济性裁员而发生的解除。

有下列情形之一，需要裁减人员20人以上或者裁减不足20人但占企业职工总数10%以上的，用人单位提前30日向工会或者全体职工说明情况，听取工会或者职工的意见后，裁减人员方案经向劳动行政部门报告，可以裁减人员：

①依照企业破产法规定进行重整的。

②生产经营发生严重困难的。

③企业转产、重大技术革新或者经营方式调整，经变更劳动合同后，仍需裁减人员的。

④其他因劳动合同订立时所依据的客观经济情况发生重大变化，致使劳动合同无法履行的。裁减人员时，应当优先留用下列人员：与本单位订立较长期限的固定期限劳动合同的；与本单位订立无固定期限劳动合同的；家庭无其他就业人员，有需要扶养的老人或者未成年人的。用人单位在6个月内重新招用人员的，应当通知被裁减的人员，并在同等条件下优先招用被裁减的人员。

（三）不得解除劳动合同情形和劳动合同的终止

1. 不得解除劳动合同情形

劳动者有下列情形之一的，用人单位不得解除劳动合同：

（1）从事接触职业病危害作业的劳动者未进行离岗前职业健康检查，或者疑似职业病病人在诊断或者医学观察期间的。

（2）在本单位患职业病或者因工负伤并被确认丧失或者部分丧失劳动能力的。

（3）患病或者非因工负伤，在规定的医疗期内的。

（4）女职工在孕期、产期、哺乳期的。

（5）在本单位连续工作满15年，且距法定退休年龄不足5年的。

（6）法律、行政法规规定的其他情形。

2. 劳动合同的终止

劳动合同终止是指劳动合同中各主体的权利义务的消灭。除劳动合同的解除之外，下列情况会导致劳动合同的终止：

（1）劳动合同期满的。

（2）劳动者开始依法享受基本养老保险待遇的。

（3）劳动者死亡，或者被人民法院宣告死亡或者宣告失踪的。

（4）用人单位被依法宣告破产的。

（5）用人单位被吊销营业执照、责令关闭、撤销或者用人单位决定提前解散的。

（6）法律、行政法规规定的其他情形。

（四）劳动合同解除和终止的经济补偿

1. 经济补偿的概念

劳动合同法律关系中的经济补偿，是指按照劳动合同法律制度的规定，在劳动者无过错的情况下，用人单位与劳动者解除或者终止劳动合同时，应给予劳动者的经济上的补助，也称经济补偿金。

【拓展阅读】经济补偿金与违约金、赔偿金是不同的

2. 用人单位应当向劳动者支付经济补偿的情形

有下列情形之一的，用人单位应当向劳动者支付经济补偿：

（1）劳动者符合随时通知解除和不需事先通知即可解除劳动合同规定情形而解除劳动合同的。

（2）由用人单位提出解除劳动合同并与劳动者协商一致而解除劳动合同的。

（3）用人单位符合提前30日以书面形式通知劳动者本人或者额外支付劳动者1个月工资后，可以解除劳动合同的规定情形而解除劳动合同的。

（4）用人单位符合可裁减人员规定而解除劳动合同的。

（5）除用人单位维持或者提高劳动合同约定条件续订劳动合同，劳动者不同意续订的情形外，劳动合同期满终止固定期限劳动合同的。

（6）用人单位被依法宣告破产或者被吊销营业执照、责令关闭、撤销或者用人单位决定提前解散而终止劳动合同的。

（7）以完成一定工作任务为期限的劳动合同因任务完成而终止的。

（8）法律、行政法规规定的其他情形。

3. 经济补偿的支付

经济补偿，根据劳动者在用人单位的工作年限和工资标准来计算具体金额，并以货币形式支付给劳动者。

经济补偿金的计算公式为：

经济补偿金 = 劳动合同解除或者终止前劳动者在本单位的工作年限 ×

每工作 1 年应得的经济补偿

经济补偿金的支付如表 5 - 1 所示。

表 5 - 1　经济补偿金的支付

补偿金的支付	法定情形	无论合同解除还是终止，只要不是在试用期间，劳动者无过错且非主动提出离职就应给予补偿	
	依据	根据在用人单位的工作年限和工资标准来计算	
	年限	（1）每满 1 年	支付 1 个月工资
		（2）6 个月以上不满 1 年的	按 1 年计算
		（3）不满 6 个月的	支付半个月工资
	公式	经济补偿金 = 工作年限 × 月工资	
		月工资是劳动合同解除或终止前 12 个月的平均工资，不满 12 个月的，按照实际工作的月数计算平均工资	
	基数	最低工资标准 ≤ 月平均工资 ≤ 上年度职工月平均工资 3 倍	
	注意：（1）"高薪职工"（月工资 > 所在地区上年度职工月平均工资 3 倍）支付经济补偿的年限"最高不超过 12 年"；（2）医疗期职工工资标准最低不得低于最低工资标准的 80%		

八、集体合同与劳务派遣

（一）集体合同

1. 集体合同的概念

集体合同是工会代表企业职工一方与用人单位通过平等协商，可以就劳动报酬、工作时间、休息休假、劳动安全卫生、保险福利等事项订立的合同。集体合同草案应当提交职工代表大会或者全体职工讨论通过。尚未建立工会的用人单位，由上级工会指导劳动者推举的代表与用人单位订立。在县级以下区域内，建筑业、采矿业、餐饮服务业等行业可以由工会与企业方面代表订立行业性集体合同，或者订立区域性集体合同。集体合同是协调劳动关系、保护劳动者权益、建立现代企业管理制度的重要手段。

【拓展阅读】劳动合同与集体合同的关系

2. 集体合同的订立

集体合同的订立，是指工会或职工代表与企业单位之间，为规定用人单位和全体职工的权利义务而依法就集体合同条款经过协商一致，确立集体合同关系的法律行为。在我国，集体合同主要是由代表劳动者的工会或职工代表与企业签订。尚未建立工会的用人单位，由上级工会指导劳动者推举的代表与用人单位订立。

集体合同按如下程序订立：

（1）讨论集体合同草案或专项集体合同草案。经双方代表协商一致的集体合同草案或专项集体合同草案应提交职工代表大会或者全体职工讨论。

（2）通过草案。全体职工代表半数以上或者全体职工半数以上同意，集体合同草案或专项集体合同草案方获通过。

（3）集体协商双方首席代表签字。

集体合同的生效与劳动合同的生效不同，法律对集体合同的生效规定了特殊程序：集体合同订立后，应当报送劳动行政部门；劳动行政部门自收到集体合同文本之日起 15 日内未提出异议的，集体合同即行生效。依法订立的集体合同对用人单位和劳动者具有约束力。行业性、区域性集体合同对当地本行业、本区域的用人单位和劳动者具有约束力。

3. 集体合同争议处理

用人单位违反集体合同，侵犯职工劳动权益的，工会可以依法要求用人单位承担责任；因履行集体合同发生争议，经协商解决不成的，工会可以依法申请仲裁、提起诉讼。

（二）劳务派遣

劳务派遣，是指劳务派遣单位与劳动者订立劳动合同后，由派遣单位与实际用工单位通过签订劳务派遣协议，将劳动者派遣到用工单位工作，用工单位实际使用劳动者，用工单位向劳务派遣单位支付管理费而形成的关系。劳务派遣涉及三方当事人：劳务派遣单位、用工单位和劳动者。三者之间的关系如图 5-1 所示。

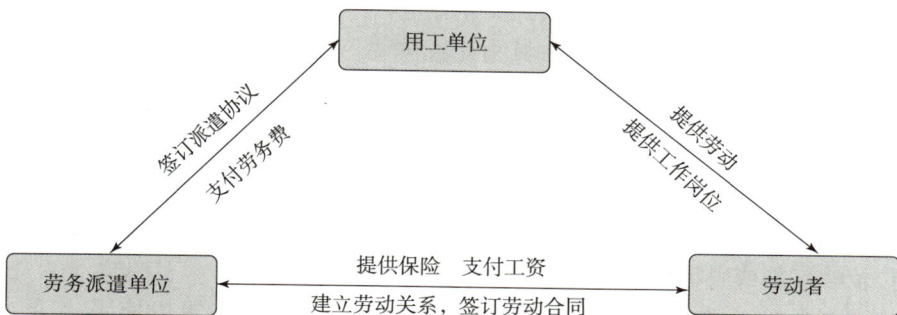

图 5-1　劳务派遣所涉及的三方当事人之间的关系

1. 劳务派遣单位

（1）劳务派遣单位的资质。

劳务派遣单位是将劳动者派遣到实际用工单位的企业法人。为规范劳务派遣关系，保护被派遣的劳动者的合法权益，法律为劳务派遣公司设立了"门槛"：规定劳务派遣单位应当依照公司法的有关规定设立，注册资本不得少于 200 万元。

（2）劳务派遣单位的义务。

《劳动合同法》明确劳务派遣单位就是用人单位，应当履行用人单位对劳动者的义务，遵守劳动法的相关规定，与被派遣的劳动者订立书面劳动合同。

为保障被派遣劳动者的劳动报酬权，劳动合同法规定应按月支付劳动者劳动报酬；被派遣劳动者在无工作期间，劳务派遣单位应当按照所在地人民政府规定的最低工资标准，向其按月支付报酬；劳务派遣单位不得克扣用工单位按照劳务派遣协议支付给被派遣劳动者的劳动报酬；劳务派遣单位跨地区派遣劳动者的，被派遣劳动者享有的劳动报酬和劳动条件，按照用工单位所在地的标准执行；劳务派遣单位和用工单位不得向被派遣劳动者收取费用。劳务派遣单位有权依照劳动合同法有关规定，与劳动者解除劳动合同。

2. 劳务派遣协议

劳务派遣协议是劳务派遣单位与实际用工单位就劳务派遣事项签订的书面协议。劳务派遣协议应当约定派遣岗位和人员数目、派遣期限、劳动报酬和社会保险费的数额与支付方式以及违反协议的责任；劳务派遣一般在临时性、辅助性或者替代性的工作岗位上实施；用工单位应当根据工作岗位的实际需要与劳务派遣单位确定派遣期限，不得将连续用工期限分割，订立数个短期劳务派遣协议。劳务派遣单位应当将劳务派遣协议的内容告知被派遣劳动者，被派遣劳动者有知情权。

3. 用工单位的义务

在劳务派遣关系中，实际用工单位应履行如下义务：

（1）执行国家劳动标准，提供相应的劳动条件和劳动保护，告知被派遣劳动者的工作要求和劳动报酬。

（2）支付加班费、绩效奖金，提供与工作岗位相关的福利待遇。

（3）对在岗被派遣劳动者进行工作岗位所必需的培训。

（4）连续用工的，实行正常的工资调整机制。

（5）不得将被派遣劳动者再派遣到其他用人单位。

（6）不得设立劳务派遣单位向本单位或者所属单位派遣劳动者。

4. 被派遣劳动者的权利

《劳动合同法》赋予劳务派遣者如下权利：

（1）赋予被派遣劳动者参加和组织工会的权利。被派遣劳动者有权在劳务派遣单位或者用工单位依法参加或者组织工会，维护自身的合法权益。

（2）赋予被派遣劳动者解除劳动合同的权利。被派遣劳动者可以依照《劳动合同法》与用人单位协商一致解除劳动合同，在用人单位有违法、违约情形时，被派遣劳动者有权与劳务派遣单位单方解除劳动合同。

（3）享有与用工单位的劳动者同工同酬的权利。用工单位无同类岗位劳动者的，参照用工单位所在地相同或者相近岗位劳动者的劳动报酬确定。

九、劳动争议的解决

（一）劳动争议的概念和适用范围

劳动争议又称劳动纠纷，是指劳动关系双方当事人因执行劳动法律、法规或履行劳动合同、集体合同发生的纠纷。

劳动争议发生在劳动者与用人单位之间，劳动争议的主体与劳动法、劳动合同法规定的劳动关系的主体相同。

根据《中华人民共和国劳动争议调解仲裁法》第二条规定，劳动争议的范围包括：

（1）因确认劳动关系发生的争议。

（2）因订立、履行、变更、解除和终止劳动合同发生的争议。

（3）因除名、辞退和辞职、离职发生的争议。

（4）因工作时间、休息休假、社会保险、福利、培训以及劳动保护发生的争议。

（5）因劳动报酬、工伤医疗费、经济补偿或者赔偿金等发生的争议。

（6）法律、法规规定的其他劳动争议。

【拓展阅读】哪些纠纷不属于劳动争议的范围

（二）劳动争议的解决方式及处理程序

用人单位与劳动者发生劳动争议，当事人可以依法申请调解、仲裁，提起诉讼，也可以协商解决。

1. 协商程序

劳动争议发生后，当事人应当协商解决，协商一致后，双方可达成和解协议，但和解协议无必须履行的法律效力，而是由双方当事人自觉履行。

协商不是处理劳动争议的必经程序，当事人不愿协商或协商不成，可以向本单位劳动争议调解委员会申请调解或向劳动争议仲裁委员会申请仲裁。

2. 调解程序

调解程序，是指劳动纠纷的一方当事人就已经发生的劳动纠纷向劳动争议调解委员会申请调解的程序。

可受理劳动争议的调解组织如下：

（1）企业劳动争议调解委员会。企业劳动争议调解委员会由职工代表和企业代表组成。职工代表由工会成员担任或者由全体职工推举产生，企业代表由企业负责人指定。企业劳动争议调解委员会主任由工会成员或者双方推举的人员担任。

（2）依法设立的基层人民调解组织。

（3）在乡镇、街道设立的具有劳动争议调解职能的组织。

3. 仲裁程序

劳动争议仲裁，是指劳动争议仲裁委员会根据当事人的申请，依法对劳动争议在事实上作出判断、在权利义务上作出裁决的一种法律制度。

劳动争议仲裁是劳动争议案件处理必经的法律程序，仲裁一般要经历下面几个阶段：

（1）案件受理阶段。

①当事人在规定的时效内向劳动争议仲裁委员会提交请求仲裁的书面申请。劳动争议申请仲裁的时效期间为1年，提出仲裁要求的一方应当自劳动争议发生之日起1年内向劳动争议仲裁委员会提出书面申请。仲裁时效期间从当事人知道或者应当知道其权利被侵害之日起计算。

②案件受理。劳动争议仲裁委员会接到仲裁申请后，应当在5日内作出是否受理的决定。

（2）调查取证阶段。

调查取证的目的是收集有关证据和材料，查明争议事实，为下一步的调解或裁决做好准备工作。调查取证工作包括撰写调查提纲，根据调查提纲进行有针对性的调查取证，核实调查结果和有关证据等。

（3）调解阶段。

仲裁庭在查明事实的基础上，首先要进行调解工作，努力促使双方当事人自愿达成协议。仲裁委员会可依法进行调解，经调解达成协议的，制作仲裁调解书。仲裁调解书具有法律效力，自送达之日起具有法律约束力，当事人须自觉履行，一方当事人不履行的，另一方当事人可向人民法院申请强制执行。

（4）裁决阶段。

经仲裁庭调解无效或仲裁调解书送达前当事人反悔，调解失败的，劳动争议的处理便进入裁决阶段。仲裁庭的裁决要通过召开仲裁会议的形式作出。仲裁委员会应当在收到仲裁申请之日起45日内作出仲裁裁决，案情复杂需要延期的，经劳动争议仲裁委员会主任批准，可以延期并书面通知当事人，但是延长期限不得超过15日。逾期未作出仲裁裁决的，当事人可以就该劳动争议事项向人民法院提起诉讼。

除一裁终局的仲裁裁决以外的其他劳动争议案件的仲裁裁决，当事人不服的，可以自收到仲裁裁决书之日起15日内向人民法院提起诉讼；期满不起诉的，裁决书发生法律效力。一方当事人逾期不履行，另一方当事人可以向人民法院申请强制执行。

4. 诉讼程序

（1）起诉。

劳动争议当事人对仲裁裁决不服的，可以自收到仲裁裁决书之日起15日内向人民法院提起诉讼。仲裁程序是劳动争议案件的前置程序，未经仲裁，案件不能进入诉讼程序。

（2）劳动争议案件的管辖。

劳动争议案件由用人单位所在地或者劳动合同履行地的基层人民法院管辖。劳动合同履行地不明确的，由用人单位所在地的基层人民法院管辖。

（3）举证责任。

在劳动诉讼中，适用民事诉讼的一般举证原则，即"谁主张，谁举证"。但在现实中，劳动者并不能掌握公司的运营资料，为此我国规定，因用人单位作出的开除、除名、辞退、解除劳动合同、减少劳动报酬、计算劳动者工作年限等决定而发生的劳动争议，用人单位负举证责任。

（4）人民法院对一裁终局的部分劳动争议仲裁裁决有撤销权。

仲裁裁决被人民法院裁定撤销的，当事人可以自收到裁定书之日起15日内就该劳动争议事项向人民法院提起诉讼。

（5）人民法院审理劳动争议案件实行两审终审制。

人民法院一审审理终结后，对一审判决不服的，当事人可在15日内向上一级人民法院提起上诉；对一审裁定不服的，当事人可在10日内向上一级人民法院提起上诉。经二审审理所作出的裁决是终审裁决，自送达之日起发生法律效力，当事人必须履行。

微课：劳动争议仲裁

十、违反劳动合同法律制度的法律责任

（一）用人单位违反《劳动合同法》的法律责任

1. 用人单位规章制度违反法律规定的法律责任

（1）用人单位直接涉及劳动者切身利益的规章制度违反法律、法规规定的，由劳动行政部门责令改正，给予警告；给劳动者造成损害的，应当承担赔偿责任。

（2）用人单位违反《劳动合同法》有关建立职工名册规定的，由劳动行政部门责令限期改正；逾期不改正的，由劳动行政部门处2 000元以上2万元以下的罚款。

2. 用人单位订立劳动合同违反法律规定的法律责任

（1）用人单位提供的劳动合同文本未载明劳动合同必备条款或者用人单位未将劳动合同文本交付劳动者的，由劳动行政部门责令改正；给劳动者造成损害的，应当承担赔偿责任。

（2）用人单位自用工之日起超过1个月不满1年未与劳动者订立书面劳动合同的，应当向劳动者每月支付2倍的工资。

（3）用人单位违反《劳动合同法》规定不与劳动者订立无固定期限劳动合同的，自应当订立无固定期限劳动合同之日起向劳动者每月支付2倍的工资。

（4）用人单位违反《劳动合同法》规定与劳动者约定试用期的，由劳动行政部门责令改正；违法约定的试用期已经履行的，由用人单位以劳动者试用期满月工资为标准，按已经履行的超过法定试用期的期间向劳动者支付赔偿金。

（5）用人单位违反《劳动合同法》规定，扣押劳动者居民身份证等证件的，由劳动行政部门责令限期退还劳动者本人，并依照有关法律规定给予处罚。

（6）用人单位违反《劳动合同法》规定，以担保或者其他名义向劳动者收取财物的，由劳动行政部门责令限期退还劳动者本人，并以每人 500 元以上 2 000 元以下的标准处以罚款；给劳动者造成损害的，应当承担赔偿责任。

（7）劳动合同依照法律规定被确认无效，给劳动者造成损害的，用人单位应当承担赔偿责任。

3. 用人单位履行劳动合同违反法律规定的法律责任

（1）用人单位有下列情形之一的，依法给予行政处罚；构成犯罪的，依法追究刑事责任；给劳动者造成损害的，应当承担赔偿责任：

①以暴力、威胁或者非法限制人身自由的手段强迫劳动的。

②违章指挥或者强令冒险作业危及劳动者人身安全的。

③侮辱、体罚、殴打、非法搜查或者拘禁劳动者的。

④劳动条件恶劣、环境污染严重，给劳动者身心健康造成严重损害的。

（2）用人单位有下列情形之一的，由劳动行政部门责令限期支付劳动报酬、加班费；劳动报酬低于当地最低工资标准的，应当支付其差额部分；逾期不支付的，责令用人单位按应付金额 50% 以上 100% 以下的标准向劳动者加付赔偿金：

①未按照劳动合同的约定或者国家规定及时足额支付劳动者劳动报酬的。

②低于当地最低工资标准支付劳动者工资的。

③安排加班不支付加班费的。

（3）用人单位依照《劳动合同法》规定应当向劳动者每月支付 2 倍的工资或者应当向劳动者支付赔偿金而未支付的，劳动行政部门应当责令用人单位支付。

4. 用人单位违反法律规定解除和终止劳动合同的法律责任

（1）用人单位违反《劳动合同法》规定解除或者终止劳动合同的，应当依照《劳动合同法》规定的经济补偿标准的 2 倍向劳动者支付赔偿金。

（2）用人单位解除或者终止劳动合同，未依照《劳动合同法》规定向劳动者支付经济补偿的，由劳动行政部门责令限期支付经济补偿；逾期不支付的，责令用人单位按应付金额 50% 以上 100% 以下的标准向劳动者加付赔偿金。

（3）用人单位违反《劳动合同法》规定未向劳动者出具解除或者终止劳动合同的书面证明，由劳动行政部门责令改正；给劳动者造成损害的，应当承担赔偿责任。

（4）劳动者依法解除或者终止劳动合同，用人单位扣押劳动者档案或者其他物品的，由劳动行政部门责令限期退还劳动者本人，并以每人 500 元以上 2 000 元以下的标准处以罚款；给劳动者造成损害的，应当承担赔偿责任。

5. 其他法律责任

（1）用人单位招用与其他用人单位尚未解除或者终止劳动合同的劳动者，给其他用人单位造成损失的，应当承担连带赔偿责任。

（2）劳务派遣单位、用工单位违反《劳动合同法》有关劳务派遣规定的，由劳动行政部门责令限期改正；逾期不改正的，以每人 5 000 元以上 1 万元以下的标准处以罚款，对劳务派遣单位，吊销其劳务派遣业务经营许可证。用工单位给被派遣劳动者造成损害的，劳务派遣单位与用工单位承担连带赔偿责任。

（3）对不具备合法经营资格的用人单位的违法犯罪行为，依法追究法律责任；劳动者已经付出劳动的，该单位或者其出资人应当依照《劳动合同法》的有关规定向劳动者支付劳动报酬、经济补偿、赔偿金；给劳动者造成损害的，应当承担赔偿责任。

（4）个人承包经营违反《劳动合同法》规定招用劳动者，给劳动者造成损害的，发包的组织与个人承包经营者承担连带赔偿责任。

（二）劳动者违反劳动合同法律制度的法律责任

（1）劳动合同被确认无效，给用人单位造成损失的，有过错的劳动者应当承担赔偿责任。

（2）劳动者违反《劳动合同法》规定解除劳动合同，给用人单位造成损失的，应当承担赔偿责任。

（3）劳动者违反劳动合同中约定的保密义务或者竞业限制，劳动者应当按照劳动合同的约定，向用人单位支付违约金。给用人单位造成损失的，应当承担赔偿责任。

（4）劳动者违反培训协议，未满服务期解除或者终止劳动合同的，或者因劳动者严重违纪，用人单位与劳动者解除约定服务期的劳动合同的，劳动者应当按照劳动合同的约定，向用人单位支付违约金。

课程思政：《民法典》中的劳动者权益保护

近年来，企业对员工进行"未完成业绩要打耳光""跪地爬""裸体跑"等行为，实际上是对人格权的侵犯。

《民法典》第九百九十条中规定了"除前款规定的人格权外，自然人享有基于人身自由、人格尊严产生的其他人格权益"的兜底条款，是对我国宪法规定的"加强劳动保护""改善劳动条件"精神的落实，也是对《劳动法》规定的劳动者兜底劳动权利的细化。有了《民法典》，人格权将能得到更全面、更到位的保护。

课后练习

一、单项选择题

1. 根据劳动合同法律制度的规定，下列纠纷中不属于劳动争议的是（　　）。

A. 劳动者与用人单位因离职发生的纠纷

B. 个体工匠与学徒之间的纠纷

C. 劳动者与用人单位因工作时间产生的纠纷

D. 劳动者与用人单位因社会保险发生的纠纷

2. 根据劳动合同法律制度的规定，被派遣劳动者在无工作期间，劳务派遣单位应当按照法定标准向其按月支付报酬，该标准为（　　）。

A. 所在地上年度职工月平均工资

B. 被派遣劳动者在工作期间的月平均工资

C. 劳务派遣单位职工月平均工资

D. 所在地人民政府规定的月最低工资标准

3. 甲饭店以非全日制用工形式聘用王某，双方口头约定：王某每天到饭店工作 3 小时，每周周一休息，按小时计酬，按月结算支付劳动报酬。甲饭店与王某的下列约定中，不符合法律规定的是（　　）。

A. 王某每天到饭店工作 3 小时　　　　B. 王某每周周一休息

C. 按小时计酬　　　　　　　　　　　D. 按月结算支付劳动报酬

4. 根据劳动合同法律制度的规定，下列各项中，属于劳动合同可备条款的是（　　）。

A. 休息休假　　　B. 服务期　　　C. 工作时间　　　D. 合同期限

5. 根据劳动合同法律制度的规定，下列各项中，属于劳动合同必备条款的是（　　）。

A. 保密条款　　　　　　　　　　　　B. 竞业限制条款

C. 社会保险条款　　　　　　　　　　D. 服务期条款

6. 劳动者违反劳动合同中关于服务期的约定，应向公司支付（　　）。

A. 补偿金　　　B. 赔偿金　　　C. 违约金　　　D. 培训费用

7. 根据劳动合同法律制度的规定，用人单位以担保名义向劳动者收取财物的，劳动行政部门可以处以一定标准的罚款，该标准是（　　）。

A. 500 元以上 2 000 元以下　　　　B. 每人 500 元以上 2 000 元以下

C. 500 元以上 3 000 元以下　　　　D. 每人 500 元以上 3 000 元以下

8. 下列有关劳动仲裁开庭和裁决的表述中，不正确的是（　　）。

A. 仲裁委员会裁决劳动争议案件不实行仲裁庭制度

B. 简单的劳动争议案件可以由 1 名仲裁员独任仲裁

C. 申请人重新申请仲裁的，仲裁委员会不予受理

D. 逾期未作出仲裁裁决的，当事人可以就该劳动争议事项向人民法院提起诉讼

9. 2018 年 3 月 1 日，甲公司与吴某签订劳动合同，约定合同期限 1 年，试用期 1 个月，每月 15 日发放工资。吴某 3 月 12 日上岗工作，甲公司与吴某劳动关系的建立时间是（　　）。

A. 2018 年 3 月 12 日　　　　　　　B. 2018 年 4 月 12 日

C. 2018 年 3 月 15 日　　　　　　　D. 2018 年 3 月 1 日

10. 赵某与 A 市的甲公司于 2018 年 6 月 8 日在 B 市签订了为期 2 年的劳动合同，约定赵某在 C 市上班。7 月 8 日赵某与该公司因劳动时间发生了争议，赵某向 C 市的劳动争议仲裁委员会申请了仲裁，甲公司向 A 市的劳动争议仲裁委员会申请了仲裁。下列表述中，正确的是（　　）。

A. 由 C 市的劳动争议仲裁委员会管辖

B. 由 A 市的劳动争议仲裁委员会管辖

C. 由 B 市的劳动争议仲裁委员会管辖

D. 由 A 市的劳动争议仲裁委员会和 C 市的劳动争议仲裁委员会共同管辖

11. 刚大学毕业的王某参加工作，因为休息休假与用人单位发生了劳动争议，不属于可受理该劳动争议的调解组织是（　　）。

　　A. 企业劳动争议调解委员会

　　B. 基层人民调解组织

　　C. 乡镇设立的具有劳动争议调解职能的组织

　　D. 法院

12. 根据劳动合同法律制度的规定，下列劳动争议中，不属于劳动者可以向劳动争议仲裁部门申请劳动仲裁的是（　　）。

　　A. 确认终止劳动关系经济补偿金的争议

　　B. 劳动合同终止的争议

　　C. 劳动保护条件争议

　　D. 政府补贴争议

13. 根据规定，劳动行政部门自收到集体合同文本之日起一定时间内未提出异议的，集体合同即行生效。该时间为（　　）天。

　　A. 7　　　　　　　　B. 10　　　　　　　　C. 15　　　　　　　　D. 30

14. 劳动合同解除或者终止后，用人单位对该合同文本的保存年限至少为（　　）。

　　A. 1 年　　　　　　B. 2 年　　　　　　C. 3 年　　　　　　D. 5 年

15. 下列情形中，用人单位不必向劳动者支付经济补偿的是（　　）。

　　A. 被依法宣告破产的

　　B. 劳动者主动向用人单位提出解除劳动合同并与用人单位协商一致解除劳动合同的

　　C. 被吊销营业执照的

　　D. 被责令关闭、撤销的

16. 根据《劳动合同法》的规定，从事同类业务的竞业限制期限不得超过（　　）。

　　A. 6 个月　　　　　B. 1 年　　　　　　C. 2 年　　　　　　D. 3 年

17. 根据《劳动合同法》的规定，下列关于试用期的表述中，错误的是（　　）。

　　A. 劳动合同期限不满 3 个月的，不得约定试用期

　　B. 劳动合同期限 3 个月以上不满 1 年的，试用期不得超过 2 个月

　　C. 劳动合同仅约定试用期的，试用期不成立，该期限为劳动合同期限

　　D. 同一用人单位与同一劳动者只能约定一次试用期

18. 2019 年 5 月甲公司安排李某于 5 月 1 日（国际劳动节）、5 月 11 日（周六）分别加班 1 天，事后未安排补休，已知甲公司实行标准工时制，李某的日工资为 200 元。计算甲公司应支付李某 5 月最低加班工资的下列算式中，正确的是（　　）。

　　A. $200 \times 300\% \times 1 + 200 \times 200\% \times 1 = 1\ 000$（元）

　　B. $200 \times 200\% \times 1 + 200 \times 150\% \times 1 = 700$（元）

　　C. $200 \times 100\% \times 1 + 200 \times 200\% \times 1 = 600$（元）

　　D. $200 \times 300\% \times 1 + 200 \times 300\% \times 1 = 1\ 200$（元）

19. 下列选项中，不属于我国法定假日的是（　　）。

　　A. 元旦　　　　　　B. 春节　　　　　　C. 青年节　　　　　　D. 劳动节

20. 某企业急需交付一批产品，需要工人加班。该企业可以延长工作时间的正确做法是（　　）。

A. 经总经理批准
B. 经工会同意
C. 经与工会和劳动者协商一致
D. 经劳动者同意

二、多项选择题

1. 根据劳动合同法律制度的规定，当事人申请人民法院执行劳动争议仲裁机构作出的发生法律效力的裁决书、调解书，被申请人提出证据证明劳动争议仲裁裁决书、调解书有特定情形，并经审查核实的，人民法院可以裁定不予执行，该特定情形有（　　）。

A. 仲裁员在仲裁该案件时有索贿受贿、徇私舞弊行为的
B. 裁决事项不属于劳动争议仲裁范围的
C. 人民法院认定执行该劳动争议仲裁裁决违背社会公共利益的
D. 裁决所根据的证据是伪造的

2. 劳动者非因本人原因被安排到新用人单位工作的，劳动者在原用人单位的工作年限合并计算为新用人单位的工作年限。根据劳动合同法律制度的规定，下列各项中属于该情形的有（　　）。

A. 劳动者仍在原工作场所、工作岗位工作，劳动合同主体由原用人单位变更为新用人单位
B. 用人单位以任命形式对劳动者进行工作调动
C. 因用人单位合并导致劳动者工作调动
D. 因用人单位分立导致劳动者工作调动

3. 根据劳动合同法律制度的规定，下列各项中，属于劳动合同可备条款的有（　　）。

A. 竞业限制
B. 劳动合同期限
C. 服务期
D. 休息休假

4. 下列关于经济仲裁与劳动仲裁的说法中，错误的有（　　）。

A. 两者均开庭
B. 两者均公开进行
C. 两者均收费
D. 两者均必须有书面仲裁协议才可以申请仲裁

5. 劳动争议仲裁委员会的组成有（　　）。

A. 劳动行政部门代表
B. 法院代表
C. 工会代表
D. 企业方面代表

6. 根据劳动合同法律制度的规定，企业职工一方可以与用人单位订立专项集体合同，其内容涉及的方面包括（　　）。

A. 劳动安全
B. 劳动卫生
C. 女职工权益保护
D. 工资调整机制

7. 下列情形中，属于劳动合同终止的有（　　）。

A. 用人单位被依法宣告破产的
B. 用人单位被吊销营业执照的

C. 用人单位生产经营发生困难的

D. 劳动者开始依法享受基本养老保险待遇的

8. 根据劳动合同法律制度的规定，劳动合同的解除包括（　　）。

A. 用人单位单方解除　　　　　　　　B. 劳动者单方解除

C. 协商解除　　　　　　　　　　　　D. 法定解除

9. 甲公司与职工对试用期期限的下列约定中，符合法律规定的有（　　）。

A. 李某的劳动合同期限 2 年，双方约定的试用期为 2 个月

B. 王某的劳动合同期限 6 个月，双方约定的试用期为 20 日

C. 赵某的劳动合同期限 2 个月，双方约定的试用期为 5 日

D. 张某的劳动合同期限 4 年，双方约定的试用期为 4 个月

10. 根据劳动合同法律制度的规定，休息包括（　　）。

A. 工作日内的间歇时间　　　　　　　B. 法定假日

C. 工作日之间的休息时间　　　　　　D. 公休假日

11. 根据劳动合同法律制度的规定，下列选项中，属于劳动合同必备条款的有（　　）。

A. 劳动报酬　　　　　　　　　　　　B. 社会保险

C. 劳动合同期限　　　　　　　　　　D. 试用期

三、判断题

1. 在本单位连续工作满 15 年，且距法定退休年龄不足 5 年的职工，用人单位不得终止劳动合同。　　　　　　　　　　　　　　　　　　　　　　　　　　　　（　　）

2. 变更劳动合同可以采用书面形式或口头形式。　　　　　　　　　　　（　　）

3. 申请人申请劳动仲裁，应支付劳动仲裁费。　　　　　　　　　　　　（　　）

4. 终局裁决被人民法院裁定撤销的，当事人可以自收到裁定书之日起 10 日内就该劳动争议事项向人民法院提起诉讼。　　　　　　　　　　　　　　　　　　（　　）

5. 劳动争议仅仅是指劳动者与用人单位因为订立、履行、解除劳动合同这三方面发生的争议。　　　　　　　　　　　　　　　　　　　　　　　　　　　　　（　　）

6. 用人单位应当在解除或者终止劳动合同时向劳动者支付经济补偿的，在办理工作交接后支付。　　　　　　　　　　　　　　　　　　　　　　　　　　　　　（　　）

7. 劳动合同法中的经济补偿金是法定的，违约金则是约定的。　　　　　（　　）

8. 劳动者劳动合同尚未到期，但已达到法定退休年龄，则应将劳动合同履行完毕，或经过与单位协商，才能解除劳动合同。　　　　　　　　　　　　　　　　（　　）

9. 用人单位与劳动者协商一致，可以变更劳动合同约定的内容。变更劳动合同，应当采用书面形式。　　　　　　　　　　　　　　　　　　　　　　　　　　（　　）

10. 用人单位变更名称、法定代表人、主要负责人或者投资人等事项，不影响劳动合同的履行。　　　　　　　　　　　　　　　　　　　　　　　　　　　　　（　　）

11. 在法定休假日用人单位应当依法向劳动者支付工资，但是婚丧假期间以及依法参加社会活动期间，用人单位可以不支付工资。　　　　　　　　　　　　　　（　　）

项目二　社会保险法律制度

一、社会保险制度

社会保险制度，是指国家依法建立的，由国家、用人单位和个人共同筹集资金、建立基金，使个人在年老（退休）、患病、工伤（因工伤残或者患职业病）、失业、生育等情况下获得物质帮助和补偿的一种社会保障制度。

目前，我国的社会保险项目主要有基本养老保险、基本医疗保险、工伤保险、失业保险和生育保险。2019 年 3 月 6 日，国务院办公厅印发了《关于全面推进生育保险和职工基本医疗保险合并实施的意见》，全面推进两项保险合并实施。

二、基本养老保险制度

（一）基本养老保险的含义

基本养老保险制度，是指缴费达到法定期限并且个人达到法定退休年龄后，国家和社会提供物质帮助以保证因年老而退出劳动领域者稳定、可靠的生活来源的社会保险制度。基本养老保险是社会保险体系中最重要、实施最广泛的一项制度。

（二）基本养老保险的覆盖范围

1. 基本养老保险制度的组成

根据《中华人民共和国社会保险法》（以下简称《社会保险法》）的规定，基本养老保险制度由三个部分组成：职工基本养老保险制度、新型农村社会养老保险制度（以下简称"新农保"）、城镇居民社会养老保险制度（以下简称"城居保"）。根据国务院于 2014 年 2 月 26 日发布的《关于建立统一的城乡居民基本养老保险制度的意见》，新农保和城居保两项制度合并实施，在全国范围内建立统一的城乡居民基本养老保险制度。年满 16 周岁（不含在校学生），非国家机关和事业单位作人员及不属于职工基本养老保险制度覆盖范围的城乡居民，可以在户籍地参加城乡居民养老保险。本项目除特别说明外，基本养老保险均指职工基本养老保险。

2. 职工基本养老保险

职工基本养老保险费的征缴范围包括国有企业、城镇集体企业、外商投资企业、城镇私营企业和其他城镇企业及其职工，实行企业化管理的事业单位及其职工。这是基本养老保险的主体部分。基本养老保险费由用人单位和职工共同缴纳。

（三）基本养老保险基金的组成和来源

基本养老保险基金由用人单位和个人缴费以及政府补贴等组成，基本养老保险实行社会统筹与个人账户相结合。基本养老金由统筹养老金和个人账户养老金组成。

养老保险社会统筹，是指统收养老保险缴费和统支养老金，确保收支平衡的公共财务系统。用人单位应当按照国家规定的本单位职工工资总额的比例缴纳基本养老保险费，记入基本养老保险统筹基金。职工按照国家规定的本人工资的比例缴纳基本养老保险费，记入个人账户。基本养老保险基金出现支付不足时，政府给予补贴。

无雇工的个体工商户、未在用人单位参加基本养老保险的非全日制从业人员以及其他灵活就业人员参加基本养老保险的，应当按照国家规定缴纳基本养老保险费，分别记入基本养老保险统筹基金和个人账户。个人账户不得提前支取，记账利率不得低于银行定期存款利率，免征利息税。参加职工基本养老保险的个人死亡后，其个人账户中的余额可以全部依法继承。

个人跨统筹地区就业的，其基本养老保险关系随本人转移，缴费年限累计计算。个人达到法定退休年龄时，基本养老金分段计算、统一支付。

（四）职工基本养老保险费的缴纳

1. 单位缴费

2019 年 5 月 1 日起，降低城镇职工基本养老保险（包括企业和机关事业单位基本养老保险）单位缴费比例。各省、自治区、直辖市及新疆生产建设兵团养老保险单位缴费比例高于 16% 的，可降至 16%；目前低于 16% 的，要研究提出过渡办法。

2. 个人缴费

按照现行政策，职工个人按照本人缴费工资的 8% 缴费，记入个人账户。缴费工资，也称缴费工资基数，一般为职工本人上一年度月平均工资（有条件的地区也可以本人上月工资收入为个人缴费工资基数）。月平均工资按照国家统计局规定列入工资总额统计的项目计算，包括工资、奖金、津贴、补贴等收入，不包括用人单位承担或者支付给员工的社会保险费、劳动保护费、福利费、用人单位与员工解除劳动关系时支付的一次性补偿以及计划生育费用等其他不属于工资的费用。

（五）职工基本养老保险享受条件与待遇

企业养老保险参保人员（含灵活就业参保人员、协议保留社会保险关系人员）同时具备以下条件，办理退休手续，按月享受基本养老金：

1. 达到国家、省规定的退休年龄

（1）男满 60 周岁，女干部满 55 周岁，女工人满 50 周岁（其中，45 周岁前在管理或技术岗位上工作、45 周岁后仍继续在管理或技术岗位上工作过的女工人，个体工商户和灵活就业的女参保人员，保留养老保险关系的女失业人员以及农村居民户口的女参保人员，年满 55 周岁）。

对个体工商户、灵活就业女参保人员和保留养老保险关系女失业人员，凡属实行劳动合同制以前参加工作的原固定工身份的，其退休年龄参照企业在岗女职工的退休年龄确定。

（2）符合国务院国发〔1978〕104 号文件规定，从事井下、高温、低温、高空、特别繁重体力劳动或者其他有害身体健康工作并达到规定年限的，男满 55 周岁，女满 45 周岁。

（3）男满 50 周岁，女满 45 周岁，因病或者非因工致残，经市劳动能力鉴定委员会确认，完全丧失劳动能力的。

2. 用人单位和参保人员均按照规定足额缴费

（1）从事社会劳动期间必须按规定缴纳基本养老保险费。

（2）欠缴基本养老保险费的，须按规定补缴后方可办理基本养老金审批手续。

3. 实际缴费年限与视同缴费年限合计数满 15 年以上

退休后按月发给基本养老金。基本养老金由基础养老金和个人账户养老金组成。退休时的基础养老金月标准以当地上年度在岗职工月平均工资和本人指数化月平均缴费工资的平均值为基数，缴费每满 1 年发给 1%。个人账户养老金月标准为个人账户储存额除以计发月数，计发月数根据职工退休时城镇人口平均预期寿命、本人退休年龄、利息等因素确定。

三、基本医疗保险

（一）基本医疗保险的含义

基本医疗保险制度，是指按照国家规定缴纳一定比例的医疗保险费，参保人因患病和意外伤害而就医诊疗，由医疗保险基金支付其一定医疗费用的社会保险制度。

（二）基本医疗保险的覆盖范围

1. 职工基本医疗保险

职工应当参加职工基本医疗保险，由用人单位和职工按照国家规定共同缴纳基本医疗保险费。职工基本医疗保险费的征缴范围包括国有企业、城镇集体企业、外商投资企业、城镇私营企业和其他城镇企业及其职工，国家机关及其工作人员，事业单位及其职工，民办非企业单位及其职工，社会团体及其专职人员。

无雇工的个体工商户、未在用人单位参加基本医疗保险的非全日制从业人员以及其灵活就业人员可以参加职工基本医疗保险，由个人按照国家规定缴纳基本医疗保险费。

2. 城乡居民基本医疗保险

国务院于 2016 年 1 月 3 日印发的《关于整合城乡居民基本医疗保险制度的意见》规定：整合城镇居民基本医疗保险和新型农村合作医疗两项制度，建立统一的城乡居民基本医疗保险制度。城乡居民基本医疗保险制度覆盖范围包括现有城镇居民基本医疗保险制度和新型农村合作医疗所有应参保（合）人员，即覆盖除职工基本医疗保险应参保人员以外的其他所有城乡居民，统一保障待遇。

（三）全面推进生育保险和职工基本医疗保险合并实施

根据国务院办公厅 2019 年 3 月 6 日印发的《关于全面推进生育保险和职工基本医疗保险合并实施的意见》，推进两项保险合并实施，统一参保登记，即参加职工基本医疗保险的在职职工同步参加生育保险。统一基金征缴和管理，生育保险基金并入职工基本医疗保险基金，按照用人单位参加生育保险和职工基本医疗保险的缴费比例之和确定新的用人单位职工基本医疗保险费率，个人不缴纳生育保险费。两项保险合并实施后实行统一定点医疗服务管理，统一经办和信息服务，确保职工生育期间的生育保险待遇不变。

（四）职工基本医疗保险费的缴纳

基本医疗保险与基本养老保险一样采用"统账结合"模式，即分别设立社会统筹基金和个人账户基金，基本医疗保险基金由统筹基金和个人账户构成。

1. 单位缴费

由统筹地区统一确定适合当地经济发展水平的基本医疗保险单位缴费率，一般为职工工资总额的6%左右。用人单位缴纳的基本医疗保险费分为两部分，一部分用于建立统筹基金，另一部分划入个人账户。

2. 基本医疗保险个人账户的资金来源

（1）个人缴费部分，由统筹地区统一确定适合当地职工负担水平的基本医疗保险个人缴费率，一般为本人工资收入的2%。

（2）用人单位缴费的划入部分，由统筹地区根据个人医疗账户的支付范围和职工年龄等因素确定用人单位所缴医疗保险费划入个人医疗账户的具体比例，一般为30%左右。

【例题5-1】某企业职工李某的月缴费工资为5 000元。计算王某个人医疗保险账户每月的储存额。已知当地规定的基本医疗保险单位缴费率为6%，个人缴费率为2%，单位缴费划入个人医疗保险账户的比例为30%。

【解析】

李某每月从工资中扣除100元（5 000×2%）存入医疗保险个人账户。

单位每月缴费中转入王某个人账户额＝5 000×6%×30%＝90（元）；

王某个人医疗保险账户每月的储存额＝100＋90＝190（元）。

3. 基本医疗保险关系转移接续制度

个人跨统筹地区就业的，其基本医疗保险关系随本人转移，缴费年限累计计算。

4. 退休人员基本医疗保险费的缴纳

参加职工基本医疗保险的个人，达到法定退休年龄时累计缴费达到国家规定年限的退休后不再缴纳基本医疗保险费，按照国家规定享受基本医疗保险待遇；未达到国家规定缴费年限的，可以缴费至国家规定年限。目前对最低缴费年限没有全国统一的规定，由各统筹地区根据本地情况确定。

（五）职工基本医疗费用的结算

参保人员符合基本医疗保险药品目录、诊疗项目、医疗服务设施标准以及急诊、抢救的医疗费用，按照国家规定从基本医疗保险基金中支付。参保人员医疗费用中应当由基本医疗保险基金支付的部分，由社会保险经办机构与医疗机构、药品经营单位直接结算。

目前各地对职工基本医疗保险费用结算的方式并不一致。要享受基本医疗保险待遇一般要符合以下条件：

（1）参保人员必须到基本医疗保险的定点医疗机构就医、购药或到定点零售药店购买药品。

（2）参保人员在看病就医过程中所发生的医疗费用必须符合基本医疗保险药品目录、诊疗项目、医疗服务设施标准的范围和给付标准。

参保人员符合基本医疗保险支付范围的医疗费用中，在社会医疗统筹基金起付标准以上与最高支付限额以下的费用部分，由社会医疗统筹基金按一定比例支付。

起付标准，又称起付线，一般为当地职工年平均工资的10%左右。最高支付限额又称封顶线，一般为当地职工年平均工资的6倍左右。支付比例一般为90%。

参保人员符合基本医疗保险支付范围的医疗费用中，在社会医疗统筹基金起付标准以下的费用部分，由个人账户资金支付或个人自付；统筹基金起付线以上至封顶线以下的费用部分，个人也要承担一定比例的费用，一般为10%，可由个人账户支付也可自付。参保人员在封顶线以上的医疗费用部分，可以通过单位补充医疗保险或参加商业保险等途径解决。

（六）基本医疗保险基金不支付的医疗费用

下列医疗费用不纳入基本医疗保险基金支付范围：

（1）应当从工伤保险基金中支付的。

（2）应当由第三人负担的。

（3）应当由公共卫生负担的。

（4）在境外就医的。

医疗费用应当由第三人负担，第三人不支付或者无法确定第三人的，由基本医疗保险基金先行支付。基本医疗保险基金先行支付后，有权向第三人追偿。

【例题5-2】某企业职工王某在定点医院做外科手术，共发生医疗费用18万元，其中在规定医疗目录内的费用为15万元，目录以外费用为3万元。已知：当地职工工资为2 000元/月，起付标准为当地职工年平均工资的10%，最高支付限额为当地职工年平均工资的6倍，报销比例为90%。分析计算哪些费用可以从统筹账户中报销，哪些费用需由王某自付。

【解析】医疗报销起付标准（起付线）为 $2\,000 \times 12 \times 10\% = 2\,400$（元）；

最高支付限额（封顶线）为 $2\,000 \times 12 \times 6 = 144\,000$（元）；

即王某医疗费用中在2 400元以上、144 000元以下部分可以从统筹账户予以报销，报销比例为90%。王某可以报销的费用为 $(144\,000 - 2\,400) \times 90\% = 127\,440$（元）。

本人负担：$180\,000 - 127\,440 = 52\,560$（元）；

其中，起付线以下部分：2 400元；

起付线以上封顶线以下自费部分：$(144\,000 - 2\,400) \times 10\% = 14\,160$（元）；

目录内封顶线以上部分：$150\,000 - 144\,000 = 6\,000$（元）；

目录外部分：30 000元。

（七）医疗期

医疗期是指企业职工因患病或非因工负伤停止工作，治病休息，但不得解除劳动合同的期限。

1. 医疗期的期限

企业职工因患病或非因工负伤，需要停止工作进行医疗时，根据本人实际参加工作年限和在本单位工作年限，给予 3 个月到 24 个月的医疗期：

（1）实际工作年限不足 10 年的，在本单位工作年限不足 5 年的为 3 个月，5 年以上的为 6 个月。

（2）实际工作年限 10 年以上的，在本单位工作年限不足 5 年的为 6 个月，5 年以上不足 10 年的为 9 个月，10 年以上不足 15 年的为 12 个月，15 年以上不足 20 年的为 18 个月，20 年以上的为 24 个月。具体如表 5 - 2 所示。

表 5 - 2　医疗期

	职工因患病或非因工负伤停止工作，治病休息，但不得解除劳动合同			
	注意：（1）医疗期包括公休、假日和法定节日 （2）对某些患特殊疾病的职工，24 个月内尚不能痊愈的，可适当延长医疗期			
医疗期	工作年限	在本单位工作年限	医疗期期限	计算方法
	<10 年	<5 年	3 个月	6 个月内累计
		≥5 年	6 个月	12 个月内累计
	≥10 年	<5 年		
		5 年≤年限<10 年	9 个月	15 个月内累计
		10 年≤年限<15 年	12 个月	18 个月内累计
		15 年≤年限<20 年	18 个月	24 个月内累计
		≥20 年	24 个月	30 个月内累计
	病假工资或疾病救济费可低于当地最低工资标准，但不能 <最低工资标准的 80%			

2. 医疗期的计算方法

医疗期的计算从病休第一天开始，累计计算。医疗期 3 个月的按 6 个月内累计病休时间计算；6 个月的按 12 个月内累计病休时间计算；9 个月的按 15 个月内累计病休时间计算；12 个月的按 18 个月内累计病休时间计算；18 个月的按 24 个月内累计病休时间计算；24 个月的按 30 个月内累计病休时间计算。病休期间，公休、假日和法定节日包括在内。对某些患特殊疾病（如癌症、精神病、瘫痪等）的职工，在 24 个月内尚不能痊愈的，经企业和劳动主管部门批准，可以适当延长医疗期。

【例题 5 - 3】王某 2018 年 7 月毕业后即到甲公司工作，2022 年 3 月 15 日因患病第 1 次病休，为期 3 个月，2022 年 8 月 14 日第 2 次病休，为期 1 个月，王某的两次病休是否能够享受医疗期待遇？

【解析】王某实际工作年限不满 5 年，在甲公司工作年限不满 5 年，可享受医疗期为 3 个月，其医疗期应在 3 月 15 日至 9 月 14 日 6 个月内的时间段确定，王某在该时间段已累计病休 3 个月，视为医疗期满。王某在 8 月 14 日再次病休 1 个月，该病休无法享受医疗期待遇。即第 1 次病休王某可享受医疗期待遇，第 2 次病休不享受医疗期待遇。

3. 医疗期内的待遇

企业职工在医疗期内，其病假工资、疾病救济费和医疗待遇按照有关规定执行。病假工资或疾病救济费可以低于当地最低工资标准支付，但最低不能低于最低工资标准的80%。

医疗期内，除劳动者有以下情形外，用人单位不得解除或终止劳动合同：

（1）在试用期期间被证明不符合录用条件的。

（2）严重违反用人单位规章制度的。

（3）严重失职，营私舞弊，给用人单位造成重大损害的。

（4）劳动者同时与其他用人单位建立劳动关系，对完成本单位的工作任务造成严重影响，或者经用人单位提出，拒不改正的。

（5）以欺诈、胁迫的手段或者乘人之危，使用人单位在违背真实意思的情况下订立或者变更劳动合同致使劳动合同无效的。

（6）被依法追究刑事责任的。如医疗期内遇合同期满，则合同必须续延至医疗期满，职工在此期间仍然享受医疗期内待遇。对医疗期满尚未痊愈者，或者医疗期满后，不能从事原工作，也不能从事用人单位另行安排的工作，被解除劳动合同的，用人单位需按经济补偿规定给予经济补偿。

四、工伤保险

（一）工伤保险的含义

工伤保险，是指劳动者在职业工作中或规定的特殊情况下遭遇意外伤害或职业病，导致暂时或永久丧失劳动能力以及死亡时，劳动者或其遗属能够从国家和社会获得物质帮助的社会保险制度。

（二）工伤保险费的缴纳

《工伤保险条例》第十条规定，用人单位应当按时缴纳工伤保险费。职工个人不缴纳工伤保险费。用人单位缴纳工伤保险费的数额为本单位职工工资总额乘以单位缴费费率之积。

对难以按照工资总额缴纳工伤保险费的行业，其缴纳工伤保险费的具体方式，由国务院社会保险行政部门规定。

（三）工伤认定与劳动能力鉴定

1. 工伤认定

（1）应当认定工伤的情形。

职工有下列情形之一的，应当认定为工伤：

①在工作时间和工作场所内，因工作原因受到事故伤害的。

②工作时间前后在工作场所内，从事与工作有关的预备性或收尾性工作受到事故伤害的。

③在工作时间和工作场所内，因履行工作职责受到暴力等意外伤害的。

④患职业病的。

⑤因工外出期间，由于工作原因受到伤害或者发生事故下落不明的。

⑥在上下班途中，受到非本人主要责任的交通事故或者城市轨道交通、客运轮渡、火车事故伤害的。

⑦法律、行政法规规定应当认定为工伤的其他情形。

【拓展阅读】

（2）视同工伤的情形。

职工有下列情形之一的，视同工伤：

①在工作时间和工作岗位，突发疾病死亡或者在 48 小时内经抢救无效死亡的。

②在抢险救灾等维护国家利益、公共利益活动中受到伤害的。

③原在军队服役，因战、因公负伤致残，已取得革命伤残军人证，到用人单位后旧伤复发的。

（3）不认定为工伤的情形。

职工因下列情形之一导致本人在工作中伤亡的，不认定为工伤：

①故意犯罪。

②醉酒或者吸毒。

③自残或者自杀。

2. 劳动能力鉴定

职工发生工伤，经治疗伤情相对稳定后存在残疾、影响劳动能力的，应当进行劳动能力鉴定。劳动能力鉴定是指劳动功能障碍程度和生活自理障碍程度的等级鉴定。

劳动功能障碍分为十个伤残等级，最重的为一级，最轻的为十级。生活自理障碍分为三个等级：生活完全不能自理、生活大部分不能自理和生活部分不能自理。劳动能力鉴定标准由国务院社会保险行政部门会同国务院卫生行政部门等部门制定。

自劳动能力鉴定结论作出之日起 1 年后，工伤职工或者其近亲属、所在单位或者经办机构认为伤残情况发生变化的，可以申请劳动能力复查鉴定。

（四）工伤保险待遇

职工因工作原因受到事故伤害或者患职业病，且经工伤认定的，享受工伤保险待遇；其中，经劳动能力鉴定丧失劳动能力的，享受伤残待遇。

1. 工伤医疗待遇

职工因工作遭受事故伤害或者患职业病进行治疗，享受工伤医疗待遇。包括：

（1）治疗工伤的医疗费用（诊疗费、药费、住院费）。职工治疗工伤应当在签订服务协议的医疗机构就医，情况紧急时可以先到就近的医疗机构急救。治疗工伤所需费用符合工伤保险诊疗项目目录、工伤保险药品目录、工伤保险住院服务标准的，从工伤保险基金支付。

（2）住院伙食补助费、交通食宿费。职工住院治疗工伤的伙食补助费，以及经医疗机构出具证明，报经办机构同意，工伤职工到统筹地区以外就医所需的交通、食宿费用按标准从工伤保险基金支付。

（3）康复性治疗费。工伤职工到签订服务协议的医疗机构进行工伤康复的费用，符合规定的，从工伤保险基金支付。

（4）停工留薪期工资福利待遇。职工因工作遭受事故伤害或者患职业病需要暂停工作接受工伤医疗的，在停工留薪期内，原工资福利待遇不变，由所在单位按月支付。停工留薪期一般不超过 12 个月。伤情严重或者情况特殊，经设区的市级劳动能力鉴定委员会确认，可以适当延长，但延长不得超过 12 个月。工伤职工评定伤残等级后，停止享受停工留薪期待遇，按照规定享受伤残待遇。工伤职工在停工留薪期满后仍需治疗的，继续享受工伤医疗待遇。生活不能自理的工伤职工在停工留薪期需要护理的，由所在单位负责。

工伤职工治疗非因工伤引发的疾病，不享受工伤医疗待遇，按照基本医疗保险办法处理。

2. 辅助器具装配

工伤职工因日常生活或者就业需要，经劳动能力鉴定委员会确认，可以安装假肢、矫形器、假眼、假牙和配置轮椅等辅助器具，所需费用按照国家规定的标准从工伤保险基金支付。

3. 伤残待遇

经劳动能力鉴定委员会鉴定，评定伤残等级的工伤职工，享受伤残待遇，其包括：

（1）生活护理费。
（2）一次性伤残补助金。
（3）伤残津贴。
（4）一次性工伤医疗补助金和一次性伤残就业补助金。

4. 工亡待遇

职工因工死亡，或者伤残职工在停工留薪期内因工伤导致死亡的，其近亲属按照规定从工伤保险基金领取丧葬补助金、供养亲属抚恤金和一次性工亡补助金。

（1）丧葬补助金，为 6 个月的统筹地区上年度职工月平均工资。

（2）供养亲属抚恤金，按照职工本人工资的一定比例发给由因工死亡职工生前提供主要生活来源、无劳动能力的亲属。供养亲属的具体范围由国务院社会保险行政部门规定。

（3）一次性工亡补助金，标准为上一年度全国城镇居民人均可支配收入的 20 倍。

（五）工伤保险待遇负担

1. 因工伤发生的下列费用，按照国家规定从工伤保险基金中支付

（1）治疗工伤的医疗费用和康复费用。
（2）住院伙食补助费。
（3）到统筹地区以外就医的交通食宿费。

（4）安装配置伤残辅助器具所需费用。

（5）生活不能自理的，经劳动能力鉴定委员会确认的生活护理费。

（6）一次性伤残补助金和一级至四级伤残职工按月领取的伤残津贴。

（7）终止或者解除劳动合同时，应当享受的一次性医疗补助金。

（8）因工死亡的，其遗属领取的丧葬补助金、供养亲属抚恤金和因工死亡补助金。

（9）劳动能力鉴定费。

2. 因工伤发生的下列费用，按照国家规定由用人单位支付

（1）治疗工伤期间的工资福利。

（2）五级、六级伤残职工按月领取的伤残津贴。

（3）终止或者解除劳动合同时，应当享受的一次性伤残就业补助金。

（六）特别规定

（1）工伤保险中所称的本人工资，是指工伤职工因工作遭受事故伤害或者患职业病前12个月平均月缴费工资。本人工资高于统筹地区职工平均工资300%的，按照统筹地区职工平均工资的300%计算；本人工资低于统筹地区职工平均工资60%的，按照统筹地区职工平均工资的60%计算。

（2）工伤职工有下列情形之一的，停止享受工伤保险待遇：

①丧失享受待遇条件的。

②拒不接受劳动能力鉴定的。

③拒绝治疗的。

（3）工伤职工符合领取基本养老金条件的，停发伤残津贴，享受基本养老保险待遇。基本养老保险待遇低于伤残津贴的，由工伤保险基金补足差额。

（4）所在用人单位未依法缴纳工伤保险费，发生工伤事故的，由用人单位支付工伤保险待遇。用人单位不支付的，从工伤保险基金中先行支付，由用人单位偿还。用人单位不偿还的，社会保险经办机构可以追偿。

（5）由于第三人的原因造成工伤，第三人不支付工伤医疗费用或者无法确定第三人的，由工伤保险基金先行支付。工伤保险基金先行支付后，有权向第三人追偿。

（6）职工（包括非全日制从业人员）在两个或者两个以上用人单位同时就业的，各用人单位应当分别为职工缴纳工伤保险费。职工发生工伤，由职工受到伤害时工作的单位依法承担工伤保险责任。

五、失业保险

（一）失业保险的含义

失业是指处于法定劳动年龄阶段的劳动者，有劳动能力和劳动愿望，但却没有劳动岗位的一种状态。失业保险是指国家通过立法强制实行的，由社会集中建立基金，保障因失业而暂时中断生活来源的劳动者的基本生活，并通过职业培训、职业介绍等措施促进其再就业的社会保险制度。

（二）失业保险费的缴纳

职工应当参加失业保险，由用人单位和职工按照国家规定共同缴纳失业保险费。失业保险费的征缴范围包括国有企业、城镇集体企业、外商投资企业、城镇私营企业和其他城镇企业（统称城镇企业）及其职工，事业单位及其职工。

根据《失业保险条例》的规定，城镇企业事业单位按照本单位工资总额的2%缴纳失业保险费，职工按照本人工资的1%缴纳失业保险费。

（三）失业保险待遇

1. 失业保险待遇的享受条件

失业人员符合下列条件的，可以申请领取失业保险金并享受其他失业保险待遇：

（1）失业前用人单位和本人已经缴纳失业保险费满1年的。

（2）非因本人意愿中断就业的，包括以下情形：

①终止劳动合同的。

②被用人单位解除劳动合同的。

③被用人单位开除、除名和辞退的。

④用人单位以暴力、威胁或者非法限制人身自由的手段强迫劳动，劳动者解除劳动合同的。

⑤用人单位未按照劳动合同约定支付劳动报酬或者提供劳动条件，劳动者解除劳动合同的。

⑥法律、行政法规另有规定的。

（3）已经进行失业登记，并有求职要求的。

2. 失业保险金的领取期限

用人单位应当及时为失业人员出具终止或者解除劳动关系的证明，将失业人员的名单自终止或者解除劳动关系之日起7日内报受理其失业保险业务的经办机构备案，并按要求提供终止或解除劳动合同证明等有关材料。根据人力资源社会保障部办公厅《关于进一步推进失业保险金"畅通领、安全办"的通知》，失业人员到公共就业服务机构或社会保险经办机构申领失业保险金，受理其申请的机构应一并办理失业登记和失业保险金发放。失业人员可凭社会保障卡或身份证件申领失业保险金，可不提供解除或者终止劳动关系、失业登记证明等材料。失业保险金自办理失业登记之日起计算。

失业人员失业前用人单位和本人累计缴费满1年不足5年的，领取失业保险金的期限最长为12个月；累计缴费满5年不足10年的，领取失业保险金的期限最长为18个月；累计缴费10年以上的，领取失业保险金的期限最长为24个月。重新就业后，再次失业的，缴费时间重新计算。领取失业保险金的期限与前次失业应当领取而尚未领取的，失业保险金的期限合并计算，最长不超过24个月。失业人员因当期不符合失业保险金领取条件的，原有缴费时间予以保留，重新就业并参保的，缴费时间累计计算。

根据人力资源社会保障部、财政部发布的《关于扩大失业保险保障范围的通知》，自

2019 年 12 月起，延长大龄失业人员领取失业保险金期限，对领取失业保险金期满仍未就业且距法定退休年龄不足 1 年的失业人员，可继续发放失业保险金至法定退休年龄。

3. 失业保险金的发放标准

失业保险金的标准，不得低于城市居民最低生活保障标准，一般也不高于当地最低工资标准，具体数额由省、自治区、直辖市人民政府确定。

4. 其他失业保险待遇

（1）领取失业保险金期间享受基本医疗保险待遇。

（2）领取失业保险金期间的死亡补助。

（3）职业介绍与职业培训补贴。

（4）国务院规定或者批准的与失业保险有关的其他费用。

（四）停止享受失业保险待遇的情形

失业人员在领取失业保险金期间，有下列情形之一的，停止领取失业保险金，并同时停止享受其他失业保险待遇：

（1）重新就业的。

（2）应征服兵役的。

（3）移居境外的。

（4）享受基本养老保险待遇的。

（5）被判刑收监执行的。

（6）无正当理由，拒不接受当地人民政府指定部门或者机构介绍的适当工作或者提供培训的。

（7）有法律、行政法规规定的其他情形的。

六、社会保险费征缴与管理

（一）社会保险登记

1. 用人单位的社会保险登记

根据《社会保险费征缴暂行条例》的规定，企业在办理登记注册时，同步办理社会保险登记。企业以外的缴费单位应当自成立之日起 30 日内，向当地社会保险经办机构申请办理社会保险登记。

2. 个人的社会保险登记

用人单位应当自用工之日起 30 日内为其职工向社会保险经办机构申请办理社会保险登记。

自愿参加社会保险的无雇工的个体工商户、未在用人单位参加社会保险的非全日制从业人员以及其他灵活就业人员，应当向社会保险经办机构申请办理社会保险登记。

（二）社会保险费缴纳

用人单位应当自行申报、按时足额缴纳社会保险费，非因不可抗力等法定事由不得缓缴、减免。

职工应当缴纳的社会保险费由用人单位代扣代缴，用人单位应当按月将缴纳社会保险费的明细情况告知职工本人。

无雇工的个体工商户、未在用人单位参加社会保险的非全日制从业人员以及其他灵活就业人员，可以直接向社会保险费征收机构缴纳社会保险费。

（三）社会保险基金管理

除基本医疗保险基金与生育保险基金合并建账及核算外，其他各项社会保险基金按照社会保险险种分别建账，分账核算，执行国家统一的会计制度。社会保险基金专款专用，任何组织和个人不得侵占或者挪用。

社会保险基金存入财政专户，按照统筹层次设立预算，通过预算实现收支平衡。除基本医疗保险基金与生育保险基金预算合并编制外，其他社会保险基金预算按照社会保险项目分别编制。县级以上人民政府在社会保险基金出现支付不足时，给予补贴。社会保险经办机构应当定期向社会公布参加社会保险情况以及社会保险基金的收入、支出、结余和收益情况。

七、违反社会保险法律制度的法律责任

（一）用人单位违反《社会保险法》的法律责任

（1）用人单位不办理社会保险登记的，由社会保险行政部门责令限期改正；逾期不改正的，对用人单位处应缴社会保险费数额1倍以上3倍以下的罚款，对其直接负责的主管人员和其他直接责任人员处500元以上3 000元以下的罚款。

（2）用人单位未按时足额缴纳社会保险费的，由社会保险费征收机构责令限期缴纳或者补足，并自欠缴之日起，按日加收0.05%的滞纳金；逾期仍不缴纳的，由有关行政部门处欠缴数额1倍以上3倍以下的罚款。

（3）用人单位拒不出具终止或者解除劳动关系证明的，由劳动行政部门责令改正；给劳动者造成损害的，应当承担赔偿责任。

（二）骗保行为的法律责任

（1）以欺诈、伪造证明材料或者其他手段骗取社会保险待遇的，由社会保险行政部门责令退回骗取的社会保险金，处骗取金额2倍以上5倍以下的罚款。

（2）社会保险经办机构以及医疗机构、药品经营单位等社会保险服务机构以欺诈、伪造证明材料或者其他手段骗取社会保险基金支出的，由社会保险行政部门责令退回骗取的社会保险金，处骗取金额2倍以上5倍以下的罚款；属于社会保险服务机构的，解除服务协议；直接负责的主管人员和其他直接责任人员有执业资格的，依法吊销其执业资格。

（三）社会保险经办机构、社会保险费征收机构、社会保险服务机构等机构的法律责任

（1）社会保险经办机构及其工作人员有下列行为之一的，由社会保险行政部门责令改正；给社会保险基金、用人单位或者个人造成损失的，依法承担赔偿责任；对直接负责的主管人员和其他直接责任人员依法给予处分：

①未履行社会保险法定职责的。

②未将社会保险基金存入财政专户的。

③克扣或者拒不按时支付社会保险待遇的。

④丢失或者篡改缴费记录、享受社会保险待遇记录等社会保险数据、个人权益记录的。

⑤有违反社会保险法律、法规的其他行为的。

（2）社会保险费征收机构擅自更改社会保险费缴费基数、费率，导致少收或者多收社会保险费的，由有关行政部门责令其追缴应当缴纳的社会保险费或者退还不应当缴纳的社会保险费；对直接负责的主管人员和其他直接责任人员依法给予处分。

（3）违反《社会保险法》规定，隐匿、转移、侵占、挪用社会保险基金或者违规投资运营的，由社会保险行政部门、财政部门、审计机关责令追回；有违法所得的，没收违法所得；对直接负责的主管人员和其他直接责任人员依法给予处分。

（4）社会保险行政部门和其他有关行政部门、社会保险经办机构、社会保险费征收机构及其工作人员泄露用人单位和个人信息的，对直接负责的主管人员和其他直接责任人员依法给予处分；给用人单位或者个人造成损失的，应当承担赔偿责任。

（5）国家工作人员在社会保险管理、监督工作中滥用职权、玩忽职守、徇私舞弊的，依法给予处分。

（6）违反《社会保险法》规定，构成犯罪的，依法追究刑事责任。

课后练习

一、单项选择题

1. 根据社会保险法律制度的规定，下列关于失业保险的表述中，说法不正确的是（　　）。

A. 职工跨统筹地区就业的，缴费年限累计计算

B. 用人单位和职工失业保险缴费比例总和从 3% 阶段性降至 1%

C. 失业保险总费率阶段性降低后，个人费率不得超过单位费率

D. 职工跨统筹地区就业的，其失业保险关系不得随本人转移

2. 根据社会保险法律制度的规定，下列关于职工基本医疗保险的表述中，不正确的是（　　）。

A. 职工基本医疗保险费由用人单位和职工按照国家规定共同缴纳

B. 灵活就业人员没有用人单位不可以参加基本医疗保险

C. 未在用人单位参加基本医疗保险的非全日制从业人员由个人缴纳

D. 用人单位缴纳的基本医疗保险费一部分用于建立统筹基金，另一部分划入个人账户

3. 甲公司职工孙某的月工资为 6 000 元。已知当地职工基本医疗保险的单位缴费率为 6%，职工个人缴费率为 2%，用人单位所缴医疗保险费划入个人医疗账户的比例为 30%。关于孙某个人医疗保险账户每月存储额的下列计算公式中，正确的是（　　）。

A. 6 000 ×2% = 120（元）

B. 6 000 ×2% + 6 000 ×6% ×30% = 228（元）

C. 6 000 ×2% + 6 000 ×6% = 480（元）

D. 6 000 ×6% ×30% = 108（元）

4. 根据社会保险法有关规定，下列关于基本养老保险的说法中，不正确的是（　　）。

A. 从 2019 年 5 月 1 日起，企业职工基本养老保险单位缴费比例超过企业工资总额16% 的省（区、市），将单位缴费比例降至 16%

B. 职工基本养老保险按照现行政策，职工个人按照本人缴费工资的 8% 缴费，记入个人账户

C. 本人月平均工资高于当地职工月工资 300% 的，按当地职工月平均工资作为缴费基数

D. 个人缴费不计征个人所得税，在计算个人所得税的应税收入时，应扣除个人缴纳的养老保险费

二、多项选择题

1. 领取失业保险金的下列人员中，应当停止领取失业保险金，并同时停止享受其他失业保险待遇的有（　　）。

A. 重新就业的李某　　　　　　　　　　B. 移居境外的孙某

C. 应征服兵役的张某　　　　　　　　　D. 被行政拘留 10 日的王某

2. 根据社会保险法律制度的规定，工伤期间应由用人单位支付的费用有（　　）。

A. 治疗工伤期间的工资、福利

B. 一至四级伤残职工按月领取的伤残津贴

C. 终止或者解除劳动合同时，应当享受的一次性伤残就业补助金

D. 终止或者解除劳动合同时，应当享受的一次性工伤医疗补助金

3. 根据社会保险法的规定，失业保险待遇包括（　　）。

A. 领取失业保险金　　　　　　　　　　B. 基本医疗保险待遇

C. 死亡补助　　　　　　　　　　　　　D. 职业培训补贴

4. 根据社会保险法律制度的规定，下列关于基本养老保险的说法中，正确的有（　　）。

A. 基本养老保险享受条件是达到法定退休年龄和累计缴费满 15 年

B. 法定的职工退休年龄是男满 60 周岁，女工人满 50 周岁，女干部满 55 周岁

C. 从事井下繁重体力劳动，退休年龄男满 55 周岁，女满 45 周岁

D. 非因工致残，由医院证明并经劳动鉴定委员会确认完全丧失劳动能力的，退休年龄为男满 50 周岁

5. 下列关于基本养老保险的表述中，正确的有（　　）。

A. 基本养老金由统筹养老金和个人账户养老金组成

B. 个人缴纳养老保险费计征个人所得税

C. 参加职工基本养老保险的个人死亡后，其个人账户中的余额不可以依法继承

D. 参加基本养老保险的个人，在未达到法定退休年龄时因病或者非因工致残完全丧失劳动能力的，可以领取病残津贴

6. 根据社会保险法律制度的规定，基本养老保险制度体系的构成包括（　　　）。

A. 职工基本养老保险制度　　　　　　B. 新型农村社会养老保险制度

C. 城镇居民社会养老保险制度　　　　D. 公务员基本养老保险制度

三、判断题

1. 一至四级伤残职工在停工留薪期满后死亡的，其近亲属可以享受丧葬补助金和供养亲属抚恤金两项待遇，不享受一次性工亡补助金待遇。　　　　　　　　（　　　）

2. 参加基本养老保险的个人死亡，同时符合领取基本养老保险丧葬补助金、工伤保险丧葬补助金和失业保险丧葬补助金条件的，其遗属只能选择领取其中的一项。（　　　）

3. 参加社会保险、缴纳社会保险费是用人单位与劳动者的约定义务。　（　　　）

参 考 文 献

[1] 张文显. 法理学［M］. 5 版. 北京：高等教育出版社，2018.

[2] 孙国华，朱景文. 法理学［M］. 5 版. 北京：中国人民大学出版社，2021.

[3] 周晖，刘东，张冠男，等. 会计法律法规［M］. 2 版. 北京：清华大学出版社，2021.

[4] 王辉，程思. 财经法规［M］. 2 版. 大连：大连理工大学出版社，2021.

[5] 战晓玮. 经济法基础与实务［M］. 2 版. 上海：高等教育出版社，2022.

[6] 程淮中. 经济法基础［M］. 上海：高等教育出版社，2022.

[7] 关怀，林嘉. 劳动与社会保障法学［M］. 2 版. 北京：法律出版社，2016.

[8] 王全兴著. 劳动法学［M］. 4 版. 北京：法律出版社，2018.

[9] 刘剑文. 财税法学［M］. 4 版. 北京：高等教育出版社，2021.

[10] 陈少英. 税法学［M］. 3 版. 北京：格致出版社，2020.

[11] 崔君平，徐振华，商敏，等. 税法新编［M］. 3 版. 北京：清华大学出版社，2018.

[12] 谢怀栻. 票据法概论［M］. 2 版. 北京：法律出版社，2017.

[13] 吕来明. 票据法学［M］. 2 版. 北京：北京大学出版社，2017.

[14] 张卫平. 民事诉讼法［M］. 5 版. 北京：法律出版社，2019.

[15] 李贺. 财经法规与会计职业道德［M］. 2 版. 上海：上海财经大学出版社，2021.